精神分析研究

第五辑

商務印書館
创于1897 The Commercial Press

2019年·北京

图书在版编目（CIP）数据

精神分析研究. 第5辑 / 霍大同主编. —北京：商务印书馆，2019
ISBN 978－7－100－17958－4

Ⅰ.①精… Ⅱ.①霍… Ⅲ.①精神分析—研究 Ⅳ.①B84-065

中国版本图书馆CIP数据核字（2019）第264927号

精神分析研究
第五辑
霍大同 主编

商 务 印 书 馆 出 版
（北京王府井大街36号 邮政编码100710）
商 务 印 书 馆 发 行
北京艺辉伊航图文有限公司印刷
ISBN 978－7－100－17958－4

2019年12月第1版 开本 787×1092 1/16
2019年12月北京第1次印刷 印张 19 1/2
定价：56.00元

目　录

纪念米歇尔·吉布尔先生专题

身体与精神分析专题

拉康、儿童与俄狄浦斯情结专题

纪念米歇尔·吉布尔先生专题

吉布尔先生的传递

谷建岭 / 著

今天是吉布尔先生逝世一周年，我们聚在一起来纪念吉布尔先生。在过去的一年里，我时常想起吉布尔先生，吉布尔先生也几次出现在我的梦中；在过去的一年里，我时常在想：吉布尔先生给我们传递了什么？我们以怎样的方式能更好地纪念吉布尔先生？

吉布尔先生的传递

吉布尔先生给我们传递了什么？

“当然是精神分析……（怎样的精神分析？）”，这是我脑海里首先浮现的。这一传递至少是通过以下三个途径进行的：

1. 通过霍老师，吉布尔先生的中国分析者：如同在霍老师的文本中所呈现的那样，1987 年 9 月，霍老师开始在吉布尔先生那里做（个人）分析。1994 年，霍老师回到成都，开始精神分析临床，开始成都精神分析小组的讨论班；1999 年 3 月 28 日下午，成都精神分析中心成立。

2. 通过吉布尔先生的中国讨论班：《拉康、精神分析与中国文化》、《中法精神分析与心理治疗高级研讨班》、《创伤理论》、《一例幻听个案的分析治疗》、《拉康与孟子》等。

3. 通过和吉布尔先生的个人接触。

第三个师爷

2000年8月8日至9月2日，在吉布尔先生的第一个中国讨论班——《拉康、精神分析与中国文化》（主要讲解《超越现实原则》和《镜子阶段》）——中，吉布尔先生说：

“你们说我是师爷，说起来我也是你们的第三个师爷。弗洛伊德是第一个师爷，拉康是第二个师爷，我既是他们的孩子，也是你们师傅的师傅，所以是第三个师爷。”

而在1999年夏，霍老师在成都精神分析中心内部刊物——《精神分析笔记》——的《发刊词》中也写道：“老老实实、一字一句、一章一节地阅读、翻译和讨论精神分析的文字，尤其是弗洛伊德、拉康等精神分析大师的著作。”在此，我们看到吉布尔先生与霍老师之间的呼应与传递；在此，霍老师也指出这是我们对精神分析态度的第一点：“学习与理解”。而它与第二点：“解释与对质”、第三点：“创造与发展”一起会自然而然地诞生一个精神分析的中国学派。

一个精神分析的中国学派也许需要包括三个部分：

第一，经历精神分析中国化的过程而逐渐形成的中国化的精神分析理论。

第二，分析家培养制度与伦理制度等：分析家培养制度也许有三个方面：（1）个人分析；（2）督导或者控制分析：（3）理论学习。这是肯定的方式。

伦理制度：“不要和分析者有双重或者多重关系”，“不要利用分析关系谋取私利”等……这是否定的方式。

第三，精神分析组织及其成员。

对吉布尔先生的最好的纪念

对我而言，我们在拥有自己的主体性的前提下，在自己的专业范围中，促进精神分析中国学派的发展与壮大是对吉布尔先生的最好的纪念，因为大多数成都精神分析中心成员们身上都流着吉布尔先生的精神分析血液。

也正由此：

吉布尔先生与我们同在！

吉布尔先生与我们永在！！

精神分析的传递

罗正杰[①]/ 著

【内容提要】本文从精神分析的理论和实践两个方面来谈论精神分析的传递。在理论上探讨了精神分析的科学概念的制作，并对精神分析与科学的关系进行了一定的澄清；在实践上则是将弗洛伊德的精神机制登陆假设与拉康的RSI理论相结合，阐释了精神分析的实践过程的独特性。

【关键词】精神分析　传递　理论制作　实践

精神分析自建立以来，就处于一个相对困难的位置：一方面因其对客观化的反对而必然导致对科学主义的批判，反对在主体研究中使用自然科学的标准；但另一方面它为了将其建构成为一门科学又必须进行科学化的研究。

这与精神分析在传递方面所涉及的临床与理论两个部分紧密相关。精神分析家的培养一方面建立在理论化的基础上，另一方面又必须建立在临床的基础上。

一直以来，关于精神分析临床的和理论的传递的讨论都始终存在。坚持临床重要性的人认为精神分析本质上是发生在分析室内，建立在分析者对精神分析家的转移之上。如同拉康曾说过的："精神分析不是一

① 巴黎狄德罗大学精神分析博士、北京大学回龙观临床医学院心理科医师。

门科学而是一个实践。”[①] 分析者的话语、分析家的倾听以及他们各自独特的解释构成了精神分析的本质。正是由于这样的一个独特性，精神分析才被视为一种艺术，也是在这个意义上，拉康说精神分析是不可传递的。[②] 过多地强调科学化会有抹杀精神分析所强调的独特性的危险。

当我们谈到精神分析的临床时，实为强调精神分析（狭义的）实践的方面。于此方面，精神分析如同一个“密教”，人们无法通过观摩，亦或书籍的阅读获得精神分析的临床经验，而只能通过与一个精神分析家完成个人分析来实现。然而，这并不意味着精神分析只是一种临床的技术或艺术。精神分析所批判的科学是如同宗教那样带来幻象的，如同一个信仰的科学主义。而拉康等分析家的贡献在于对精神分析的形式化，即科学概念的制作。其实从弗洛伊德开始，精神分析家就没有间断过对精神分析的理论制作，他们使得精神分析像科学那样逐步发展。

得益于临床与理论中所提出的问题，精神分析始终在不断地发展。并且起源于西方的精神分析超越了文化和意识形态，在中国也获得了其位置。精神分析的形式化在这样的传递中便突显了其意义。

二十世纪科学哲学的研究表明，这个形式化的理论与实践的讨论的存在实际上源于科学本身的一个问题，即科学实在的问题：科学的对象到底是一种实在还是理论构造的结果？对于这个问题的回答，取决于回答者属于理性主义阵营还是经验主义阵营。

美国科学哲学家汉森（1924–1967）在《发现的模式》一书中提出观察渗透理论。[③] 按照他的这一观点，不存在脱离于理论支撑的观察，事实上，越深入、越精锐的观察越是建立在理论之上。在这个意义上，为了促进精神分析的传递，就需要注重其理论的研究和发展。

事实上，应当更多地将精神分析视为两种实践形式的联接：一种是

---

① 参见拉康：《MIT 的会议》，1975 年 12 月。

② Jacques Lacan, *Lettres de l'Ecole freudienne*, 1979, *Bulletin intérieur de l'Ecole Freudienne de Paris*, n.25, vol.2, p.219.

③ Hanson, Norwood R., *Les modèles de la découverte*, Chennevières-sur-Marne, Dianoïa, 2000.

在精神分析家的欲望为其知晓提供论据的理论实践，另一个是治疗的临床实践。因此并不存在对科学主义的精神分析批判与精神分析的科学构建之间的对立。精神分析家、科学哲学家比尔斯坦先生在其《精神分析科学引论》中指出："批判科学主义并非是要撤销科学概念，而是要允许探寻在精神分析中科学起作用的方式：对弗洛伊德而言它们是以一种稳固的方式，对拉康而言则似乎是以更为悖论性的方式在起作用。后者的工作显示出他在给予其发现的东西以身份时的犹豫，即：数学在所有知识的结构化中深远的、系统化的影响，包括在精神分析的知识中同样的影响。"①

对科学主义的批判本质上是反对将科学变成一种意识形态，目的是希望重新找到科学的本质。因此弗洛伊德放弃了神经生理学的量化研究，建立了精神分析。追随其后，拉康的工作一方面可被视作一个科学的解构，另一方面我们仍能感到他努力地将精神分析形式化。例如他后期对主体拓扑学的研究即是一例。

拓扑学作为数学的一个分支在十九世纪末发展起来。它抛弃了对距离、长度等的量化研究，而着眼于连续形变的空间变换中的不变性。而这恰恰与精神分析的研究对象相似，精神分析研究的对象是：主体无意识结构及其形变。因此，拉康在精神分析家讨论的基础上，参照数学拓扑学的理论，展开对主体拓扑学的研究。

精神分析的发展史向我们展示了一百多年来精神分析不仅在历时的纵向维度，而且在不同文化的横向维度均得以很好的传递。既然从某种程度上来说，精神分析的艺术是很难传递的，那么为了确保精神分析的本质被传递，就必须要传递与临床工作直接相关的精神分析理论。此理论的传递也是通过每个精神分析主体与自己的无意识工作的经验而实现的，而"在所有的知识中，只有数学能够实现不具有歧义性的传递，免

① Bursztein, Jean-Gérard, *Une introduction à la science psychanalytique*, Paris, Hermann.

于辞说的偶然性和概念的衰减以保证其传播”。[①] 我想这正是拉康在其后期致力于精神分析的形式化，构建“主体拓扑学”的原因之一吧。

那又是什么推动着精神分析实践的传递呢?

我们知道精神分析的临床无法像医学院学生的临床实习那般进行，我们无法用仪器进行检查、测量，因为精神分析实践是两个主体之间的工作，其展开的基础是转移。在精神分析家与分析者之间发生的转移，带来了分析者的自由联想，从而允许了精神分析实践的展开。这样的转移关系在治疗之初期、中期直至结束都仅仅发生在这两者之间。分析者将分析家视作假设知道的主体，这种“他知道我症状的知识、掌握着能治愈我的重要真理”的假设使分析者能对他的分析家，而非其他的人“讲”。分析家的转移决定了他对分析者言说的独特的“倾听”，而且分析家的这一转移与其自己的无意识相联。正是这样，分析中的两个人的无意识工作是无法通过观摩而习得的。由此，凡是要进行精神分析实践的人，必须自己去实践、去和自己的无意识进行工作。然而这个实践工作却建立在一个科学性的问题之上，因为一个精神分析的工作本身就是一个科学化的研究。

通常精神分析的启动是来自分析者的请求以及分析者对自己未知的“知识”的一个期待。这个“知识”便是关于无意识的知识。这并不意味着精神分析是一个关于无意识知识的授课，分析家是一个传授无意识知识的老师。相反，能够进入分析的主体才是精神分析的关键，是他们带着对自己的未知或者自己的症状所提出的问题，开始精神分析的工作。整个工作是对自己未知的“知识”的一个探索。而这样的一个探索过程就如同科学的研究：不断地用话语去打破幻想、把未知（无意识）变为已知（意识），找到症状背后的原因。自古希腊亚里士多德时代开始，科学也就是这样的一个从现象到原因、从已知到未知的研究方式。

---

① Chemama, Roland et Vandermersch, Bernard, *Dictionnaire de la psychanalyse*, Paris, Larousse, 2009, p.384.

因此精神分析的实践是一个超出人类经验诠释学而朝向一个未知领域的探索。这个未知的“知识”，并非完全的无知，相反，这是一个未知晓、未意识的已知，即无意识的知识。它其实不断地呈现在我们的梦境、口误、玩笑、过失行为甚至症状之中。它之所以能够这样不断呈现出来，是因为它如同语言那样被构成。拉康说：“精神分析症状，不论是正常的还是病理性的，都不仅不同于诊断学指标，而且不同于所有可把握的纯粹表现性的形式，因为它们是被一个与语言结构同一的结构所支撑。我们这里讲的不是可以在某个取自其边缘地带的所谓普通语义学中被界定的结构，而是语言的结构，它就表现在我称为的‘实际语言’中，这种语言被人类有效地使用着。”①

拉康一直主张回到弗洛伊德，也一直坚称自己只是弗洛伊德派，其中最重要的一点就在于对无意识的理解和对无意识在精神结构中的地位的坚持。在给弗里斯的第 52 封信中，弗洛伊德提出了一个关于精神机制的登陆假设：

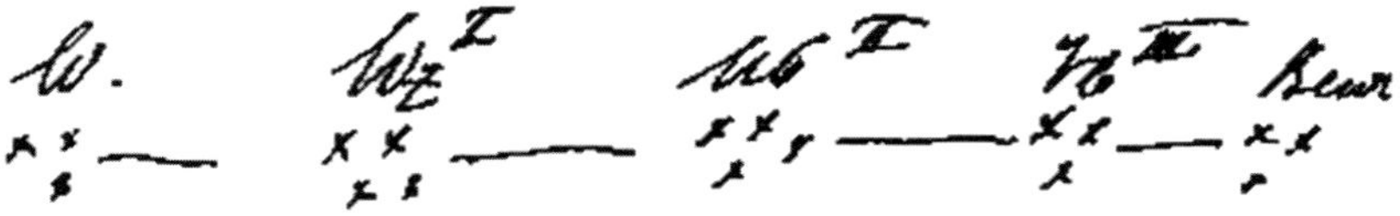

W（感觉）、Wz（感觉痕迹）、Ub（无意识）、Vb（前意识）和 Bew（意识）

弗洛伊德指出在 W（感觉）中，这些感觉出现但没有留下痕迹。第一批留下痕迹的感觉是从 Wz 开始的。这些在 Wz 中保留的感觉痕迹，也即弗洛伊德在别处说的记忆痕迹，后来被拉康称为 S1 和 Lettre。

Jean-Michel Vappereau 通过一个变换②指出了弗洛伊德的这个图与拉康的 R 图的一致性：

① Jacques Lacan, *Psychanalyse et son enseignment*, in *Ecrits*, Paris, Seuil, 1966, p.444.
② Jean-Michel Vappereau, *Étoffe*, Paris, Topologie en extension, 1998, p.V-VII.

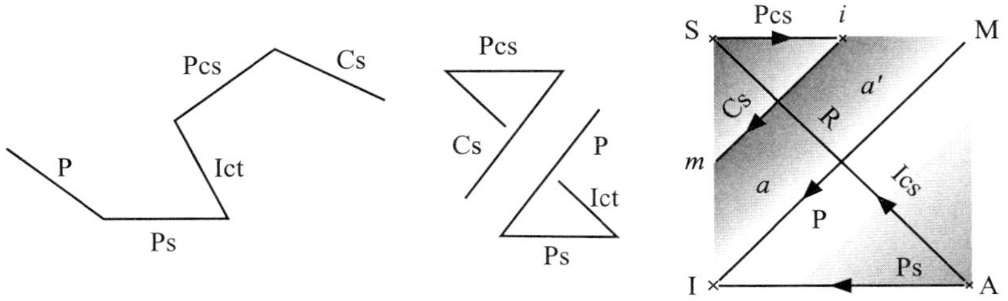

从图中，我们可以看到两种类别的实在：一个是主体的实在，是从W（感觉）出发被制作的对象——无意识主体。拉康将这些痕迹制作的这一实在过程视为主体的无意识结构或逻辑，并用他的 RSI 来展现这个实在的类别。第二个实在即是拉康的 RSI 中的实在维度 R。

S1 作为由母亲传递的、登陆在身体上的、实在的、标记了享乐缺失的痕迹，始终呼唤着赋予享乐或创伤的真相以意义。在父姓（Nom-du-père）的作用下，作为符号能指或者说父性功能的能指而出现的 S2 正是作为试图为 S1 赋予意义的能指。最终在 S1 与 S2 之间出现的主体能指 S3 是异质性的，它包含着 RSI 三个维度。

S3（RSI）

——►——►

（R）S1S2（S）

精神分析的过程就是在话语的作用下，通过能指链的回溯而不断地创造出新的能指 S3 的过程。在整个能指链的运动过程中，主体不断通过新的能指 S3 而获得其意义。但由于 S1 与 S2 之间的根本性的断裂，S1 中的某些东西是无法被表征的，因此这样的一个创造新的能指的运动不会终止。而这样的一个以创新去赋予意义的过程是极其主体化的，它是一个原因的探索过程，更是一个隐喻化的过程。

这决定了这一过程必然是极具个体性或者说独特性的，只能通过个人的精神分析来得到理解。而精神分析的理论化和不断的形式化就定位在这个过程中。

最后，再一次回到我们的主题——精神分析的传递，其所包含的两个方面缺一不可。我们不能将其哲学化，以至于沦为空谈；但也不能缺少理论的前瞻性。这两者正是吉布尔先生和霍大同先生始终坚持的，也因此才使得拉康派精神分析在中国得以传递。

商鞅之死与精神分析中的符号性父亲
——纪念米歇尔·吉布尔先生

潘恒 / 著

【内容提要】本文通过对弗洛伊德关于原父的两本著作和鼠人个案的分析，以及对中国历史中的商鞅之死和小说《白鹿原》中的白嘉轩娶妻片段的解读，探讨了法则与父亲之死之间的关系。

【关键词】弑父　商鞅之死　鼠人　符号父亲

0　引言

除了网球之外，吉布尔先生的另一爱好是烟。恰巧，我与他的最后一次简短对话正与烟有关。在他的一次讨论班结束时，我送了他一幅国画，并递给他一支云烟。他接过烟，看了一眼，不乏感慨地说道："你从中国带来了它。"像一名久别家乡的留学生一样，他的眼神中似乎也透着对中国的无限思念。这一幕仿佛发生于昨天。而如今，像他这样的人物的离去对我而言进一步凸显了生命所具有的过眼云烟之本质。

毫无疑问，吉布尔先生是中国拉康派精神分析之父。父亲在精神分析中——尤其是在弗洛伊德－拉康派中——占有极为重要的位置。在此时此景中，我尝试通过讨论法则与父亲之死之间的关系来缅怀这位精神分析巨人。

1 《图腾与禁忌》

达尔文对原始氏族提出了这样的假设：每个原始部落都处于一个男性的统治下，并且这个男性首领是强大的、暴力的且有嫉妒心的。基于此，弗洛伊德在《图腾与禁忌》[①] 中构建了一则神话。在此神话中，原始部落里的这一最强大且绝对自恋的父亲占有着所有的女人，并且杀害、压制或者驱逐儿子们。有一天，儿子们团结起来，杀死了这个作为敌人的父亲。另一方面，由于在欲望层面上，尤其是性欲层面上长期受父亲强大力量的压制，儿子们又将父亲当作了他们的理想，也就是他们所热爱并认同的对象。于是他们分食了他，渴望获得父亲的力量。这样的杀戮与宴会后，由于对父亲的爱恨交织，即情感的二重性，儿子们遭受了负罪感的折磨。虽然他们都渴望成为父亲那样的人物，但一番冲突后，没有哪一个儿子能取代父亲的位置。于是，为了避免可以预期的死亡，深受负罪感之苦的他们制定了乱伦禁忌，不准与族内的女人——也就是他们所欲望的女人们——通婚。由此产生了异族通婚制度。

在这则神话中，我们可以看到这样的悖论：即便杀死了父亲，儿子们仍然不能成为父亲，不能获得父亲所拥有的享乐，也就是说被禁止的女人仍然被禁止。父亲虽然死了，可他的力量却得到了加强。原来只能通过实在的血肉之躯来进行统治的父亲在成为亡魂之后，可以无处不在地传递禁令。

这样一则神话赋予了俄狄浦斯情结以一个集体性的史前史。个体的乱伦欲望蕴含着为人类群体所共同分担的命运。根据弗洛伊德的观点，由于乱伦禁忌法则的确立，在原始父亲所代表的家长制统治方式没落后，人类文明才诞生了。

---

① Sigmund Freud, *Totem and taboo*, the standard editon of the complete works of Sigmund Freud, Volume 13, p.140.

2 《摩西与一神教》

对于法则与父亲之间关系的讨论贯穿弗洛伊德著作的始终。《摩西与一神教》[①] 作为其封笔之作，依然在继续讨论这两者之间的关系。弗洛伊德于 1934 年开始其写作，1936 年对之进行改写，并于 1939 年正式发表。首先，这一论著可以说是关于摩西的传记性研究。从摩西的名字属于埃及人名出发，弗洛伊德认为摩西不是犹太人，而是埃及人。其次，弗洛伊德试图解释是什么原因导致摩西带领犹太人摆脱埃及奴隶制并推行一种新宗教（一种一神教）。最后，按照塞林对摩西之死的推测，弗洛伊德提出：摩西是个专制且刚愎自用的统治者，他希望将这种一神教强加给所有犹太人。在犹太人的一次反抗中，摩西被刺杀了。

在简要概括了《摩西与一神教》的内容后，我们可以发现：与原始氏族中的父亲一样，摩西被弑杀了。在西奈山上，上帝秘授摩西以“十诫”之法。摩西向犹太子民传达这些法令。因此，可以说，通过杀死立法者的代表——摩西，犹太人间接地弑杀了他们的立法者。可是，在摩西死后，不论其宗教经历了怎样的命运，这样的法令仍然得到了延续。

值得注意的是，在这样的法令中，有一条非常特别：“不可为自己立塑像，也不可做天上、地下和地底下水中各物的形象”，[②] 也就是“你们不可做金银的神像和我相比，你们决不可为我做这些神像”。[③] 可以发现，如同被杀死的原始父亲一样，上帝拒绝以任何有形的方式出现。同时更进一步，法令又与某一个体的被膜拜的想象性形象相分离。

---

① Sigmund Freud, *Moses and monotheism*, the standard editon of the complete works of Sigmund Freud, Volume 23.

② 《圣经》，“出埃及记”，第二十章，“颁布十诫”。

③ 同上，“筑坛的条例”。

3 商鞅之死

自精神分析进入中国以来，一直存在着使精神分析的实践方法适用于中国人的尝试。人们似乎假设存在着中国人特有的无意识。那么事实是否真的如此呢？为了讨论这一主题，必须要引用中华文化的元素。在群体层面上，我们首先引用的是发生于2300多年前的商鞅之死。

商鞅通过变法使秦国为富裕强大的国家，史称“商鞅变法”。政治上，商鞅改革了秦国户籍、军功爵位、土地制度、行政区划、税收、度量衡以及民风民俗，并制定了严厉的法律；经济上商鞅主张重农抑商、奖励耕织，军事上商鞅作为统帅率领秦军收复了河西。公元前338年，秦孝公逝世，其子秦惠文王继位。秦孝公去世的同年，商鞅因被公子虔指为谋反，战败死于彤地，其尸身被带回咸阳，处以车裂后示众。

对于商鞅变法及其死亡，需要强调以下四点：

（1）在商鞅与赵良的对话中，商鞅说：

> 始秦戎翟之教，父子无别，同室而居。今我更制其教，而为其男女之别，大筑冀阙，营如鲁卫矣。[①]

不难发现，商鞅之法引入了乱伦禁忌以及性别差异，使秦国摆脱了戎狄的原始状态，可以说秦国进入了文明时代。巧合的是，这一次文明的起源中又涉及到乱伦禁忌以及性别化。

（2）在杀死商鞅的秦惠文王尚为太子之时，曾屡犯禁令。商鞅对秦孝公说：法令之所以行不通，根源在于贵族。太子贵为王位的继承人，不能受刑，可其师傅不能免除罪责。于是太子的师傅被割掉了鼻子（劓刑）。因此，可以说被商鞅之法阉割过的太子成了杀死商鞅的人。从其屡犯法律可以看出，秦惠文王当时虽有父亲以及师傅，但是并未处于法则

① 司马迁：《史记》，“商君列传”。

的限制下。这个叛逆的青少年处于焦虑之中，到处惹事。当商鞅开始立法之时，他仍然顶风作案，他的行为所呼唤的便是阉割。正是这次阉割，使得他有机会成为秦惠文王，在符号界获得成功。

（3）秦孝公去世，太子即位。公子虔一班人告发商君要造反，派人去逮捕商君。商君逃跑到边境关口，想住旅店。旅店的主人不知道他就是商君，说："商君有令，住店的人没有证件店主要连带判罪。"商君长长地叹息说："唉呀！制定新法的遗害竟然到了这样的地步！"虽然商君逃难这一情节在史学上存有争议，但若果真如此，则是一个无比完美的结局。因为，法律诞生于原始父亲惨遭弑杀之后，犹太人弑杀了立法者的代表摩西，与此相比，商鞅，作为法律的制定者，则是直接死于自己制定的法律之下。在商鞅被杀死前，其名望已经高过秦惠文王。从其与赵良的对话中，可以发现其生活也可能出现了腐化，有些独断，听不进别人的意见。可以看到，被杀死的又是占据着巨大享乐位置的人。

（4）徙木立信是商鞅变法的起点。这件事情的内容为：

> 令既具，未布，恐民之不信，已乃立三丈之木于国都市南门，募民有能徙置北门者予十金。民怪之，莫敢徙。复曰'能徙者予五十金'。有一人徙之，辄予五十金，以明不期。卒下令。①

为什么要强调徙木立信呢？法则的实行需取信于民。正如《图腾与禁忌》中作为敌人的原始父亲也是儿子们所爱的且认同的对象那样，正如摩西曾经将犹太人从苦难中拯救出来那样，法则的实行是建立在爱与信任的基础上。

总之，商鞅将中原文明以及律法引入尚处未开化状态的秦国，使其强大起来。随后，在直接与其所立之法的相遇中结束了生命。商鞅死后，商君之法仍然在秦国延续下去。可以说，作为中华文明的一部分，"商鞅之死"从多方面回应了弗洛伊德在《图腾与禁忌》之中的假说。原始父

① 司马迁：《史记》，"商君列传"。

亲、摩西、商鞅都作为法则的代理人，推行的都是限制享乐的律法。符号性法则的存在，完全独立于某个被膜拜或令人惧怕的人。

4 个体的命运——作为群体法则之效果

我们已经在集体或文化层面上讨论了符号性法则（尤其是乱伦禁忌法则）的传递过程中存在这样的元素：因弑杀“真实代理人”而传递下来的符号法则、被限制的享乐（性欲享乐）以及被限制者的情感二重性（矛盾情感）。那么在弗洛伊德 - 拉康式的精神分析中，这样的结构性观点在个案中是如何表现出来的呢？也就是说它对无意识主体有着怎样的决定作用呢？在中国文化背景中，这是否适用呢？还是只存在着由同一结构所带来的现象性的变体呢？

4.1 《鼠人》个案中的“父亲情结”

为了回答上述问题，我选择弗洛伊德五大精神分析个案中的《鼠人》[①] 个案来展现象征性父亲传递的符号法则对主体产生的效果。

在进入精神分析前，鼠人已经对弗洛伊德产生了转移（移情）。一方面，他读过弗洛伊德的《日常生活中的精神病理学》一书，并用这些观点来恭维弗洛伊德；另一方面，德文中 Freud（弗洛伊德）这个名字类似于 Freund（朋友）。它联系于鼠人的那位好友——那位他对之抱有矛盾情感的朋友。他在鼠人的困难时刻给他带来了许多帮助，他的话语可以缓解诸多困扰。可以说，正如鼠人 7 岁时觉着父母会知道自己的内心所想那样，鼠人也觉着弗洛伊德和这位朋友处于拉康所说的“假设知道的主体”之位置。在与这位朋友、弗洛伊德以及父亲的关系中，鼠人均表现出了一种矛盾情感。这表现在以下几个方面：首先在得知这位被他当作知己的朋友之所以和他交往，只是因为对他的一个姐姐感兴趣，也

---

① Sigmund Freud, *Notes upon a case of obsessional neurosis*, the standard editon of the complete works of Sigmund Freud, Volume 10.

就是说是因为一个性欲客体时，鼠人经历了巨大的冲击；其次在对弗洛伊德的无限崇敬之后，他尽可能地用肮脏的话语来攻击分析家及其家人，并且对安娜·弗洛伊德产生了幻想且强调："和安娜结婚，我不过是看重钱"；最后对这两位转移对象的矛盾情感均来自于他的父亲，并且集中表现为欲望着父亲的死亡以及害怕父亲会死亡。

针对其在"父亲的死亡"这一主题中表现出的矛盾情感，我们将重点讨论以下几点：

（1）开篇处，弗洛伊德就提到鼠人混乱的主要特点是担忧某些事情降临到他最爱的两个人身上：父亲以及鼠人所爱的一位女士。① 鼠人坦言："有些人——女孩们，令我心动。我渴望看到她们的裸体。但在有这样的欲望时，我总有种可怕的感受，就好像某些事情会发生；如果我想到这些事情，我必须要竭尽全力去避免其发生……从小时候开始，与父亲的死亡相关的想法就盘踞在心头，并持续很长时间，且令他很沮丧。"② 在鼠人说到这点时，弗洛伊德惊讶地得知：令他担忧至今的父亲已经于多年前去世了。这一点回应了《图腾与禁忌》中的假设：父亲死后，法则正式确立于儿子们之间。死亡丝毫并未削减父亲的力量，反而双倍化（增强）了禁令的作用。

（2）在鼠人的上述话语中，不难看出父亲的死亡是与其性欲望相关联的。根据弗洛伊德的记述，在父亲去世多年后，鼠人第一次经历了性交的快乐。在快乐的同时，突然有个念头涌上心头："太美妙了！为了这事，人们也许会弑父。"③ 由此可以看出，父亲成了鼠人与性欲满足之间的障碍。正如雅克·拉康所说，欲望与禁止是一回事。老子在《道德经》第五十七章中也指出了相同的悖论："法令滋彰，盗贼多有。"被父亲禁止的成了主体所欲望的。

---

① Sigmund Freud, *Notes upon a case of obsessional neurosis*, the standard editon of the complete works of Sigmund Freud, Volume 10, p.158.

② 同上，第 162 页。

③ 同上，第 203 页。

（3）小时候，他的手淫活动被父亲所谴责。然而在青春期时，手淫却并没有作为问题再现出来，直至父亲死后。这里引入了另一个悖论：一方面，在父亲死后，被禁止的手淫似乎得到了许可；另一方面，在父亲死后的很长一段时间内，鼠人并没有意识到父亲已经去世了。这里提供两个例子：（1）当听到一个好笑的玩笑时，鼠人会自言自语道："我必须要把它告诉父亲。"[①]（2）在备考到午夜时，鼠人会中断自己的工作，打开公寓的门，就好像他父亲站在门外一样。然后他回到大厅，他掏出阴茎，在镜子前看着它。[②] 在父亲活着的时候，他很懒惰，此时他一方面希望父亲看到努力学习的自己；另一方面又想让父亲看到自己又在从事会惹恼父亲的举动，召唤父亲的禁止。为了解释这一点，我们要引用弗洛伊德曾分析过的一个梦[③]——拉康曾多次提到这个梦的重要性。在这部论著中，弗洛伊德描述了一个正处于哀悼期的儿子做的这样一个梦："已经过世的父亲似乎还活着，并且在和自己说话。父亲好像不知道自己已经去世了（父亲根本不知道这一点）。"在梦中，儿子以一种幻觉性的方式维持了父亲的存在。这个儿子不想知道的一件事，那就是父亲这个"大他者"也被死亡所阉割了。当父亲死亡之后，下一个被阉割的就是自己了。我们可以看到儿子渴望父亲能够继续帮他阻挡阉割。由此，他使死去的父亲在梦中活了过来。拉康对此做出了这样的评论："进一步地，你们会明白儿子的阉割接续于父亲的阉割。"[④]

（4）对于鼠人的父亲，必须要强调两点：一方面，当他还是部队的未受任命的军官时，曾因赌博输了公款。多亏一位好友帮他垫了这笔钱，才免于受罚。后来他富裕了，但一直没能找到这个好友。因此他有一笔没有偿还的债务。另一方面，他年轻的时候非常喜欢一个贫穷的女孩。

① Sigmund Freud, *Notes upon a case of obsessional neurosis*, the standard editon of the complete works of Sigmund Freud, Volume 10, p.174.

② 同上，第 204 页。

③ Sigmund Freud, *Formulations à propos des deux principes de régulation de la vie psychique* dans *Résultats, Idées, Problèmes*, Paris: Puf, 1998.

④ Jacques Lacan, *Le désir et son interprétation, la version du staferla,* leçon du 24 juin, 1959.

后来，认识了鼠人的母亲——一位家境殷实的女人。鼠人的父亲离开了自己的所爱和鼠人的母亲结合了。这两点也存在于鼠人自己身上。首先是，他难以还掉自己所欠的邮费——一笔债务。其次，他也处于两个女人之间，难以做出选择。在遇到一位更漂亮的女人后，他在犹豫要不要兑现对之前的那位姑娘所许下的诺言。这两点，都凸显出他处于对父亲的无意识认同中。

在俄狄浦斯情结中，父子之间存在着一种辩证性的竞争关系。一方面，在性欲层面上，父亲占据母亲，禁止儿子接近父亲的性欲对象，从而实现母子分离。另一方面，被驱逐的（经受阉割的）儿子日后能够成功绕过父亲在性欲上的禁令去寻找自己的女人。这种辩证性竞争关系表现在：从过去的“1”（母亲）被禁止出发，进入到未来的“∞”中（从无限的女性中寻找性欲对象）。在鼠人这里，我们看到他实现了辩证性竞争关系的第一方面，但是他无法绕过父亲的禁令，卡在对父亲的认同中。那么是什么障碍阻挡了他的脚步，以至于他寻求强迫症的庇护呢？有一次，幼年的鼠人又淘气了，父亲打了他。正打着，这个小男孩暴怒，猛撞父亲。那时他还不会说脏话，只能用一些普通物体（估计是父母做爱场景中的物体）来骂父亲。他尖叫道：“你，灯；你，毛巾；你，盘子，等等。”父亲被这样的愤怒震动了，不再打他，并断言：“这小子以后要么是伟人，要么就是一个悍匪。”①从此之后，父亲不再打他。鼠人却坦言：这导致自己性格的巨变。从那之后，他成了一个懦弱的人，害怕打架，见到打架就会逃到一边并躲起来。为什么会有这样的性格巨变——从敢于对抗父亲到懦夫？因为他的愤怒吓到了父亲。父亲收手时，他看到了父亲的懦弱。从父亲的债务，到父亲在婚恋生活中选择离开自己爱的那个姑娘，再到父亲的懦弱，可以看出这位父亲本身并没有承担起阉割，性情暴躁的他在和儿子的竞争中不够暴力，回避冲突，无法让儿子直面丧失，承担起阉割的位置。我们可以看到鼠人因此成了一个犹豫不

① Sigmund Freud, *Notes upon a case of obsessional neurosis*, the standard editon of the complete works of Sigmund Freud, Volume, pp.205-206.

决的人，怯懦地躲避在对父亲的认同之下。

可以发现，与鼠人的父亲不同，《图腾与禁忌》中的父亲敢于直面冲突，可以说敢于被儿子弑杀。最后儿子们反而订立并接受了亡父的法则，从而能够成为男人、成为父亲。为了解释这点，我们要引用中国文学中的经典故事来解读强迫症主体如何绕过父亲的禁令，过渡为男人和父亲。

4.3　白嘉轩娶妻（娶“七”）

这部斩获茅盾文学奖的名著《白鹿原》[①] 是以主人公白嘉轩娶妻为开端的。16 岁时，白嘉轩就开始了以一年换一个女人为节奏的漫长结婚生涯。第一个妻子死于难产；第二任死于痨病；第三任不明原因吐血而死；第四任羊毛疔；第五任因疯癫死于溺水。这前面五个女人都是父亲安排的。在筹备第五次婚事时，出现了这样的传闻：“这时候，远远近近的村子热烈地流传着远不止命硬的关于嘉轩的生理秘闻，说他长着一个狗的家伙，长到可以缠腰一匝，而且尖头上长着一个带毒的倒钩，女人们的肝肺肠肚全被捣碎而且注进毒汁。”[②] 父亲死后，母亲安排了第六次婚姻。第六个女人也精神失常，死于非命。第六次洞房时，由于第六个女人的拒绝，白嘉轩的疑虑冲入意识中：“他甚至开始真的怀疑自己那个东西里头流出的货是否有毒，偷偷把那货抖落到猪食里观察猪吃了以后的动静，共计三次，猪的活动毫无异常。”这样的疑虑其实是对于性欲满足的阉割焦虑。因为似乎性的满足，会导致女人的死亡。这里呼应了鼠人的担忧：“如果某些事情发生了，将有灾祸或惩罚降临在最爱的人身上。”在第六次婚姻之后，白嘉轩和母亲之间就婚姻问题产生了巨大的分歧。为什么会出现分歧？因为在六任妻子先后离世并且没有留下孩子后，作为主体，白嘉轩提出了这样的问题：为什么光有阴茎也留不住女人？“究竟该如何才能留住女人？”或者说“女人所欲望的阳具是什么？”“怎样才能是父亲？”在第七次婚姻发生前，必须介绍作者所设定的两个重要情节：

---

① 陈忠实：《白鹿原》，人民文学出版社，1997 年。
② 同上，第 6 页。

（1）“嘉轩惊异地发现，母亲办事的干练和果决实际上已经超过父亲，更少一些瞻前顾后的忧虑，表现出认定一条路只顾往前走而不左顾右盼的专注和果断。这样，赶在父亲的头周年忌祀到来之前一个月，正当桃花三月的宜人季节，第六个媳妇在呜哇呜哇的唢呐喇叭的欢悦的喜庆曲调里走进门楼来了。”[①] 在这里，他发现虽然父亲去世了，母亲却表现出了比父亲还干练果决的特质；也就是说没有男性器官的女性也可以具有所谓的男性特质。用精神分析的话来说，没有阴茎不代表没有阳具（阴茎的符号）。另外，第六次婚姻发生于父亲周年祭之前。不要忘记在父亲去世前，白嘉轩认为守孝不满三年，不宜结婚。在父亲的命令下，他才勉强答应结婚。可以说，这次婚姻对于白嘉轩来说是违背孝道的（中国文化中的父性法则）。

（2）作者着重描述了白嘉轩的姐夫朱先生——一位具有预言能力的圣人（假设知道的主体）。姐姐嫁给朱先生后，虽然日子清贫，但是从姐姐的脸色以及各种动作中，都透露出——和这样一个男人生活，她是一个幸福的女人。可以说，朱先生对于白嘉轩来说，是一个抢走父亲女人（父亲的女儿）的男性。姐姐的幸福提示了白嘉轩阳具并不只存在于一处，并不只存在于一个人身上。因此，朱先生为白嘉轩提供了一种绕过父亲的禁令并夺取性对象的可能性。

总之，母亲的干练果决以及姐夫对于姐姐来说的位置解除了白嘉轩内心的疑惑：（1）阴茎不等于阳具；（2）阳具是可以移动（传递）的，这使主体可以脱离对父亲的想象性认同，罢免了想象性的全能父亲，成为一个具有相对独立性的男人。

此外，在白嘉轩画了图片之后，正是住在白鹿书院的姐夫指出白嘉轩在纸上画的是“鹿”。关于这个“鹿”，有个神奇的传说：“嘉轩刚刚能听懂大人们不太复杂的说话内容时，就听奶奶母亲父亲和村里的许多人无数次地重复讲过白鹿神奇的传说，每个人讲的都有细小的差异，然而

① 陈忠实：《白鹿原》，人民文学出版社，1997年，第21页。

白鹿的出现却是不容置疑的。人们一代一代津津有味地重复咀嚼着这个白鹿，尤其在战乱灾荒瘟疫和饥饿带来不堪忍受的痛苦里渴盼白鹿能神奇地再次出现，而结果自然是永远也没有发生过，然而人们仍然继续兴味十足地咀嚼着。那确是一个耐得咀嚼的故事。一只雪白的神鹿，柔若无骨，欢欢蹦蹦，舞之蹈之，从南山飘逸而出，在开阔的原野上恣意嬉戏。所过之处，万木繁荣，禾苗茁壮，五谷丰登，六畜兴旺，疫痢廓清，毒虫灭绝，万家乐康，那是怎样美妙的人间盛世！”[①] 对于这只白鹿，可以看到它的作用是保护万物，创造新的生命，传递幸福。它对应于希腊神话中的厄洛斯（Eros）。它是世界之初创造万物的基本动力，是一切爱欲和情欲的象征。厄洛斯所传递的正是生殖的秘密。正如在法语中 vit（阴茎）和 vie（生命，生活）具有同一发音那样，厄洛斯所代表的正是阳具。可以说，白鹿所代表的正是阳具。

在朱先生将自己的欲望对象命名为“鹿”之后，有了“白嘉轩见鹿”的情节。于是，白嘉轩决定用自家祖传的肥沃地去交换鹿家的相对较差的地——去交换白鹿出现的那块地方。这次换地，是瞒着母亲进行的。愤怒的母亲当即给了他一耳光。正如文本里所说的，“白赵氏的心病不是那二亩水地能不能卖，而是这样重大的事情儿子居然敢于自作主张瞒着她就做了，自然是根本不把她当人了。”[②] 我们可以看到白嘉轩的主体位置之变化。从父母的要求中分离出了自己的欲望，父母的位置随即发生了变化。父母不再是处于想象位置的全能父母。进一步地，白嘉轩之后做了一个梦：“原坡地上的麦子开始泛出一层亮色的一天夜里落了一场透雨。临近天明时白嘉轩醒来，放声痛哭。哭声惊动了母亲。他说他梦见父亲了。搞不清父亲怎么弄得满身满脸都是泥水，浑身衣服湿漉漉往地上滴水，不住地打着冷颤。搞不清脚下怎么会有一个泥水聚积的深潭，父亲似乎就是从水潭里爬上来的，腿脚一抖索又跌下潭里，他怎么拽也拽不上来，眼看着父亲沉下去了，只露两只大手在水上摇。他大呼救命，

---

① 陈忠实：《白鹿原》，人民文学出版社，1997 年，第 44–45 页。
② 同上，第 57 页。

越急越呼叫不出，急得大哭，突然惊醒了。母亲听罢，并不惊奇，只说了一句就回自己屋去了：'你到你爸坟上去看看'。"[①] 对雨声的感知觉进入了白嘉轩的梦中，化成了水。父亲要被埋入泥潭，有死亡的风险。他无力拯救父亲，从而惊醒了过来。这一幕对应于父亲死亡的场景。这是白嘉轩第一次经历亲人的死亡。正如梦中梦者的无能一样，面对父亲死前的痛苦，当时所有人都无能为力。在这个梦之后，白嘉轩看到坟墓果然进水了，就将父亲的坟墓从祖坟中移了出来并安置在白鹿出现的地方，安置在他所选定的位置。

自此之后，他去见了父亲的朋友吴先生，并要求他帮忙解决自己的婚事。吴先生将第五个女儿嫁给了白嘉轩。这是唯一一个白嘉轩在婚前就见过的女人——甚至可以说彼此非常熟悉。后来，妻子怀孕了。在作者描述妻子怀孕那一幕时，白嘉轩是坐在父亲常坐的椅子上的。至此，可以说，白嘉轩不仅成为了男人，也成了父亲。

在父亲去世后，白嘉轩其实觉得他并不适合结婚。在守孝期未满前，结婚对他来说不适合。在《哈姆雷特》中，葬礼刚结束就开始的婚姻，招致了哈姆雷特父亲的鬼魂的回归。对于人类来说，只有完成了殡葬规则所要求的所有程序后，死者才算真的死了。这是人类所独有的象征性死亡。因此，只有当白嘉轩把亡父安葬在自己选定的位置时，想象的全能父亲才算真的死亡了（精神上完成弑父）。将死亡的父亲安置在阳具的位置，这反转过来就是死亡的父亲（符号性的父亲）给儿子传递了阳具的意义。

最后，对于白嘉轩娶七的故事，我们还要强调一点。为白嘉轩办前六次婚事，几乎耗尽了家里的全部财产。直到父母无法给予白嘉轩时，即无法满足白嘉轩的要求时，白嘉轩才产生了用占据白鹿地来振兴祖业的欲望，也产生了真正娶妻生子的欲望。可以说，在不断的丧失女人的过程中，白嘉轩也在寻找处于父母要求之外的东西。主体所要维持的是

---

① 陈忠实:《白鹿原》，人民文学出版社，1997 年，第 60 页。

自己的欲望，而不是要求的餍足。

5 结语

拉康说：“告诉你们，如果我离去了，那是为了最终成为大他者。”[①]之所以将前言部分标记为 0，是因为它出自拉康关于焦虑的讨论班中的公式[②]：$\frac{d(0) < 0 : d(A)}{d(A) : 0 > d(0)}$。这个零是缺失，是欲望的原因对象——objet（a），也即保障欲望的必要之“空”。黑格尔曾提出“人的欲望是他者的欲望”，这表面上像极了拉康的公式——人的欲望是关于他者（A）的欲望。然而，正如拉康所辩驳的那样，拉康的大他者是无意识的大他者，是具有缺失且有所不知的大他者。也正因为大他者并非设置绝对的欲望客体的“绝对知者”，我们才能幸免于陷入对“绝对威信”的至死方休的争斗中。也正因为 A 有缺失且也不知那是什么，我们可以用数种方式来满足 A。

他走了，但其所留下的将使他的力量“多倍化”。

① Jacques Lacan, *Le séminaire du 15 janvier 1980*, pulié au journal *Le Monde*.
② Jacques Lacan, Le séminaire *L'Angoisse,* leçon du 21 Novembre, 1962.

谈付费·弹付费

叶利鹏[①]/著

【内容提要】本文是笔者对临床工作一些思考和反思。通过呈现临床接待中涉及到的付费，来讨论在分析中如何与分析者谈论付费，以及面对不同的分析者时和在分析的不同阶段应如何理解和应对付费的相关问题。

【关键词】精神分析　付费　弹性

一、引子

几年前写过一篇符号性付费的文章，主要谈在机构下与孩子工作时，如何讨论付费的问题。成人的分析工作，当然也涉及到付费问题，什么时候谈付费，如何讨论付费，付费会如何影响我们接下来的工作？付费为什么需要弹性？怎么弹？分析家和分析者对于付费的不同理解是什么？带着这些问题，我也在临床工作中去探索，去思考，也希望藉由这篇文章和大家有一个讨论，能够更清晰化一些问题。

① 叶利鹏，男，湖北襄阳人，成都精神分析中心预备分析家，工作方向是儿童精神分析和女性性，在临床中接待儿童和他们的父母，以及成人分析者。微信号：13540410525

二、谈·弹

很多时候，当分析者电话、短信或者微信预约时，他们会询问我们的分析费用是多少。为什么是那个时候？这是我们要思考的问题。有些分析者不知道具体费用是多少，他们习惯先打听一下，有些会先从介绍人那里了解，如果介绍人也不知道我们的收费标准，有些分析者会在与我们沟通时询问。但是我也遇到有些分析者希望通过介绍人来询问我们，而不是自己询问，这就很有意思，这里已经有一些东西在分析者的无意识里运作着。

分析者在电话里与我们预约分析时间时会询问我们的收费情况，这个时候我们是否要回应？如果回应又该如何回应？在回答这些问题之前，有些东西是我们必须思考的。我们要理解分析者为什么在这个时候询问分析费，他的内在精神运作是什么？他向我们传递的又是什么？他是如何传递的？我们不能仅仅把询问分析费当成一个孤立的问题或者一个习惯性的问题，我们在这个时候需要把询问分析费这个问题放在分析框架里来讨论。如果把这个问题放过或者忽略了，我们会错失很多东西。而我们需要在而且只能在预备性谈话里对这些进行充分讨论以后，才会对之有一个基本的理解，并且不仅仅是我们的理解，分析者也需要听到和理解他的无意识运作，这对他后面的分析意义重大！

为什么要在预备性谈话里才讨论分析费，为什么不能在电话里就告诉分析者？这个不同的学派有不同的操作，有些学派是收取固定的分析费，而我们拉康派是弹性付费，会根据每个分析者的经济情况和承受能力，讨论一个他能够承受的价格。这里的弹性付费，不仅是说每个不同的分析者的收费不同，而且是说分析的不同阶段分析费也会有所调整。当然，这也是一个存在争议的问题，很多不理解弹性付费的人，会质疑为什么分析家对不同分析者收不同的费用，为什么在整个分析阶段中不能是一个固定的不变的价格？价格的调整是否违反了分析的设置？价格的调整是否涉及到转移与反转移？当然，采用固定分析费的分析家有他们的道理和理论框架，但是采用弹性付费的分析家一样有他们的理论与临床支撑。而且弹性付费不是每次价格都不一样，每个分析者会讨论出一个适合他们的分析费，这个分析费在一定时间内又是固定不变的，只是在工作过程中的某些阶段或者某些时刻，需要重新讨论一个价格。为什么在某些时候需要调整分析费呢，这个我会在下面举一些例子谈到。

通常，我会告诉分析者我们需要先有一个预备性谈话，具体的分析费用我们在预备性谈话里讨论，这也是我们分析工作的一部分。有些分析者在这个时候会追问预备性谈话的费用是多少，这个时候，我们可以告诉分析者预备性谈话的具体费用，因为预备性谈话的收费相对是固定的一个价格。当然，也有些分析家的预备性谈话也是弹性付费，会根据分析者的情况进行工作，这里暂时不讨论这个问题，因为这个涉及到每个分析家的个人设置和对分析的不同理解。

分析费的讨论，我一般会放在预备性谈话结束时，与时间设置、工作方式等等一起讨论。因为临床工作中我们遇到的每位分析者的情况不一样，预备性谈话需要的次数也不一样，可能有些分析者的预备性谈话是一次，有的是几次，有的是几个月甚至一两年，所以我们需要视情况而有所调整。

每个分析家的收费标准不一样，价格区间也不一样，并且讨论分析费的方式也会有很多差异。有的分析家会根据分析者的情况给出一个价格，分析者去选择接受或者不接受，或者讨论能否降一些，分析家当然也可以选择接受或者不接受。我自己的情况是，一般预备性谈话结束时，会给分析者一个价格区间，他自己去选择一个他可以承受的价格，当他给出一个他能够承受的价格以后，有时我会直接同意这个费用，有时会再和他讨论一下这个费用对他是否合适。

分析者自己选择的价格是很有趣的，有些分析者会选择一个最低价（相对于我给出的价格区间），并且会补充说明很多东西，恰恰这些补充说明的东西是很有意思的，因为有些时候我们能够从这些话语里面听到很多东西，涉及到分析者的自我认同、价值感、与金钱的关系、对于我们的幻想、与其父母的关系、与我们的转移关系，甚至是他的症状……当然，也有些分析者会选择一个最高价，大多数分析者会选择一个他能够承担的价格，但我也遇到有些分析者会选择一个他不能够承受的价格！一般而言，通过讨论，分析者最终选择一个他能够承受同时又有一些张力的价格是比较合适的。

三、“线头”

讨论完分析费以后，我们的分析工作就逐渐展开了。随着工作的进行，有些东西会借由分析费而展开。比如我接待过的一个分析者，最开始的时候，在讨论分析费时，她告诉我她只能够承担很低的费用，因为自己收入很少，又不想让家人知道她在做分析，所以只能够承担得起这个费用。当然，我同意了她的分析请求。但是她提到不想让家人知道她在做分析，这本身是很有意思的，是一个值得讨论的问题，所以，在后面的工作中，借由她的分析费要自己付，不想让家人知道，不想让家人负担，我请她谈一谈这个不想让家人知道。这个“不想”，引出来很多东西：涉及到她和父母的关系，她的精神运作，还有她的恐惧和担心……所以，借由分析费的讨论，有时可以打开一个工作的空间，可以把分析费作为一个线头，牵出后面很多很多东西来。

我接待的另一个分析者，开始的时候告诉我他只能承担某个比较低的费用，经过讨论我同意了。后面的工作中，我感觉他始终被有些东西被卡住了，讲到某些事情的时候总是讲不下去，直到某一次分析，他告诉我说他觉得他付给我的分析费有点低，其实他没有他最开始讲的那么困顿，但是他习惯还价，习惯给人一种他很穷，很没钱的感觉，以便于让他人给他一些“照顾”，后面他又联想到自己的父母对于金钱的态度，与亲戚之间发生的经济纠纷导致的关系恶化，以及当年他曾经如何用没钱来获取的一些温暖和照顾，他说自己似乎处在一个被动的位置，一个被施予的位置，一个呼唤爱的位置，他习惯了用这样的互动模式与他人相处，在这样的互动中，一方面他感觉很舒服，很享受，但同时又感觉很痛苦，感觉自己很无能，很弱，他痛恨这种感觉。接下来工作了一段时间，他又提到他不知道我怎么想他，会不会觉得他是一个骗子，会不会觉得他很没用，他说如果告诉我他的真实收入，我会不会涨他的价等等，分析工作进行到这里，我和他才有了一个真正的相遇，他和我的转移关系也借由这些联想而逐渐展开。

另外一位我接待的分析者，在工作一年半以后，对我说她不能对我表达愤怒，她说她也不知道为什么，后来工作中她报告一个梦，梦中有个细节是她偷了我的钱，梦中她很害怕，怕我会不会知道后对她做不好的事情，会不会惩罚她。她说这个梦是前几天做的，刚开始不太想告诉我这个梦，她想隐瞒这个梦，但是后来还是决定告诉我，因为她觉得这个梦可能会帮助她理解自己，推进她的分析工作。她对这个梦的联想，帮助她理解到她觉得某种意义上她“偷了”我的钱，说到这里的时候她笑了，整个人放松下来，她说这里的偷也许是指她少付了钱，也就等同于偷了本该属于我的钱，对于偷，她还联想到小时候的一些偷钱的经历，联想到她和母亲的关系，联想到母亲对她的惩罚……在后面的分析工作中，她慢慢谈到对于母亲的愤怒，这在她的分析工作前半段很少谈到，经常是说一个开头，马上就找一些理由去压抑去掩盖对母亲的恨和愤怒。再后来，她提出要涨分析费给我，她觉得她如果还是付原来的分析费，她会有太多的罪疚感，影响她在分析里的言说。

当然，也有分析者在工作一段时间以后，想调低分析费的情况。有个分析者，和我工作了两年以后，在一次分析里，很小声地对我说她最近经济遇到一些情况，以前能够承担的分析费，现在负担不起了，她犹豫了很久该不该和我说这个事，她说也不知道我是否会同意她的这个请求。当我听到她这么说的时候，最开始也拿不准该如何回应她这个请求，所以我决定还是请她下一次工作中再继续讨论这个问题。在下一次的分析中，我请她讲讲她是如何想的，她于是谈到她对我的一些幻想，她的一些担心，她还谈到等她经济恢复了再给我涨回来等等，经过评估，我同意了降低她的分析费，也同时告诉她，等某个时候，她经济好些的时候，我们再重新讨论分析费。当分析者提出降分析费时，我们没有固定的回应，在回应之前，我们需要先去理解分析者提出请求背后的东西，在讨论以后，在我们和分析者都更清晰的理解了之后，才能考虑如何回应。有时贸然答应一个请求，可能会导致分析的中断。

当分析者提出经济困难或者遇到情况时，如何调整，每个分析家的操作是不一样的。有些分析家会调低分析者每次的费用，有些分析家会拒绝，有些分析家会允许分析者先欠着，以后补上，当然，每个分析者的情况不一样，分析家的回应或者不回应也不一样，我们不好说什么样的干预是好的或者不好的，有些时候需要我们的临床直觉判断，或者需要和我们的督导进行讨论，也许一个干预会推进这个工作，也许一个干预会破坏这个工作，这有赖于我们后面的工作和反思。

我们在分析工作中，某些时刻会主动和分析者讨论调整她的分析费。有些分析家是固定的一两年涨一次费用，有些分析家会根据分析者的情况做一些调整。在分析过程中的某些时刻，我们会把调整分析费作为一个干预来与分析者工作，比如，当一位分析者提出想要暂停一段分析时，有些分析家会告诉分析者，当他再次回来的时候，会重新有一个预备性谈话，会涨价；也有些分析家在分析者再过来找他们的时候，会提出让分析者把暂停分析这段时间的分析费补上（补上以后可能还是以前的价格，也可能调整一个费用）；对于分析者的请假，一两次的情况，不同的分析家也会有不同的设置，有的分析家是不允许请假的，请假后不来也是需要付费的，有的分析家在分析者请假后不会收取当次的费用。我们很难说什么样的设置是一个好的、标准的设置，因为现实中是没有这样的一个统一的标准的，对于我来说，在面对不同分析者的时候，有时也会采用不同的设置，这要视情况而定。

当然，前面是从分析家的角度来谈，因为对于分析、对于设置的理解的不同，会有不同的操作，同样，面对一个类似的干预，在不同的分析者那里或者在同一个分析者的不同分析阶段，所唤起的东西是不一样的，这样或者那样的一个干预，是否有效，是否是适宜的，也需要具体到临床当中去讨论。

曾经听过一个同行讲到他在一位法国分析家那里做分析的经历，在分析的很长一段时间里，他的分析家都要求他做面谈，当他提出是否上躺椅时，分析家说继续面谈的工作，很多次以后，他再一次地提出想要上躺椅，这次分析家同意了，并且告诉他从下一次可以开始躺椅工作，同时他的分析费需要涨起来！当我听到这个小片段的时候，感觉这个分析家的干预太妙了！

总之，分析费是要谈的，也是要弹的，不管什么样的设置，什么样的干预，都是为了让我们的分析工作更有创造性和活力！

后记：我只见过吉布尔先生一面，吉布尔先生在去世前对于精神分析的传递做了很多工作。我作为一名受惠于精神分析、从事精神分析的临床工作者，对吉布尔先生倍感敬佩，也希望自己通过精神分析的临床接待，继续这个传递工作……

孤独症早期干预中的治疗空间[①]

蔡婷婷 / 著

【摘要】本文主要介绍了以 BSR（行为疗法、结构化教育、社交互动）为核心干预模式而展开的针对自闭症儿童的综合性训练。这一早期干预训练的理念框架以治疗双方所身处的治疗空间为中间动力系统，通过从传统治疗的二元关系（患者与治疗师）迈向三元甚至多元关系（患者、患者家庭与治疗团队等），来最终实现"治疗空间"向"心理空间"的转变与内化。在此基础之上，作者接下来从精神分析的角度，更进一步地讨论了如何建立良好的治疗空间，即如何通过将话语作为精神世界的组织者和意义的承载者，让治疗者的心理空间在治疗的空间中搭建起来。

【关键词】自闭症　治疗空间　心理空间　话语　父母管理

写在前面：吉布尔先生去世的消息，给我的震动是强烈的；就像他用他全部的倾听带给对话者强烈的在场感一样，他的离开，也是如此。正值先生逝世一周年之际，以此小文纪念他与中国自闭症家长共同的工作和故事。

孤独症谱系障碍（ASD）是一种起源于婴幼儿期的心理发育障碍性

---

① 本文为四川省哲学社会科学重点研究基地，成都医学院四川应用心理学研究中心科研项目"幼儿孤独症心理治疗中的空间设置研究"的阶段性成果，项目编号：CSXL-172017。

疾病，是广泛发育障碍中最为常见的一种，俗称为“自闭症”。孤独症谱系障碍的致残率很高，近年来发病率呈逐年增高趋势，其临床表现非常复杂，主要以社交障碍、语言交流障碍、兴趣狭窄和刻板重复行为为特征，并常伴有多动、注意障碍、情绪不稳、自伤、冲动和攻击性行为等症状。我们都知道幼儿期是对自闭症儿童进行干预的最佳时期，如果能在早期发现、在早期进行干预，将会极大地影响其预后。

目前在我院针对自闭症儿童的综合性训练主要以 BSR（行为疗法、结构化教育、社交互动）为核心干预模式，分为以下四个阶段，第一阶段以 20 分钟为一堂课分别进行不同主题的训练活动，按以下顺序进行：报到、游戏、小食、个辅、休息、运动、音乐、放学；其中小食和个辅课是训练师和孩子一对一地上课，家长从旁辅助，而游戏、运动和音乐课则按照集体方式进行，即由两位训练师与所有家长、孩子一起参与；第二、第三阶段在第一阶段基础上每天增加一堂个辅课；第四阶段增加小组课和个人工作（家长为孩子上课，训练师在旁观察并记录，之后提出指导意见）。每天放学之后都安排一个小时的家长理论课堂，由发育行为专科医生和训练师面授家长治疗理念、训练技巧和注意事项。

另外，在针对儿童的训练之外，还安排了每周一次（两个半小时左右）全体工作人员（包括医生、心理治疗师、训练师、语言训练师、护士）和全体家长的面谈：目前国内普遍称之为“父母管理”，主要汇总前一周的训练情况、存在的阻碍、训练中遇到的具体困难，以及大家愿意面对面讨论的任何问题，包括家庭矛盾、家庭成员冲突、孩子的成长史、家长的情绪困扰等等。

这一早期干预训练的理念框架以治疗双方所身处的治疗空间为中间动力系统，双方可以通过共同参与不同的活动，并在其中展开具有社交意义的会话（此时此地）而打开存在于两者之外的现实（彼时彼地）；通过从传统治疗的二元关系（患者与治疗师）迈向三元甚至多元关系（患者、患者家庭与治疗团队等），来最终实现“治疗空间”向“心理空间”的转变与内化。国内学者认为对自闭症儿童的父母管理在于治疗师通过与家长或其他主要抚养者的会面（个别的或团体的形式），而使他们的情绪状态得到有效改善，从而增加儿童与家长的互动行为，并促进两者之间交流方式的积极发展等[①]，但我想在这点上，精神分析可以说更多。

在心理治疗中，我们首先需要建立良好的治疗空间，通过将话语作为精神世界的组织者和意义的承载者，而让治疗者的心理空间在这个良好的治疗空间中被搭建起来，但这是个很困难的过程。而在上述这样一个通过与父母面谈所打开的治疗空间中，围绕在孩子周围的人将他作为独立个体的意图凸显了出来。因为大家会谈论共同的话题：我的孩子不喜欢 ×× 活动，他 / 她更愿意参加 ×× 活动，他 / 她老是用某种方式来表达高兴或者生气等等。这些由各种方式所呈现出来的意图，在我们与家长的面谈中被翻译和转换为“意愿”或“愿望”的言语化表达。一方面，在这些话语中孩子非言语化的意图得到安置和确认，是通过将这些意图与发出意图的孩子相区分，从而将孩子的需求与家长的需求区分开来；这种讲述帮助家长理解：孩子有属于他自己的部分，而这种所属关系只能存在于独立的个体那里。[②] 另一方面，面对团体中不同的对话者，治疗师团队成员和家长会有不同的解读和感受，而把各自的解读和感受以“自由的”方式表达出来，实际上是以治疗空间的一般性框架为基础，

① 杜亚松：“孤独谱系障碍非药物治疗进展”，载于《中国儿童保健杂志》，2017 年第 12 期，西安，第 189–191 页。

② 通过 R. Spitz 对二战后孤儿进行的直接临床观察和研究，我们不难了解到对婴儿（尤其出生至 3–4 个月）的早期抚育除了必须满足其基本的生理需要之外，还应该满足他们的心理需求。若在出生后三个月之内，与母亲（或其替代者）的关系没有被建立起来，那么孩子将再也没有可能建立这种关联。即是说，抚育者应该意识到、并真正接受（这是两个不同的过程）孩子不仅具有生理需要，而且也具有心理需求，前者的满足并不能替代或取消后者的满足。因此，将孩子视为与自身对等的、具有精神运作能力的独立个体是必要的。

构建与之相对等的个体化空间，而后者是移情发生的地点。[①]由此，每个参与者作为其中的一个部分，同时存在于以上两个不同的地点，有利于主体在从主人辞说向分析家辞说的移位和滑动中就位。[②]

大部分自闭症孩子家长常常会提出这样的问题：我的孩子只是不会说话，他需要说话方面的帮助，但为什么总在训练他的人际和社会交往呢？Chantal Lheureux Davidse 在关于幼儿自闭症的书中提到两位曾确诊为 ASD，但之后能用语言进行交流的病人时这样描述：他们虽然认识很多字，但不知道这些字有什么用，即使能够正确地发音，也不清楚在什么情况和场合下使用它们，甚至不知道它们能成为与人交流思想的方式。作者的观点是，如果不能处在一种与他人相区别的关系中，那么语言就跟大自然中任何其它的声音一样，只会是无序和外在的，只有处在“相互区分”这样的“人际”关系中，语言才能逐渐成为表达意图和交流思想的方式。[③]那么，这种关系如何才能建立起来呢？

在父母团体的会谈中，下面这个话题总是在场：孩子的刻板行为。多多（化名，男，三岁零三个月）的妈妈说：“多多在任何地方只要看见有开着的门（或柜门），总是会上前去打开和关上，重复无数次停不下来。这让我这个当妈妈的很痛苦，因为每当这时候我就会觉得自己的孩子和其他正常人太不相同了，别人会怎么看他？我很想让他停止这么做。”刻板行为在自闭症孩子那里很常见，也几乎是让家长最难以接受的

① 这里涉及到“一般”（général）和“特殊”（singulier）的逻辑。参见 C.S. 皮尔士：《论符号》，G.Deledalle 译，色伊出版社，1978 年，巴黎。在这点上，皮尔士很大程度上影响了 Michel Balat、Pierre Delion 等人关于机构心理治疗的研究。比如 Pierre Delion 对“等级”的不同维度所进行的思考；他认为，机构心理治疗的一般性框架由治疗师团队及相关设置构成，属于“制度的等级”（hiérarchiestatutaire），而个体通过将其内在化并由此构建的主体的历史和欲望的等级，属于“主体的等级”（hiérarchiesubjectale）。皮埃尔·德里昂：《幼儿自闭症和精神病讨论班》，Érès 出版社，2013 年，图卢兹，第 102–106 页。

② 参见拉康在第十八个讨论班中关于分析家辞说的论述。在拉康看来，四个辞说的划分并非是将主体定位在某个特定的辞说当中；分析家辞说所强调的是，只有当不同的辞说之间建立起通道后，主体才能在这种滑动中就位。雅克·拉康：*D'un discours qui ne serait pas du semblant*，色伊出版社，2007 年，巴黎，第 9–10 页。

③ 香塔尔·大卫兹：《幼儿自闭症或相遇的声音》，Harmattan 出版社，2003 年，巴黎，第 81–82 页。

“问题行为”。但我们知道，当刻板行为被定义为“靶行为”之后，孩子的真实意图就会完全隐没在其中，我们更多的是思考怎样去消灭它，而很少会关心为什么第一时间它会出现。也许当我们不总是站在行为的外部去观察它，而是去表达我们的分享体验，赋予它们意义，并将这种意义用命名（旁白）的方式传递给孩子，这一完全封闭在自身当中的重复行为才有可能最大程度地减少其“排他性”。

多多的妈妈在后来的家长会谈中提到，当她尝试着和孩子一起去开关门时，她告诉多多:“这样（关门）外面的人就进不来了，外面的东西就被关在外面了。”多次之后，多多将目光投向她，停下手中的动作，离开了门边。多多妈妈说，这是孩子长这么大以来第一次长时间地看着自己，也是她第一次真正感到和孩子之间有了目光交流。为这次短暂的相遇，她感动不已。我们知道，相互区分的关系是被符号所规定的联系（lien symbolique），它在真正的相遇中才能实现，而真正的相遇只有通过命名才能被“锚定”：开关门的重复行为，又何尝不是自闭症孩子通过反复确认两个空间被门隔开的尝试，去阻止“相遇”的隐喻呢？[①]

目前，国内普遍接受的针对自闭症的训练方法包括应用行为分析法、结构化教学等强调的是干预模式的标准化操作。换句话说，当面对不同的孩子，尽管他们来自不同的家庭、文化和地域，针对他们的训练方法都是可复制、可推广的。虽然现在越来越多的医疗和社会机构开始注重“去结构化”、“个性化训练”的方案，但在我看来这对于充分尊重个体化和独特性的理念还相距甚远。因为当家长带着这些在医疗和社会机构中学到的方法回到家与孩子进行训练时，往往效果欠佳，甚至大部分儿童还会出现明显的退步，尤其当涉及到对指令的理解和执行时。面对这种情况，家长往往会产生强烈的自我怀疑和挫败感，会更容易变回到训练

① 香塔尔·大卫兹在书中指出，分析家以“形象化”（la mise en figure）的间接方式去给自闭症的某些重复行为命名，可以帮助他们在允许他人在场的情况下，理解自身行为的意义。比如反复关门的行为可被理解为：通过让两个不同的空间相互隔开，来阻止不同的人彼此相遇。同上，第 89–90 页。

前自我退缩、内归因和放弃的状态，而这都很不利于对自闭症孩子干预的可持续性和稳定性的要求。如何将对自闭症的干预不仅局限在儿童身上，如何帮助家长在学会训练方法的同时，能成为“足够好地”使用这些训练方法的人，这似乎才是“父母管理”的意义所在。

对中国的大部分家庭来说，由于国内的医疗现状、资源和社会保险等诸多现实情况（及由此产生的精神效应），因此自闭症孩子的家长除了首先是父亲、母亲之外，还要充当孩子的教育者和训练师。虽然他们和其他家长一样扮演着多重角色，但由于国内缺乏相当数量的、拥有一定资质的接待机构，大部分自闭症孩子的父母都不能出去工作，不能发挥跟其他普通家长一样的社会功能，并扮演相应的社会角色。然而，他们更需要在家庭之外、在孩子的欲望之外找到作为父母的位置，而这个位置应该既独立于孩子，又与他们处在密切的关联中。

吉布尔先生的这句话：“我什么都不懂，我只是听”，至少指明了一个方向，因为这其实在说：“我和你不同，但我邀你与我分享”。我们对家长的倾听如何才能在背后支撑家长对自己孩子的倾听，这也许是当前在医疗系统语境下围绕自闭症的干预我们可以向精神分析提出的问题。

Tennis、pénis及道[①]
——致吉布尔先生

居飞[②]/著

【摘要】本文借助区分拉康思想发展所暗在的两条不同线索，亦即主体性与性差异之区分、符号主义与经验事实之区分，考察了精神分析在中国化过程中所面临的一些议题。同时，借助霍大同先生的理论成果，本文尝试在符号主义的框架下，初步指出无意识结构在不同文化下表达的多样性与差异性。

【关键词】石祖　地母　性差异－主体性　符号主义

初见吉布尔师爷，是在2000年，老先生第一次来中国，并第一次给我们开关于拉康的讨论班。记忆犹新的是，在讨论班结束时刻，他邀请我们在场的每位谈谈对他及其讨论班的看法。印象中，我说道："在您身上看到了另外一种精神分析家的形象，有点仙风道骨，与当时我在霍老师及秦老师身上看到的学究气很不一样。"而彼时，我们正被秦老师带我们逐字逐句读的《杜拉个案》所折磨，也被霍老师新开的《语言与精神分析》讨论班搞得云里雾里。

---

① 本文受同济大学"欧洲研究"一流学科建设项目"欧洲思想文化与中欧文明交流互鉴"子项目课题所资助。

② 精神分析家，同济大学心理学系副教授。

时至今日，我对老先生的看法依旧如此。老先生言谈举止时常如羚羊挂角，让人摸不着头脑，虽然当下无法明悟或仅觉得是个玩笑，但事后总会有个时刻会大概明白其真意所在。时常，我觉得老先生是一个真正的“拉康派”，恰如拉康本人。①

从 2000 年迄今，已近 18 载。期间无论是学业上还是生活上，老先生对我的帮助及支持，实在良多，根本无法一一道来。然而，说实话，我们在思想上的交集却并不多，甚至是越来越少，也越离越远，特别是 2007 年赴法之后。我想主要原因在于两方面：其一，我因读博士而学究气加重，也逐渐变成了自己曾长时间讨厌的那类人，自然也就与老先生的风格慢慢拉开了距离；其二，因论文及各种原因，我关注的重心一直是拉康，尤其是到法国之后，但老先生却更着迷于中国思想，我们之间的学术交流常有南辕北辙之感。然而，尽管如此，这并未导致老先生减少对我们这些“guibalien”徒孙们的关心与呵护。最近的记忆则是 2014 年在法国举办的国际易经会议上，老先生一如既往地来现场支持我，同时也说到拉康曾在某某莱布尼茨中心呆过（我从未听闻），最重要的是，他在次日的交流中给我带来了两本戴密微的著作及一本劳格文（John Lagerwey）的著作，并认为他们的部分研究与我的博士论文有些关联，并建议我好好读读戴密微主编的《法宝义林》（丛书之一），因为根据戴密微等汉学家的研究，梵语中出现的第一个字母 a，其最初意指为“空”，而这点拉康应该是知道的，这也可能是客体小 a 之名的来源之一。但对我而言，再去学梵语，确实太难了。

由此，若真要说我与老先生在某方面有真正的交集或共同旨趣，那更多是网球。在法期间，几乎我会固定每周与老先生打一会网球，然后再闲扯一番。然而，正如我本人所无法预料的（我不知道老先生是否有所预料），某日正是通过网球，我突然真正理解了拉康的石祖概念，也基本厘清了我论文的最大难处。

① 无论在个人言说风格，还是在对精神分析理论及实践的创造性革新上，拉康都深受禅宗影响，如强调通过语言的结构与歧义性来“打破”或“参破”想象层面的我执。

就此，我决定以“Tennis（网球）、pénis（阴茎）及道”为题谈谈我在这段时间的生活及思想经历，一为缅怀老先生所给我带来的“tennis-pénis”式的无意识传递（吉布尔老先生会不时说起，戴密微也喜欢打网球），二为就老先生所开启的中法两国精神分析互动交流谈谈我自己的看法。

记得刚到法国头两年，尽管老先生以及其他法国老前辈对我的生活及学业都给予了很多支持，我仍比较焦虑：其一，原初想做的题目与逻辑学有关，主要是哥德尔的思想，但后来发现拉康其实并没有太多讨论哥德尔，尽管后者的思想对其构建 RSI 三界的闭合性是关键性的。然而，文献太少，写单篇文章可以，但对博士论文而言却是不够的；其二，去法国之时，我是带着很多问题去的，当然，主要受霍老师所影响。这些问题大致可分为两类：一是拉康到底说了些什么，二是霍老师对拉康的评论到底对不对。更深入而言，中西方的无意识结构到底是什么关系？蕴含、平行、交叉、互补？结构意义上还是发生学意义上？从方法论角度来说，如果两方不同，那么能否以拉康术语来表述中国人的无意识结构，若可以则以什么方式表述？形式语言还是自然语言？若不可以，那又该如何表述中国人的无意识？精神分析的基本概念系统是不是需要部分，甚或大部分被修改？

当然，这些问题都过于宏大，根本无法在此回答。为更简洁地介绍我彼时所想，我想从拉康思想中两个为学界所熟知、亦困惑我时间最久的基础问题出发。

1. 莫比乌斯式结构。如我们所知，莫比乌斯式结构其实才是拉康结构主义的核心，无论是隐喻性的还是实在性的。它不仅能够表述精神结构中的众多矛盾之处，同时其形式结构也能够跳过辩证法而表述出一套形式化的“缺失逻辑”。就此而言，若单论思想的话，拉康的思想非常亲近中国思想，莫比乌斯带的正反面连通与《易经》阴阳相生相克的思想几乎一致。从学理的角度来说，我们所需做的则是，除了思想上，我们还需在形式结构上找到易经与莫比乌斯式结构之间的一致性，毕竟莫比乌斯式结构有其严格的数学定义。这个工作是我早期主要工作之一，并在 2009 年因重新捡起当年霍老师所推荐的书而得到了解决。

然而，真正的麻烦却在于，如果说精神结构、话语、能指，甚或主体的诞生过程（十字帽）都是莫比乌斯式的，但在性关系中或父母之间却不存在任何莫比乌斯式关系。在拉康那里，父亲是立法者、是例外，既是阉割所在也是认同出口，而母亲尽管在时间上（生命最初几年）具重要作用，但在逻辑上或符号意义上却是父亲的从属，是父亲所占有的女人，是“父姓”（Nom-du-Père）的摆渡者。

但回到中国这边，恰如霍老师在中国文化背景下相对石祖概念而提出的地母概念（其大致源于中国传统伦理中的“天父 - 地母”思想），父母功能分属阴阳，两者之间也如同能指一般，具有一种莫比乌斯式关系。①

就此而言，如果我们单论主体性、精神结构、辞说，中法两方可使用同一套表述，如切分的主体、话语的歧义性，甚或“缺失或中空”的逻辑，等等。但若要论及俄狄浦斯结构或两性关系，莫比乌斯式结构则近乎无效。我们也看到，拉康最后主要是借助了诸多逻辑手段（形式逻辑、量词逻辑、模态逻辑、直觉主义逻辑）才表述了一个两性逻辑：亦即性公式。而就当下数学发展而言，尤依布尔巴基学派的立场，拓扑学与数理逻辑是两个虽有交叉，但却无法相互还原的领域。简而言之，我们可以说，在拉康那里，主体性与性关系分属不同的逻辑。

但在中国思想中，若我们承认家庭结构仍被易经结构所结构化，那么，莫比乌斯式结构则仍可用于分析中国的家庭结构抑或俄狄浦斯关系。

上述困惑最终让我在博士论文中区分了主体性与性差异，并以这一区分作为论文的主线之一。实际上，若带着这个区分去考察精神分析的其它基本概念，不少概念都内在地包含了二者间的歧义性，如阉割、剥夺。

① 霍大同教授关于地母的阐述主要见于其讲稿，曾刊于成都精神分析中心的内部刊物《精神分析笔记》，但至今仍尚未正式出版。但从其在法所著的硕士论文，我们大概也可看到一些端倪。参见霍大同：“代情结——中国人梦中的母与子”（秦伟译），《精神分析研究》（第二辑），商务印书馆，2016 年，第 3-43 页。

2．石祖能指（Phallus）。如我们所知，石祖与父姓是拉康重新表述，甚至可说是颠覆俄狄浦斯情结的两个核心概念。二者之中，若单论“父姓”或“父亲的功能”，这似乎没有多大争议，它们直接源于人类的漫长历史演化中雄性在诸多家庭结构形成过程中获得的主导地位，此种人类学意义上的意指，无论在达尔文的进化论表述上，还是在一神论的宗教表述上，甚或在弗洛伊德的“原父之死”表述上，其实差别并不大。简而言之，父姓表述实际是人类漫长演化的、亦具相当偶然性的一种结果（在近乎所有具两性差异的物种中，包括一些低等物种中，都存在着雌性占主导的种群结构）。

然而，一旦说起石祖，就相当麻烦，这涉及到拉康对此概念的长时制作及修订。在早期，为反对克莱因学派简单割裂前俄狄浦斯阶段与俄狄浦斯阶段，拉康借弗洛伊德的石祖概念而在母子之间安置了一个第三方，亦即母子关系不是一种简单的二元关系，存在一个第三方石祖。此处，非常微妙的是：一方面，拉康重建了一种俄狄浦斯式的三角关系，存在一个第三方来切断母子间的粘连，在此意义上，他的确是“回到了弗洛伊德”；但另一方面，与弗洛伊德不同，这个第三方却非直接易懂的父亲，而是石祖。同时，正如拉康所强调的，此石祖既非父亲的身体构件，也非阴茎的抽象版，而是母亲在话语中传递给孩子的一个能指。就此，相比在弗洛伊德那里石祖是阴茎之符号价值的体现（或可说成，石祖是阴茎的抽象版），拉康这里的逻辑却是倒过来的，亦即只有母亲话语中的石祖能指就位，阴茎才能获得其该有的价值，而父亲同样也才能在符号上被孩子承认为父亲。在此意义上，拉康颠覆了弗洛伊德，符号性在先，而生理性或物理性在后。更学理地说，此处石祖所起的功能更多是符号界规则（其符号化了人类之间存在的所有关系：文化的、社会的抑或家庭的[①]）的插入，而非简单意指符号父亲所执行的阉割功能。换言之，母亲不把孩子当成自己欲望的客体，而是欲望着孩子能以恰当方

① 而事实上，结构主义的兴起，恰恰就是为了回避各层级经验的杂多与冲突，而重新为人类文明奠基。

式嵌入到符号系统之中。

就此，石祖的功能更多是与语言或符号界相连，充当符号界的支点以便让母亲的欲望呈现在孩子面前。所以，尽管拉康的石祖概念借自于弗洛伊德，但他却颠覆并扩张了弗洛伊德的用法，而将之更多与语言序列相连，而非与人类学意义上的家庭结构相连。

然而，麻烦的是，由于弗洛伊德与拉康二者的思想皆发源于欧洲的父权文化，石祖所表述的符号规则与父姓所表述的人类学家庭权力建制之间几乎可以划等号；因为是原父（及其之死）建立了人类文明的基本规则（参见:《图腾与禁忌》)，石祖自然会与父亲的功能相连。

但是，如果我们考虑一个非父权制的，也有自己独特语言文字系统的文化，那么两者就无法划等号，也就此有必要区分石祖所代表的符号规则与父亲在实际家庭结构中所起到的功能。在此意义上，如果说，人类文明源于乱伦禁忌，源于石祖功能所确立的符号规则，那么，石祖作为文明得以传递的支撑，虽然都与乱伦禁忌有关，但其起作用方式有可能会有所不同。

随着石祖之符号主义框架的确立，拉康在将之命名为一个“能指”的基础上，进一步深入研究了它在各种精神水平上的功能及表现:“是石祖”-“有石祖”之间的区分；代表阉割的能指；代表缺失的符号；想象石祖与符号石祖之间的区分；性公式中的石祖功能（Φ），等等。然而，随着研究的深拓，更棘手的问题也出现了：亦即石祖的归属问题，其属于符号界还是实在界？若依上文所言，拉康石祖概念的核心就是其“先验”的符号性，它自然属于符号界。然而，它并非一般性的能指，它是符号界的支点并支撑了后者的运作。在逻辑意义上，我们可将之看作符号界的某种动力因。然而，在此意义上，正如在因果论上原因是割裂于或超越于结果序列的，石祖能指至少是部分外在于或超越于符号界的。当所有能指皆围绕石祖而生，那么又有什么能指可以指示这一轴心呢?

我们若以拉康常用的十字帽为例，或许更为易懂一些。在拉康的运作中，十字帽可用来形式化主体的二次诞生，从最初的无头主体到后续的欲望主体（亦可对应于弗洛伊德的原初压抑与事后压抑），其中石祖乃是莫比乌斯式切割所围绕的无穷远点，但根据射影几何常识，无穷远点只在结构形成之前具有相应的虚拟价值，而自结构形成起，任何点其实都可充当无穷远点，但任何点却皆非无穷远点本身。就此而言，结合上文，我们可以说，石祖能指更多属于实在界而非符号界。也正因此，拉康在后期会偶尔调侃，若阴茎在两性关系中获得了一种石祖价值，那么，男女双方到底是谁在享乐阴茎，在符号意义上又是谁拥有阴茎?

同时，通过十字帽的运作，我们再一次看到，石祖所蕴含的更多是人类主体所得以诞生的符号序列，抑或主体性的根基所在，其中并未涉及任何与两性差异或父亲功能相关的事物。正如上文所探究的，我们可再一次强调，拉康的石祖概念已脱离了弗洛伊德的阴茎－父亲语境，而更多属于语言序列或人类文明所得以构建的符号序列。

在此意义上，若参照德里达对逻各斯中心主义与石祖中心主义的区分，我们看到，德里达本身似乎也并未完全理解拉康的真正意图所在（德里达曾差点成为拉康事业的接班人）。在拉康那里，石祖代表符号的序列，这在某种意义上也就涵盖了古典意义上由逻各斯所代表的话语－理性主义传统，或者换言之，德里达仍将石祖概念限制在弗洛伊德的父权语境下，而拉康却将石祖当成整个符号系统的基石，当然，这既包括了古典意义上的逻各斯传统，也包括了弗洛伊德所开启的无意识－俄狄浦斯系统。实际上，我们在拉康文本中，也可找到他想将逻各斯纳入石祖的意图。[①] 因此，如果说，古典哲学的逻各斯概念代表了话语－理性主义传统，弗洛伊德的石祖概念开启了无意识理性的传统，那么拉康的石祖概念则将二者合二为一，在结构主义的立场上重新定义精神结构，甚或为西方文化重新奠基[②]，恰如其无意识概念也相应从弗洛伊德的局部

① Jacques Lacan, *Le désir et son interprétation*, Martinière, Paris, 2013, p.448.

② 我们注意到，拉康最终仍将弗洛伊德的无意识理性归于话语的功能与语言结构。因此，若在扩展意义上理解逻各斯的话，拉康仍可被归于德里达所批评的逻各斯中心主义。

机构扩张到指示整个精神装置[①]。或者换个通俗的说法，精神分析回应的难道不正是苏格拉底所提出的基本逻各斯问题“认识你自己”吗？

虽说如此，但事实上，这些问题在 2010 年左右却搞得我异常头大：其一，霍老师相应于石祖概念而提出了地母概念，并进而将之与代情结相整合。在中国思想背景下，以类似阴阳对立的地母－石祖对立来分析临床个案或更抽象的中国人的无意识结构，这无论在逻辑上还是在方法上都具有毫无疑问的便利与益处。其二，与我当时每周固定讨论问题的 Jean-Gérard Bursztein 先生（法国著名犹太裔精神分析家）却是个铁杆拉康派，在很多问题上我都受益于其教导，尤其在形式结构方面，但只要一讨论到石祖问题，我们总是困难重重，因为对他而言，石祖作为符号世界的支点，只能与一个创世父亲有关。

对这两种观点，我都抱有一定的疑问。就霍老师的观念而言，若单就弗洛伊德的石祖概念而言，霍老师的对子没有任何问题，因为在弗洛伊德那里石祖仅是阴茎的抽象版，而道家对女阴符号性价值的推崇则直接对峙于弗洛伊德的唯阴茎论。但就倒过来说并扩张来说的拉康而言，则很难说两者之间有明确的对应关系，因为拉康的石祖概念尽管涉及到家庭结构甚或性关系，但其所蕴含的其实是更底层的符号规则。而就 Bursztein 先生的观点而言，源自典型的希腊－犹太传统，其石祖作为符号世界的支点仅涉及单一的原父。但为什么只能有一个创世者呢？这对中国文化而言几乎不可接受，这也是明清基督教西来时中国人所面对的主要困惑之一（一个旁证就是，即便到了晚清，将天主称为“大父母”，仍在天主教民中广为流传[②]）。从射影几何的角度来说，要构成一条射影直线，我们需要想象两个无穷远点，才可让两条平行线闭合。

期间，为解决这些困惑，我试图在拉康文本中寻找答案。而其中最

① 参见居飞：“无意识：局部或者整体？——精神分析的认识论”，《哲学动态》，2015 年第 2 期。

② 刘丽敏：“中国乡土文化视阈中的天主信仰——以晚清华北的天主教为中心”，《济南大学学报》，2009 年第 19 卷第一期，第 51 页。

核心的问题则是，拉康对母权制度怎么看？我们知道，拉康学了很多年中文，根据程抱一先生的说法，拉康也与他逐字逐句阅读了《道德经》。然而，有点诡异的是，在整个讨论班期间，拉康对道教传统却言之甚少，更不要说道教背后的母权制度了。[①] 唯一有用的信息是，拉康在《精神分析家的知识》(1971–1972) 中，为强调石祖功能的唯一性，以一种旁证但却不那么严肃的方式说道："雄性与雌性的各自功能被精确区分为阴阳，这就足够了。正因功能是单一的，这总是涉及到 Φ(x)。"[②] 事实上，单就这段话而言，若将之置于中文语境中，我们几乎可以得出"石祖等价于道"这一结论了。

但疑惑仍长时间留在我的脑中。事后想来，主要原因在于，为解决我所面临的问题，我需要把主体性与性差异作为两个独立范畴来考虑。但这对拉康派而言，近乎一种概念式游戏，因为在父权制度下，主体的诞生就是父姓登录的结果。如前文所述的十字帽运作，若真要深究作为无穷远点的石祖，则根本无法避开话语所指向的父亲功能。但若考虑霍老师的工作及蔡华先生等人类学家的工作，就需要考虑将更具普遍性的符号序列与更经验化的人类家庭结构相区分，否则，我们根本无法讨论文化多样性的议题，更无法表述中国人的无意识结构。换言之，如果语言造就了人类的主体性（缺在 – 言在），我们则需要思考这一结构化过程是如何以乱伦禁忌为中介嵌入并表达在不同的文化中或不同的家庭结构之中。而要达到这一目的，至少在方法论上，我们则需要区分上述两层

---

① 实际上，这个问题我曾请教过不少专家前辈，其中汉学家汪德迈老先生（Léon Vandermeersch）的说法有一定道理。他对拉康也有所了解。据其看法，拉康对道教的忽略可能也与当时法国汉学背景有关。19 世纪末至 20 世纪前 60 年由沙畹（Emmanuel-èdouard Chavannes）、伯希和（Paul Pelliot）、马伯乐（Henri Maspero）、戴密微（Paul Demiéville）等人所发展及引领的法国汉学研究，主要侧重于佛教及相关的历史语言学、文化传播史等研究，尤其敦煌石窟的发掘。虽然道教也是汉学研究所无法回避的，但彼时的确不是汉学研究的重心所在，如上述著名汉学家中，好几位的代表研究都与佛教有关。我们可以参见拉康中文老师戴密微先生 1966 年于日本所做的"法国汉学研究史概述"报告，其中对此也有所涉及。参见保罗·戴密微："法国汉学研究史概述（下）"，秦时月译，《中国文化研究》，1994 年夏之卷（总第 4 期）。

② Jacques Lacan, *Le savoir du psychanalyste*, Leçon du 3 mars 1972, inédit.

面：亦即语言所蕴含的纯粹符号运作机制与更经验化的家庭－两性关系事实。

在近 2010 年末，某日，我在回想我与吉布尔老先生的网球练习时，突然明白了以上这些纠结我的问题，这也使得我最终写出了原本准备放弃的博士论文的最后一章。在隐喻或表象意义上，如果说网球规则是人类所服从的符号规则，那么网球则是石祖，而球场则是我们试图获得享乐的大彼者领域（其也可被看成是网球规则的一部分）。网球作为石祖，促使了游戏的成形，不可或缺，但却不属于任何主体，但任何主体却必须通过它来获得享乐，它既表述了主体的缺失，也表述了主体的欲望。在此意义上，任何主体化活动（包括性关系）都仅是其局部的体现。而中国人的符号结构或者易经结构，却更适合用围棋来表象，石祖不由某单一客体来代表，所有黑白棋子都是石祖，也不存在一可代表石祖的单一客体，在此语境下，至少需要两类客体才能代表石祖。若非要抽象出一个术语来指代围棋游戏所得以运作的虚拟支点，在中国思想语境下，那就是“道”。

就此而言，我们可以庸俗一点地说，不同文化有不同的游戏规则，也会产生不同的主体性及两性关系。

然而，我们不应就此走向另外一个文化绝对相对主义的极端。就语言决定无意识结构这点而言，或上文所说的符号序列与经验事实之区分而言，我们在中国文化背景下也可为拉康式符号主义找到一些印证。除了众所皆知的“道意指言说”这点外，汉语中男性生殖器的不同称谓也可用来理解语言的超脱性及符号界的至上性，正如拉康自 1938 年起所一直强调的，从来没有所谓的自然，只有“人化”或符号化的自然。[①] 汉语中，男性生殖器通常有两个称谓：一是阴茎，二是阳具或阳根。两者貌似矛盾，但实属范畴不同。阴茎之称谓源于“心灵－性欲”之二分，亦即心灵活动属于阳范畴，而性欲属于阴范畴，其中涉及到的更多是主

① Jacques Lacan, *Écrits*, Paris, Seuil, 1966, p.88.

体性的内部切分，而非两性差异。而阳具（或阳根）之称谓则直接源于男女两性区分。这个问题我在多处有所讨论，在此就不赘言了。

犹记起，2004 年峨眉山大会上，当众多分析家们在争论中国人的无意识时，吉布尔老先生说了一句我至今印象深刻的话："无意识存在于话语的缝隙之间，难道不存在于文化的缝隙之间？"就我所知，这几乎是老先生自己的表述，而非拉康的表述。也许老先生想说的是，文化亦如主体，只有碰到另一个主体时，才能借助大彼者而成为一个言在，也才能理解自身的无意识及安身立命之所。也或许正因老先生命名的此种无意识，我才能借助我们之间的网球练习抑或两种文化之间的互动，对拉康与霍老师思想的同异有所理解，在某个意义上也找到了自己的安身立命之所。

附：Elisabeth Roudinesco 教授[①]为吉布尔先生所撰的悼文兼传记

米歇尔·吉布尔，1935 年 12 月 5 日出生于巴黎，精神病医生与精神分析家，与疯狂打交道的卓越临床医生，阿尔托及超现实主义的拥趸，2017 年 3 月 10 日逝于巴黎。他出身于平民阶层，最初研究医学，立志于成为外科医生，其后转向精神病学。1964 年，在 Bonneval 医院师从 Henri Ey（注：法国著名精神科医生，亦是拉康好友）时，他接触到了精神病院世界，并决定进一步投身于其中。三年后，他通过了塞纳区精神病医院的考试，并进入了圣安娜医院。

同年，他目击了一件影响其一生的悲剧：35 岁的 Yves Bertherat 被一名精神疾病患者杀害。Bertherat 是同代中最出色的精神病医生之一，同时，他还是诗人及 Esprit 杂志的编委。这一事件引起了整个新闻界的轰动："1967 年 10 月 15 日星期天早晨七点，在 Perray-Vaucluse 医院，一

① 巴黎七大历史学教授，专于精神分析史，著有《法国精神分析史》、《拉康传》、《弗洛伊德传》等多本极具影响力的著作。该悼文源自：http://www.lacanchine.com/HommageMG_02.html，中文由笔者所译。

个病人朝一个护士开了一枪，后者受伤。片刻之后，他将枪口朝向了病区的临时主任医师 Y. Bertherat，两颗子弹击中心脏区域，之后他还打伤了该医生的一名同事；事毕，他开枪自杀。”

米歇尔·吉布尔在 Piera Aulagnier（注：拉康著名弟子之一，并因与拉康意见不合而创建“第四团队”）的躺椅上结束了个人分析，并在 Gisela Pankow（德裔法国著名精神分析家，在精神病的精神分析治疗方面有非凡的贡献）那里接受完控制分析之后，加入了雅克·拉康所创建的巴黎弗洛伊德学院（EFP）。常年以来，他一直跟随 Pankow 的讨论班，并是其在法国的主要继承者之一。因热衷于精神分析史，他还是国际精神分析及精神病学历史协会（SIHPP）的最早会员，并于 1981 年与好友 Jacques Nobécourt 一道以法文翻译了由 Aldo Carotenuto 与 Carlo Trombetta 所发现的有关萨比娜·施皮尔莱因（Sabina Spielrein）、荣格及弗洛伊德三者之间关系的档案材料（由 Aubier 出版社所出版）。该著作引起了极大的反响。

正是彼时，他遇见了来巴黎研究拉康著作的中国哲学学者霍大同。他在分析室接待了后者，之后，因后者在成都创建了中国首个精神分析性质的小组并开始培养学生，他也多次前往成都继续传道授业。

2000 年米歇尔·吉布尔是建立精神分析共同体的最为活跃的发起人之一。他反对一切教条主义，并因持续投身于半个世纪以来的精神分析及精神病学史中的著名抗争而著称。

内听，精神分析的独特性
——兼论与佛教之“内观”的比较

陶杏华[①]/ 著

【内容提要】作为一种“谈话疗法”，作为人类认识自己、接近无意识的现代方式，精神分析不同于传统佛教，其差别在于，佛教主要通过观心见性之内观法获得智慧，而精神分析尤其是拉康派精神分析，则十分强调言说与倾听，强调分析者最终是内听到自己的无意识。

【关键词】言说　精神分析　内观　佛教

一、分析中的说与听

人们来找分析家的时候，往往是被身上的某个症状或困难所推动。症状像不明之物、不解之码那样出现，常常使人们感到筋疲力尽，导致人们对自己的认识模糊不清。

不过，在分析的某个时刻，分析者的请求中可能会出现一些新的东西：

> “当我来到分析室，是为了说一些东西，以便我自己能听见。”

① 精神分析家，四川大学道教与宗教文化研究所博士生。

这意味着什么呢？对于我们所发出的声音、所讲的话，我们居然有了一种好奇，一种想要倾听自己的欲望，而这是以前不曾发生的。在以前，我们更多是想说给某个人听，希望对方能听懂，包括在分析的最初阶段，我们滔滔不绝地向分析家诉说，觉得分析家是最能懂自己的人。

因此，“听自己说”是分析中一个特别的时刻，它通常伴随着分析者言说的喜悦感。

这也是个体历史中的转折时刻，从“让自己被听”转向“自己听自己”，从被动转向主动。

这还是一个打开的时刻。人们诧异地听到了自己身上的某种新东西，即发现了自己身上不曾意识到的某些冲动，后者对弗洛伊德来说是可称之为性冲动的东西。按其后来拓宽的冲动的含义，这种无意识冲动还可能是自己身上的攻击性冲动甚至是死亡冲动。

> 一个一直以来不断抱怨父母的人，两年后的某一天突然意识到：“我的愤怒和委屈来自我对父母的失望，而现在我接受了这种失望。”

意识到愤怒、委屈背后的失望，这是在意识到、并接受了自己身上对其他人（包括对分析家）的攻击冲动以后。在这之前，表层的愤怒和委屈的情绪不断返回和重复。现在，由于意识到了自己的攻击性冲动，人们就不仅仅听到了愤怒与委屈，更听到了这背后对父母的失望之情。

因此，倾听自己并听到自己，这是一个人深入认识自己，尤其是接近自己无意识的重要时刻，也是精神分析尤其是拉康的精神分析给我们带来的新途径。对于我们认识自己（认识人存在之本质），这是一种颠覆性的革命。传统中，无论是在宗教中，还是在哲学中，我们更多是“内观”或者“观心”、“自省”。数千年以来，这已经被许多实践者（宗教领袖、哲学家、艺术家等）证明是获得智慧的重要方式。

二、佛教的内观法：观心而见性

在佛教中，向内自观其心，是明心见性的捷径，是佛教诸乘宗修证法门的心要。大乘性宗一系更以观心见性为总摄佛法的枢要、顿悟成佛的密诀。传为禅宗初祖菩萨达摩《破相论》云："唯观心一法，总摄诸法，最为省要。"

《坛经·般若品》教人"各自观心，自见本性"。天台宗九祖湛然《十不二门》说"观心乃是教、行枢机"。真言宗《大日经疏》卷一说真言行者于初发心时，便"直观自心实相"而了知"本不生际"，"当知此观，复名顿悟法门也"。迦当派二祖仲敦巴强调"观照自心为口诀第一"，迦举派二祖米拉日巴《道歌》有云："若欲即身成佛位，无散专一观自心"。[①]

因此，诸乘诸宗的观心方法，都是观察自心，其方法大同小异。

在内观的时候，脑海里会出现各种相，如何面对这些相、参破这些相就显得十分关键。在《五灯会元》中有这样一则十分精彩、颇有精神分析风格的公案，是关于释迦牟尼的：

> 世尊因灵山会上五百比丘得四禅定，具五神通，未得法忍，以宿命智通，各各见过去杀父害母，及诸重罪，于自心内各各怀疑，于甚深法不能证入。于是文殊承佛神力，遂手握利剑，持逼如来。世尊乃谓文殊曰："住！住！不应作逆，勿得害吾。吾必被害，为善被害。文殊师利！尔从本已来无有我人，但以内心见有我人。内心起时，我必被害，即名为害。"于是五百比丘自悟本心，如梦如幻，于梦幻中无有我人，乃至能生所生父母。于是五百比丘同赞叹曰："文殊大智士，深达法源底。自手握利剑，持逼如来身。如剑佛亦尔，一相无有二。无相无

① 陈兵：《佛教心理学》，陕西大学出版社，2016年。

所生，是中云何杀？[①]

在佛教中，观心亦可称为禅定，其中包含两个过程：定修与慧修，前者是通过反复的训练使自己的注意力集中一点，并最终将注意力集中在内心的明镜般状态的保持上，慧修是以自己的慧（心）眼观察内部的意识的流动，直至这种流动停止，一种明镜般的状态在内心中呈现出来。

在公案中，五百比丘在禅定中观察到谋害父母的幻象。这是许多人禅定过程中可能会出现的诸多图像之一。悟道的过程，实际上就是修道者处理内心这些图像的过程。在对禅定与心理学的比较中，霍大同先生指出：在禅定中，神经系统获得前所未有的自由，大脑开始活跃，记忆像及各种幻想像随机地从无意识深处浮现到了前意识的屏面。于是，开始了新的一种注意力的集中。它要求主体逐渐地将呈现在平面上的图像抹去，让屏面自身显现出现。屏面的纯粹呈现，当被理解为“真如本性”或“佛性”的呈现。

在这个公案中，当五百比丘于禅定中被谋害父母这些幻象所阻碍时，文殊的行动及释迦牟尼的解释，使得五百比丘自悟本心，领悟到“无相无所生，是中云何杀”，不再受心相的羁绊。心相如梦幻般消失，佛性则自然呈现。

当然，除了谋杀父母的幻象[②]，修行者还会遇到其它一些可怕的幻象，或是与所修定境有关的恐怖景象，或因犯戒积压的潜在负罪感而见的恐怖景象，或是可怕的鬼魅等，也许我们可以将之归于死亡冲动的名下。

三、精神分析关于说与听的革命

如果说，内观法是帮助人们获得智慧的传统途径，那么，由精神分

① ［宋］普济：《五灯会元》（上），中华书局，2012 年。

② 谋杀父母（的幻象），这十分容易让人想到精神分析中的俄狄浦斯情结。孩子因其对异性父母的喜爱，无意识地对同性父母产生恨的情感直至产生谋杀冲动，不过，在超我的压力下，谋杀冲动转入无意识中，只在某个时刻出现，比如梦中。

析所开创的谈话疗法则是帮助人们获得无意识真相的现代方式之一。

1. 弗洛伊德——自由联想（自由言说）与无意识

弗洛伊德在用催眠治疗病人时，被病人拒绝，然后病人要求自己说，弗洛伊德接受了这一要求。由此，弗洛伊德放弃了催眠、暗示、建议等方法，而仅仅使用自由联想和自由言说这一方法和途径。而他的无意识理论也是在倾听患者中构建起来的。

因此，自由联想和自由言说在分析中起着至关重要的作用。简而言之，自由联想这一规则可被概括为：分析者被要求说出其所思与所感，对来到头脑中的东西不加任何选择和省略，尽管这些东西对他而言难以启齿、荒诞、索然无味或离题甚远。①

看起来，这似乎十分简单，然而，做起来并不容易。生活中，我们被要求要好好说话，有主题、有内容，那些“难以启齿、荒诞、索然无味或离题甚远”的东西，是不被鼓励在日常交流中出现的。而精神分析恰恰相反，其基本规则所鼓励和要求的，正是这种“难以启齿、荒诞、索然无味或离题甚远”的东西，是对这种东西的“不加选择和省略”，因此分析开始或到了某个时刻，常常伴随着一定的抵抗。难以说出的不仅仅是一些让人难以启齿的大事件，同时也可能是一些索然无味、看起来微不足道的事情。

在我们对分析家充分信任的基础上，我们逐渐突破一些抵抗，并接纳自己身上的新东西，由此当我们习惯于这种自由的言说方式时，意识与无意识之间的流动就变得通畅。

因此，精神分析的这一基本规则可谓是革命性的一步，“它仅有助于让某种交流出现，此种交流借助揭示一些新关联或一些辞说当中富含意谓的漏洞，使无意识决定论更易被理解”。这里指的辞说中“富含意谓的漏洞”，大致是指语误一类的现象。这在分析中常常起着十分有意思甚至关键的作用，是通往无意识的小道。弗洛伊德在《精神分析引论》中举

① Jean Laplanche et J.-B. Pontalis, *Vocabulaire de la psychanalyse*.

了若干例子，如果我们稍为注意一下自己的言辞，也不难发现生活中的“漏洞”与无意识之间的关系。

由此，无意识显现的若干表现，不管是语误（过失）或梦，都需要通过话语在分析中呈现出来，最后才能获得一个新的理解。

2. 拉康——话语是大彼者的话语

如果说弗洛伊德开创了以“谈话－倾听”作为基本工具的心灵治疗方法或探索无意识的方法，那么，弗洛伊德的继承者的雅克·拉康，则利用当时流行的结构主义和语言学的新理论，深入地分析和阐述了话语如何在分析中起作用，最后将人之存在确定为“人是言在”，可谓是将语言和话语的作用推到了极致。

拉康首先区分了语言和言语。1953 年，拉康在罗马做了那篇著名的演讲《精神分析中话语和语言的功能与范围》，在这篇演讲中，拉康提出，作为一种抽象结构、一种由差异构成的形式系统，语言是结构，是在社会、大彼者这边的，而作为一种行为的言说是在主体这边的，是个体表达其思想、情感之行为。

其次，拉康有一句名言：话语是大彼者的话语。当人们在说话的时候，词语所传达的意义也会超出说话者的意识自觉和控制的范围，有些内容是人们听到的，但并不仅仅是他们所理解的，有些是人们在讲话而听不到的，但仍出现的。在这个意义上，我们可以说，人不仅仅在说“话”，更是被“话”所说。而且，精神分析实践中出现的语误也表明，有一个大彼者在讲。日常生活中，我们倾向于把一切置于自己控制的范围内，而在分析中，语误揭示了彼者，心的深处的一个彼者，不受自我控制的彼者。是彼者在言说。这个时候，语言就成为了大彼者。而这个大彼者就是社会规则，是一个类似于神或上帝的东西。

因此，在日常生活中，言说的主体虽然试图努力认知自己，但是这种努力往往产生相反的效果，阻碍人类对自己的认知。而在分析的情势下，通过彼者（分析家）——由于他位于说话者之外而处于语言的位置上，人们可以被听到，词语超出说话者意识的那个部分的意义尤其会被听到，会被认知，并会被反馈给说话者。“主体接受了以颠倒形式呈现出来的信息，他的无意识愿望因而最终得到认知。”“人类的语言构成一种交流，发出者以翻转的形式从接受者那里接收了自身的信息。”[①]

因此，拉康认为，对于精神分析来说，言说乃是通往欲望之真相的唯一通路。“唯言说是彼真相之链。”[②] 更进一步说，精神分析理论主张，唯有一种特定的言说才会导向这种真相：这种言说不受意识的控制，也就是自由言说。

四、讨论：内听与内观——人之存在的不同方式？

在五百比丘悟道的那则公案中，我们可以看到，在人类精神世界的深处，存在着一些共同的需要去处理的难题，如俄狄浦斯情结，如死亡冲动。这是传统的佛教和现代的精神分析不变的主题。但是，在处理和面对的方式上，佛教与精神分析存在着较大的差异。

我们可以说，佛教是通过观心、禅定而使得某个主题的图像（如谋杀父母）出现，而精神分析则是通过话语的方式、在言说之中使俄狄浦斯这一幻想呈现（即使有时是在梦中出现，那也是分析话语所带来的后效）。也就是说，一个主要在视觉层面上，一个主要在听觉层面上。

在传统上，无论是东方还是西方，语言都仅仅被认为是一种交流的工具，包括佛教思想和哲学。人们更强调视觉隐喻。在西方，在康德之后才强调听觉隐喻。而拉康继承了康德的传统，反对当时对于听觉的忽略。因此，我们可以说，精神分析尤其是拉康派精神分析之革命性的思想在于让我们认识到，语言不仅仅是一个工具性的东西，更是一个关于人类存在的东西，人就是“言在”！

因此，相比于佛教中的内观方式，我称精神分析这种探索自我、认

① Jaques Lacan, *Écrits*, Paris: Seuil, 1966, p.898.
② Ibid, p.172.

识无意识真相的方式为内听。对分析者而言，精神分析就是一种内听的实践。通过分析家的倾听的中介，分析者最后能够真正去听到自己内心的声音，听到那些与生命、与历史有关的存在，由此才有了主体性的存在。有人说：

“精神分析让人过一种‘有细节’的生活。以前，很多时候，我都觉得无话可说，即便是面对与自己关系最亲近的人。现在，自己可以与父母谈论家中的狗、谈论父母的身体，什么都可以。”

当所有在脑海里出现的话语都得到了呈现，所有发生在我们身上的，或是与我们有关的事情都可以被自己谈论、被自己听到时，一方面，我们拥有了真实，另一方面更重要的是，我们愿意去言说，甚至享乐于这种言说。正是基于此，拉康才说，话语首先是享乐，然后才是说话的媒介。

因此，在类似于佛教禅定而得以体现的人之“形在”之外，精神分析和拉康向我们证明，人类还存在着“言在”这一面。正是在拉康的“言在”的基础上，霍大同先生进一步发展了人之存在，把人之存在分为“五在”：言在、形在、神在、实在和情在。“形在”是指所有视觉性的东西（包括内在和外在的视觉性的东西），以及行动。“言在”就是言说之存在。“情在”是情感、情绪所在的东西。“实在”是指神经系统和身体所在的东西。“神在”就是四个在综合在一起的东西。

人是言在，这是精神分析，或者说拉康派精神分析最为强调的东西，也是我在吉布尔先生那里感受得最直接和最深的东西。他经常说，“我什么都不懂，我只是听”。然而，这并不是件容易的事情：如果什么都不懂，一个人如何才能听得下去？然而，正是他的话常常让我想到老子《道德经》第四十八章中的一句话，“为学日益，为道日损，损之又损，以至于无为”。倾听的基础，正是这种“不懂”与“无为”！

声音的增补：对吉布尔先生分析工作的一次阅读

张涛[①]/ 著

我不管分析者有什么病，

所有来敲我的门来做分析的人都没有什么病，

这正是精神分析学家与精神病医生之间的差别。

——吉布尔，2002 年

吉布尔先生曾来成都教过我们如何用胶泥开展工作，他的过世对我们是一个巨大的损失。先生弥留之迹在病床上跟我所说的最后一句话是：我们要继续我们的工作。这也体现了他对传递精神分析工作的执着和坚持。正是在这个意义上，我选择在这里对吉布尔留下的一个临床报告“一例幻听个案的分析治疗”进行一次个人的阅读。选择这个文本有两个理由，首先，在他过世前不久，我就该个案中的一些细节以及不大理解的地方专门跟他进行过一次长谈；另外，这个个案清晰地展现了在 Pankow 的临床框架下与精神病主体进行工作的最为核心的要素。我想这也是先生过世一年后向他致敬的最好方式。

---

① 巴黎第八大学精神分析博士，成都精神分析中心会员，法国拉康派协会 Dimension de la psychanalyse 的分析家。

1 工作基调

1.1 胶泥的工作假设

在这次报告的一开始，先生就强调分析家处于无意识的视角而不是精神病的视角。他提到个案中的这个法国女士时，是从对方的经验和陈述出发的："有人对她说话。"① 也就是说，在日常生活中我们没有听到有人说话，她却能听到。而且"当她听到声音后，就做了很多扰乱社会的事情，然后被警察抓住。由于她是中学的老师，所以她的工作受到了影响。"② 因此她进入与先生的分析。

对这种拉康命名为实在入侵的问题加以工作，单纯讲话是不够的。在这点上，先生运用 Pankow③ 所发明的胶泥来开展工作。因为胶泥的功能比画画更为原始，它牵涉到最原始的具有体积的身体性的感受：Pankow 称为过往之身（corps vécu）。在那里，精神病主体的人格"被切成了两半"，分析的工作目标因而是重组分裂的人格。

1.2 转移－反转移关系下的能指

在第二次会谈时，这个女士便带来了图 1 的黑色的东西：一个平面，上面有点。有些代表房子，有些代表孩子。

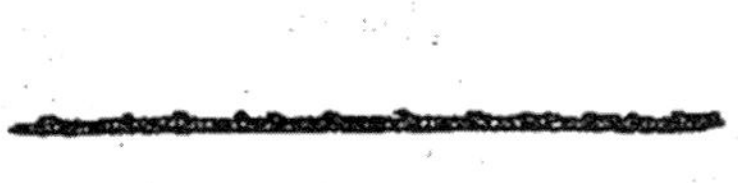

图 1

图 2

① 吉布尔："一例幻听个案的分析治疗"，《精神分析笔记》，第四卷，第四期，第 57 页。
② 同上，第 44 页。
③ Pankow 是德裔犹太人，其先生被纳粹杀害，之后流亡法国，原本研习化学，到法国后成为精神科医生与精神分析家。

在前三年的会谈期间，这个患者主要讲的是她的幻想，比如飞机、救援、部队、如何处理尸体、二战的情况等等，除了偶尔提到儿子之外，完全没谈及她的家庭。这样，三年后，才产生出图2的胶泥。这意味着二维的平面胶泥上产生了凸起，像是“一个新世界重新冒起来（雄起）”。这是爱若斯或者生冲动开始重新发芽的标志。

2　隐喻的重建（上）

2.1　脱落的声音

这一精神病结构的主体涉及到隐喻的失败，这是由战争与家庭创伤等个人经验复合引发的。因此，这一主体没有足够的隐喻因而需要借助于胶泥来对内心活动进行换喻，从而在这种特殊的转移中与分析家共同建构出隐喻。

先生对此是如此解释的：“可以看到父、母亲在这个模型中已经被摧毁了，我只有让她讲她能讲的东西。如果我问她童年时父母亲的事情，就太具进攻性，对她的人格就会有破坏性，因此只能通过移置的场景来迂回。移置的场景是隐喻的场景，但仍是被切断的，缺乏隐喻的参考系。也许这个场景中的某人隐喻着她的母亲，但是我们看不到这一点。能指的隐喻关系也被切断了，话语也是被切断了的。”[①] 而被切断后的能指从实在界返回，构成了女个案听到的不同的声音。“第一种声音是难以辨认的，不能听清楚，只知道她在说，但是听不清楚；第二种声音是男人的，强有力，我听得很清楚。”[②]

在三年后，她带来了有人形的泥塑。我们因而逐渐发现这些被切断的声音对应的乃是一些模糊的幻想。因为对于人形泥塑，她会说：“这是男的，他曾到了哪个地方、被杀了、做手术……。”

① 吉布尔：“一例幻听个案的分析治疗”，《精神分析笔记》，第四卷，第四期，第51页。
② 同上。

创伤和死亡的内容得以被更具体地谈论，除此之外，先生还提到对她的幻想客体的命名工作是促进建构隐喻的。①

2.2 转移的嫁接

在这次讲学中，先生不断展现的主线乃是基于转移－反转移的工作维度。他提到一个关键的反转移下的误听：当这位女士骂女性同性恋为 Gouine（俗语，如中文的拉拉）时，先生自己却把它听成了英语的 Queen（王后），他以为她是中学英语老师才用这个英文词。

对此，先生回忆起自己 4–5 岁时的经历：因为德国入侵，所有男人都躲在了山里，农场只有妇女和他们两个小男孩，以及牛群。孩子看到牛的性交场面，但从未见过人性交。因此，他和另一个小男孩就想如果牛要有后代就要一头牛骑到另一头牛上，那么我们因为看到的只有女人，就想她们之间要如何才会有孩子。②

透过转移－反转移关系重新建构被摧毁的人格结构是与重度疾患进行的个体工作的核心。换句话说，这种关系背后的会谈双方的个体异质性，构成某种转移的不对称性，导致了对分析者这边被摧毁人格的重新组织。这种不对称使实在的部分得以再度被书写为符号。③ Pankow 把实践中的这种重要工作称为转移的嫁接。④ 下面我们就来看看在女士那边 Gouine 与 Queen 所代表的异质的部分如何在上文的转移－反转移的基础上浮现出来，并且如何重组创伤内核。

一天，这个女士带来了两个人像的泥塑（见图 3），是两个粘在一起

① 例如：先生问“如果（死人的）骨头没有被人发现呢？”她会想象说骨头融化了，变成了树，变成花。那么，“这是什么花呢？”如此追问下去，就有可能让她命名她的这些幻想性的客体，这就构成了分析工作的基调。——同上，第 52 页。

② 同上，第 47 页；除了这次（同性性幻想）之外，先生还提到德国入侵、关于镜子以及女士的尖叫这三次重要的反转移的场合。限于篇幅我们就不一一讨论了。

③ 在第 60 页，先生如此解释反转移：“移情不是她的移情。就是有移情，也是双方的，不能区分是我的还是她的。当她做东西时，我意识到自己的问题，我也只能说自己。”另一位与精神分裂患者工作的分析家 Gaetano Benedetti 甚至会给病人讲述他自己做的关于后者的梦。

④ Gisela Pankow, *L'homme et sa psychose*, Flammarion, 1993, Paris, p.10.

的女人。在后来这一系列的类似泥塑中，胸部变得越来越突出，但下半身还是粘在一起的；然后，逐渐出现了两个人相互拥抱的手臂，脸的形象也出现了。然而她们的眼睛不是对视的，而是一起看向另一面的。之后又出现一个洞，是嘴巴、眼睛，后来的泥塑中眼睛也从洞变成了圈，一个是闭着，一个是睁开；再接下来（图 4），她就把圈戳成一个洞，因此她的手指可以从此穿过这个泥塑。[①] 最后，她做了图 5 的泥塑：前面一个是女人，后面的是男人。

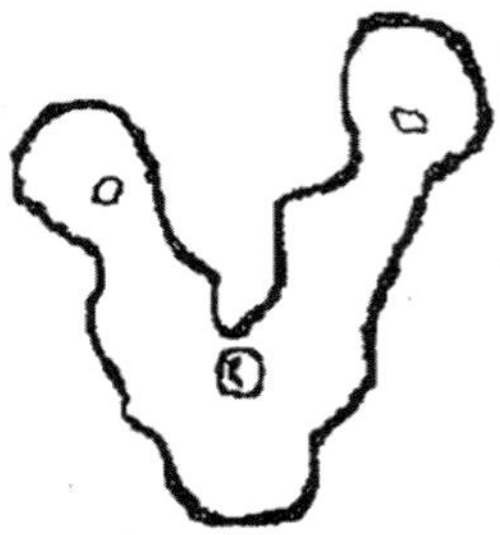
图 3

图 4

图 5

虽然，这些胶泥里面的两个个体都没有分开，生殖器也并没有表现出来。但是，这里显然象征性地发展出了精神结构的基本幻想的元素：女性性、同性性欲、异性性欲。

2.3　家庭结构的崩解

在这个时候，这个个案就逐渐从实在的世界进入到现实中。有一天她带来一个只有头的胶泥，说当她带着头时就可以知道这个声音是她内心的部分，而不是谁在跟她讲。借此，她可以开始去讲家庭，并且开始做梦[②]：

由于父亲信仰新教、母亲信奉天主教，家庭因此产生冲突。同时，

① 这涉及到前文的同性性欲，而关于穿透的讨论，见后文。
② 无法象征化的实在，以幻觉和妄想等形式出现。当分析中建构出安全的容器环境，使无意识的记忆逐渐可以转化为象征物时，妄想就消退变为幻想，同时，梦就开始被生产出来。见下文。

很重要的一个事件是父亲有一天鸡奸了她。在这些声音中，“上帝讲着王后，也对王后讲。她的父亲和女儿有这样的行为，等于在他与母亲的信仰冲突中，把女儿看成王后。由于教派之间的冲突，她的父亲坐在上帝的位子上，想要让他的女儿不受她母亲信仰的影响。”① 这和上面的男女抱着的胶泥一致。

这样我们可以把当前涉及到的工作过程简要地表述为：首先是症状——有人对这位女士讲话；而透过隐喻的工作，早年经历复现，声音变成上帝（God）在说王后（Queen），这里涉及两个教派打架；最后，王后变成了女同性恋（Gouine）。但是，这最后的点还没有得到澄清。

然而，与此还紧密相关的一个经验在于，在这个个案这里，她生了一个孩子但是不知道孩子的父亲在哪儿。她的男人白天要抵抗法西斯，因此，这个男人某天就没有回来，这让这个女人无意识地认为是因为跟她睡觉而死去了，就如同雄蜂与蜂后交媾后死去那样。因此，Queen 是危险的王后。

另外，从与男人的关系回到前面所涉及的两个女性的泥塑，也即 Gouine（女同性恋）的相关事件时，女士说自己曾挨过奶奶的一记耳光，② 而且骂她是个女同性恋。原来在童年时期除了父母她还和另外一个小女孩在一起生活。在这次分析前她做过一个梦，梦见了这个女孩。在那个充满摧毁性的年代，是她们的友谊使她能够生存下来。道德的耳光和那个女孩，构成了她与这个女孩子以及她母亲的一种爱的关系，所以奶奶的声音是在告诉她那种关系是一种同性恋的关系，而这使她想到自己和父亲之间的性关系。

接下来还有一次分析，她来了后说道③：在来之前乘坐的公共汽车上她的对面是一对带着婴儿的夫妇。她看到有一个魂魄在父亲、母亲和孩子之间游走。先生想的是在前一次的分析时，她说了与小女孩和母亲的

① 吉布尔：“一例幻听个案的分析治疗”，《精神分析笔记》，第四卷，第四期，第 59 页。
② 同上，第 86 页。
③ 同上。

关系是爱的关系，而奶奶认为是性的关系，但当她看到魂魄转世不是性欲时，这个经验使她重构了奶奶的话，这是爱的关系而不是和她与父亲那种被禁止的创伤性的性关系。

在要结束最后会谈前的某次，她对先生说“通过分析，我发现在童年期我有一个爱的关系”。这样，她得以离开这个同性的议题，进入上面图 5 所示的异性性欲的部分。

2.4　增补断裂之物

一天这个女士拿了一个泥塑做的脑袋，有三个面，每面都是一张脸。并且，胶泥上穿了一些洞联通不同的面孔。而这些洞这象征了她的身体被她父亲所穿透，同时，这些脸上的嘴歪向了耳朵，似乎在讲话。在这之后，这位女士提到她来的时候，从路边的一个商店传出骂她的声音，她看到商店玻璃后有个人，觉得可能就是自己的投影。这种穿透和听到声音的关系逐渐借此展现。

我们先看看这个事件所涉及的元素：面包店（Boulangerie）可以分为 Bouri 与 Angele，后面的这个词是她的名字。她听到有人咒骂，实际上不是 Boulangerie（面包店）而是 Angele 在骂。虽然两个词的拼法不一样，但是发音近似。前面的胶泥展现了这种声音的穿透和父亲的穿透的关系，然而，最为重要的是，在这次分析后，她带来了大便的泥塑。

当她带来这个胶泥后，这位女士说讲话的声音已不在自己的外部，而是来自她身体内部的这个粪便。因为，此次会谈前她在家上厕所，粪便掉在下面，而那时候正是那个掉下的粪便在给她讲话。所以，这个粪便就是对父亲鸡奸事件中的生殖器的象征，透过这个象征，她可以表示自己的实在的经验，也借此，被排除掉（forclos）的声音得以被组建为内部的经验。虽然对于这个女士而言，她的症状始终没有消失，那个声音始终在对她讲，但她现在可以不顾忌那个声音而去做一些不会扰乱她的生活的事情。[①]

① 吉布尔：“一例幻听个案的分析治疗”，《精神分析笔记》，第四卷，第四期，第 86 页。

3 隐喻的重建（下）

3.1 想象的异化中“我”的重生

在一次分析时，女士带来了一个胶泥的模型，类似于一个盘子，[①] 然后她说：“这让我想起了我的妈妈。”先生强调这句话中的“我想”很重要，因为这是由主语我（je）以及阐述行为（Enonciation）所建构起来的表达。[②] 借此，其它隐喻性关联就可能逐步建立起来了。幻想的能指链透过“我”（je）能够和过往的经验以及压抑的内容（在此处尤其是关于母亲的）构成关联。这样幻想不再以纯粹的被切断而以妄想方式或者声音的形态出现。

该女士说这个盘子是个镜子，并且在这镜子中能看到母亲的面孔。后来她说在其中看到了分析家的形象。分析家作为第三者在某种意义上说占据了她母亲的位子。正是在这个点上，母亲和她自己的形象区分开来，而这一形象曾因为她父亲的侵犯而被混淆。

3.2 关键的口误

该女士回忆说她的母亲曾给她比划过一个动作，表示一面镜子，而她这次带来的泥塑也是镜子，同时商店的玻璃也是镜子。这个女士说这镜子中有一个面孔（visage），却说成了村子（village）。

这样，母亲关系到镜子中的面孔，而商店的玻璃关系到她自己的面

① 吉布尔：“一例幻听个案的分析治疗”，《精神分析笔记》，第四卷，第四期，第 75 页。

② 在精神病学中，这里涉及到妄想这个概念，这是一种不可动摇、确定不疑的个人独有的自我卷入的信念（许又新，1998 年）。这里的确实性尤其重要，它意味着如果我们看到了桌子，不会跟旁边的人说我想这里有个桌子，而是直接谈论：这个桌子如何如何。先生在这个文章中提到很多换喻性的幻想，但是没有讲它是精神病学的妄想，然而，读者需要了解这里是等价的，从这里的 je 的诞生就能看出来。因为，如果是通过胶泥来进行分析工作的重度神经症患者，在谈论的过程中，自然会加入“我想”这样的涉及阐述行为的词汇来展开对胶泥的描述。另，主语“我”是吉布尔先生的分析家 P.Aulagnier 的重要概念。

孔。在前面的主语我（je）和母亲的区分的基础上，主语我、镜中的自我形象、母亲的面孔透过这些工作逐渐得以区分出来。这背后无意识的层面也越发清晰。

这里的口误，牵涉到以下内容：该女士童年时期所住的村子中有很多种类的桃树，但是现在因为 WTO（世界贸易组织）为了选择最好的产品，把其它的品种都淘汰了。这种单一性还唤起她关于希特勒为了保留一个优秀的种族要杀掉所有其它的种族的记忆。

3.3　幻想的插条

最关键的她的过往身体的经验就此浮现并且重新联结起来，牵涉到的是一个因为自己的母亲而带来的男人形象:（1）作为抵抗法西斯的英雄;（2）作为性侵犯者。

这个女士的父亲只有一条腿是因为他参加了抵抗希特勒的运动。WTO 和希特勒都想把一些东西变成单数，而她父亲也因此只剩下一条腿。而很矛盾的是，父亲也是一个性侵犯者，正是后一个角色使得父亲和母亲离婚；而天主教和新教的对立，也是为了一种单纯的宗教。

透过这个分析的工作，我们逐渐看到主体精神内核的最原初的冲突是如何摧毁精神结构的；同时，当一切被摧毁的和产生断裂的实在部分被逐渐揭示时，这一过程自然也构成了象征化的过程，主体也逐渐重建了断裂的人格核心组份：从镜子中主语我以及自我的形象与母亲形象的区分，到现在她在事后了解到前面的三个面孔的头像代表着父亲、母亲和她自己，进而，那一系列的逐渐分化出的女女结合、男女拥抱的胶泥，则是对从同性到异性的性发展的原始幻想的象征表达。

这种透过转移的嫁接所完成的使创伤性实在界进入符号界的隐喻工作，被 Pankow 的另一位弟子 Roulot 称为幻想的插条（bouturedefantasme）。当具有父性隐喻的幻想被重新插上，幻觉就转化为梦境，大量的换喻性的幻想与妄想也得以书写为欲望，这时，与该个案的基本工作就圆满完成了。

4 增补的临床

现在，我们再把这次工作的核心元素，透过拉康的波罗米结来重新加以解释。我们在图6中把三界破碎的元素大致分为：想象的瓦解，涉及自己的形象和自己的名字的瓦解；符号的切断，表明换喻性的幻想和妄想无法进入隐喻表述；实在的脱落，涉及具有隐喻功能的父性能指从实在界复辟。

图6

透过转移的嫁接工作，这个女士生命中的各种创伤性的遭遇被重新组装到话语关系中，三界可以重新协调工作，并构成一定的现实性。这个重组或者拉康所谓的增补的工作涉及两个方面（图7中的两个缺一不可的小环）[①]：

图7

① 脱落总是牵涉到两个层面：镜子阶段身体形象建构的破损，与父亲的名字的脱落。这两个小环正是对应于这脱落的两个层面的增补。

1. 透过与镜子相关的工作，对主语我与自我形象的组建；这个身份使得自我形象，主语我与实在的感知经验（阳具 = 粪便）组合在一起；

2. 对父亲和母亲的元素的组建（纳粹的种族矛盾、家庭内部教派矛盾）。而自己孩子父亲的离去、WTO 等等都是类似的经验。

作为拓扑空间的主体精神空间
——精神分析的空间研究

杨春强[①] / 著

【内容提要】弗洛伊德把无意识视作一个空间，提出精神器官空间特性的假设。拉康发展了其无意识的空间概念。拉康认为无意识主体本身构成了一个拓扑空间，这个拓扑空间又构成了拉康后期研究的主体拓扑学的基础。本文意在通过考察主体空间这一概念在精神分析历史中逐步形成与发展的历程，来理解精神分析中空间概念的涵义。

【关键词】精神器官　波罗米结　主体拓扑学　拓扑空间

精神分析是一门研究人类主体的无意识的学科。这个无意识与空间有什么样的关系？事实上，在精神分析诞生之初，弗洛伊德即将其研究对象，即他命名为精神器官的东西，置于一个空间中。而在弗洛伊德最重要的继任者雅克·拉康那里，空间概念得到了更多的探索和应用，无意识主体本身构成了一个拓扑空间，这个拓扑空间又构成了拉康后期研究的主体拓扑学的基础。我们的讨论意在通过考察主体空间这一概念在精神分析历史中逐步形成与发展的历程，来理解精神分析中空间概念的涵义。

---

① 杨春强，中央民族大学哲学与宗教学学院讲师，成都精神分析中心分析家，巴黎第七大学博士。Email：chunqiangyang@163.com.

1895 年，处在精神分析创立期中的弗洛伊德与其合作者布洛伊尔出版了《癔症研究》。在这本著作中，回忆的羊肠小道被堵塞了。例如他写道："分析工作遇到了障碍，没有什么东西能够再呈现出来，位于冒出点的那个回忆被阻挡，直到病人此后能够在自我空间中接受它为止。所有的病原学材料，形成了一个具有空间延展性的物体，它为了抵达意识不得不通过一个狭窄的缝隙，因而被拉长并变得碎片化。"①

在其《自传》中，弗洛伊德以一种更为确定的方式对此加以了说明："对无意识的细分与如下意图相连，即从某几个系统或机构出发去表现精神器官，并且在一种空间性的语言中去展现它们之间所保持的关系。但这绝非意味着我们试图与大脑解剖学建立联系。"②

尽管上述描述空间的语言或者延展性这些词还并不是空间概念本身，但是明显可以看到弗洛伊德关于无意识是一个地点，一个空间的理论假设。弗洛伊德主要是参照着牛顿力学来建立自己的理论体系的。例如，在同样创作于 1895 年的《科学心理学大纲》里，他建构了一个精神机构 **ΦΨ**w, 这个精神机构是由能量、神经元（质点）和运动所定义的。对于弗洛伊德而言，无意识就是精神过程所进行的场所，如同空间对于牛顿而言就是物理过程发生的场所一样。

四十年的研究之后，1938 年 6 月，弗洛伊德在一个手写的注释中明确地阐明了他对于精神器官与空间之间关系的看法："空间性可能正是精神器官之延展性的投射。很可能没有其它别的分路。显然这并非是康德所言的关于人类精神器官的先验假设。精神是广延的，但我们对此仍然一无所知。"③

事实上，我们可以说，弗洛伊德在其临床工作与理论研究中，多次

---

① 西格蒙德·弗洛伊德、约瑟夫·布洛伊尔:《癔症研究》，安娜·伯尔曼法译版，巴黎，法国大学出版社，1956 年，第 235–236 页。

② 西格蒙德·弗洛伊德:《自传》，由 Fernand Cambon 译自德文版，巴黎，伽利玛出版社，1984 年，第 55 页。

③ 西格蒙德·弗洛伊德:《结论，观点，问题》，见《弗洛伊德全集精神分析》，第二十卷，1937–1939 年，Andre Bourguignon 与 Pierre Coter 主编，巴黎，法国大学出版社，2010 年，第 320 页。

遇到了精神空间的问题。但是由于其方法论所限（欧式几何与牛顿力学范式），他没有找到完整的解决思路与方法，例如，在其三个主要的研究方法中，有一种被称为拓比的方法（法语 Topique），就是试图从空间位置关系来描述精神器官或精神结构。这一进路，可以看作是拉康后期主体拓扑学进路的前身。

现在，继续我们的讨论。很明显，当拉康将无意识理解为全部能指所构成的空间时，他是继承了弗洛伊德关于无意识的空间性的观点。下面我们将通过展示空间概念在拉康理论中的历时性发展来准确把握这一概念。

1935 年在一篇涉及法国精神病医生与心理 – 病理学家 Eugene Minkowski（1885–1972）的“真实的时间。现象学与心理 – 病理学研究”的文章中，拉康已经显示出他对于精神障碍的结构，特别是它们的时空结构[①]的兴趣。他采用了 Minkowski 关于黑暗空间的表达来说明存在着“一个与欧式空间不同的空间，它与明白易懂的、作为客观化背景的欧式空间相反，是探索、幻觉与音乐的黑暗空间。”

此后，拉康 1951 年 5 月 2 日在英国精神分析协会宣读了一篇文章，题目是“关于自我的一些思考”。在这篇文章中，拉康谈到了强迫症的症状中的隔离与游离的元素。他指出“我们经常遇到一些梦，在其中做梦者的自我被表现为一个体育馆或者其它封闭的空间。这个封闭空间被交付给为了声望而进行的竞争。”[②]

在拉康的第一个讨论班《弗洛伊德的技术文集》中，1954 年 2 月 24 日的讨论课的题目为“想象的拓比”。在这次讨论课中，拉康提及了弗洛伊德《释梦》第七章中的精神器官图示，并引入了一个新的图示，一个光学图示来讨论实在的空间与想象的空间。尽管是借助于光学并通过一

① 雅克 · 拉康：“心理学与美学”，参见《哲学研究》，第四期，1934–1935 年，第 424–431 页。

② 雅克·拉康：“关于自我的一些思考”，参见《国际精神分析期刊》，第 34 期，1953 年，第 11–17 页。

种隐喻的方式进行阐述，他仍已经开始强调这个光学经验中的符号动力的重要性，强调对于一个生活在语言中的主体，所有现象都同时具有主观性与客观性的特征。

1956年2月8日，在其关于《精神病》讨论班的课程中，拉康在分析Schreber主席的谵妄时，第一次提出了主体拓扑学的概念："在这里有一个主体拓扑学，它通过精神分析（的临床）而被提供给了我们，在此可能有一个无意识能指。现在的问题是去了解这个无意识能指是怎样在精神病中定位的。……我们在此设想了一个如此这般的言说空间。"①

接下来，在《客体关系》（1956–1957）的讨论班中，为了讨论小汉斯的恐惧症，拉康引入了三个机构、三个术语构建了一个三元结构（俄狄浦斯结构）：母亲、孩子与石祖。他明确指出："对于三元结构的三个术语，必须要有一个封闭的空间，一个关于符号世界的组织，它被称为父亲。"② 这里的父亲概念预示了父姓的概念。对于这个父姓，我们后来会看到其作用是如同无穷远点那样来封闭无意识主体的空间。

一年后，在其关于《无意识的构成》（1957–1958）的讨论班中，拉康将父姓作为乱伦禁忌法则正式引入。他还首次使用了无意识空间的概念，并将它定义为"一个活版印刷的空间，需要努力将之定义如下：这是一个按照拓扑学法则建立的空间，它按照行列与一些小的四方形来构建。"③

在其随后的讨论班《欲望及其解释》（1958–1959）中，拉康重提了弗洛伊德《释梦》第七章中的精神器官的图示，以便谈论在无意识空间中登录的问题。这一次拉康比在1954年2月24日的讨论课上解释得更为明确，他说："所有这些最初发生的事情——尚未抵达作为另一种形式

① 雅克·拉康：《第三个讨论班：精神病》（1955–1956），巴黎，色伊出版社，1981年，第160页。
② 雅克·拉康：《第四个讨论班：客体关系》（1956–1957），巴黎，色伊出版社，1994年，第58页。
③ 雅克·拉康：《第五个讨论班：无意识的构成》（1957–1958），巴黎，色伊出版社，1998年，第147页。

的连接的前意识——也即那些准确来说尚处于无意识中的事情，为了被觉知，要求某一类型的活版印刷的空间。在那里有一个关于能指的真实的拓扑学。”[①]

次年的《认同》（1958–1959）讨论班集中于拓扑曲面与拓扑对象的研究。空间这个概念自此开始大量地出现在拉康的讨论班中。例如，他运用两个不能还原的圆环曲面来解释主体与大彼者之间的辩证法（一方的请求是另一方的欲望）。他解释说这两个套在一起的圆环象征着：“主体在与大彼者的关系中的功能，这个功能使主体的内部空间与外部空间成为相同的空间。主体由此出发在其内部空间之不可简约的模式基础上建构了其外部空间。”[②] 拉康同时将大彼者置于一个超空间中。

随后，在关于《焦虑》（1962–1963）的讨论班中，拉康继续关于主体拓扑空间的研究。[③] 他强调这个空间的实在的维度：“也即是说，边框，比如这里的窗子边框的功能，是我在幻想的构造中努力给出其定义的东西。它已经不再是一个隐喻。边框之所以存在，是因为空间是实在的。”[④]

两年后在其命名为《精神分析的关键问题》（1964–1965）的讨论班中，拉康指出了克莱因瓶与这个结构运行的三维空间的类似关系，“（克莱因瓶）起作用的空间正是作为言说地点的大彼者的空间”。[⑤] 但是拉康在 *L'Etourdit*（1972）中很快抛弃了这种类似关系的想法，取而代之以在主体拓扑学与（无意识）结构间有着实在的同一性的观点。

在其讨论班《从这个到那个》（1968–1969）中，拉康第一次将主体定位在一个曲面，一个精神曲面上：“那些涉及到精神的东西将被定位在

① 雅克·拉康：《第六个讨论班：欲望及其解释》（1958–1959），巴黎，色伊出版社，2013年，第86页。
② 雅克·拉康：《第九个讨论班：认同》（1961–1962），未出版，AFI版本，第186页。
③ 雅克·拉康：《第十个讨论班：焦虑》（1962–1963），巴黎，色伊出版社，2004年，第328页。
④ 同上。
⑤ 雅克·拉康：《第十二个讨论班：精神分析的关键问题》（1964–1965），未出版，AFI版本，第136页。

由曲面限定的一个内面时。……一个曲面？是的。人们说这在弗洛伊德的文本中已涉及，这是一个朝外部弯曲的曲面，正是从那时起我们在其上定位了主体。”[①]

1972 年标志着拉康理论的一个转折点：主体拓扑学从此占据了他全部的文本。因为在当年的 2 月 8 号拉康发现了波罗米结结构，而且，如同他在讨论班《实在・符号・想象》（1974–1975）中所提到的：“我立刻就在这个波罗米结与那些……我从教学之初就开始说明的东西之间建立了联系。”[②] 随后，7 月 14 日在 *L'Etourdit* 中，拉康摈弃了认为拓扑学与主体结构存在着类似性关系的观点：此后，拓扑学成为“一个再也不是隐喻性的参照。我将说：它所涉及的来自于编织，来自于辞说的编织”。他随后证实其“拓扑学的来源不在临床实践导致的实在之外，不是实在以外而提出的某种实体。拓扑学也不是一种理论”，[③] 如同很多人误认的那样。拉康的拓扑学是结构自身，“如同语言链条顺序的回溯构成了语言一样”。[④] 这就是为何从 1972 年 11 月 21 日关于《继续》的讨论班的第一讲开始，拉康突然宣称“在这个享乐的空间中，选取某种有限的、封闭的东西，这是一个地点，或者说，这是一个拓扑学。在一篇你们将看到的、作为去年讨论班前身的文章中，我觉得已经证明了拓扑学与（无意识主体）结构严格意义上的对等。”[⑤] 这里提到的文章，就是 *L'Etourdit*。拉康随后证明这个享乐空间是一个紧致空间。[⑥]

接下来的一年，在其《非－受骗者出错》（1973–1974）的讨论班中，拉康给出了其空间概念的一个定义，这个定义是完全不同于欧式空间的

---

① 雅克・拉康：《第十六个讨论班：从这个到那个》（1968–1969），巴黎，色伊出版社，2006 年，第 284 页。
② 雅克・拉康：《第二十二个讨论班：实在・符号・想象》（1974–1975），未出版，AFI 版本，第 123 页。
③ 同上，第 478 页。
④ 同上。
⑤ 雅克・拉康：《第二十个讨论班：继续》（1972–1973），巴黎，色伊出版社，1975 年，第 14 页。
⑥ 同上，第 15 页。

定义的：

“奇异之处，我对你们讲，在于言在所居住的空间有三个维度，这三个 ditmansions，如同我写的那样，分别称为符号、想象与实在。这不完全类似于笛卡尔坐标系；并非说因为有三个维度，就不会欺骗你。笛卡尔坐标系来自于过去的几何学。这是……因为这是一个空间，我的空间，就是我定义为这三个 ditmansions（言说－场景）的地方，在这样一个空间中，所有的点的确定是完全不同的。”[①]

在几何学中，点是“几何空间最小的构造元素，即这样一个地点，在其中我们不能再区分除了它自身以外的任何一个地点。”[②] 但是无意识空间中的点，对于拉康而言，是由波罗米结的三个绳圈的嵌套所确定的：

“嵌套书写了如下的东西：即如果你在任意一个绳圈上拉动它的任一部分，你会看到有一个这样的点，即这三个绳圈嵌套在一起的一个点。”[③]

欧几里得的点是没有任何分部的，无意识空间中的点则是由三个维度构成的：“总是必须要三个，如果我们要确定一个点的话。”[④]

随后在讨论班《实在 · 符号 · 想象》（1974–1975）中，拉康赋予了无意识空间的三个维度（dit-mansions）以各自的实体性：

“在我说‘世界’这个词的时候，难道我不应该说，我们的实在——在我们意识到这个世界作为表象的这种情况下——依赖我所命名为符号、想象与实在的三个实体的联合？尽管它们的实体性是被假设的。但是所涉三个实体，以及所有的表象都依赖于这几个实体，这在此是个好事情，因为这就启发我们在临床经验中还有更多的东西，它们要求这种三分的必要性，这种三个不同实体的区分：正是从这里出发（而非我们

① 雅克 · 拉康：《第二十一个讨论班：非－受骗者出错》（1973–1974），未出版，AFI 版本，第 13 页。

② 参见维基百科网站关于点的定义。关于点，数学上没有一个更为精确的定义。

③ 雅克 · 拉康：《第二十一个讨论班：非－受骗者出错》（1973–1974），未出版，AFI 版本，第 13 页。

④ 同上，第 14 页。

能够做出的姿态），我们可以假设这一推论正好代表了这个空间，三维的空间”[①]

伴随着赋予符号、想象与实在这三个空间维度以实体性，拉康结束了关于无意识空间假设的理论制作。我们可以清楚地看到，通过一个漫长的研究历程，拉康是怎样逐步深化（对精神分析而言是基础性的）空间概念的理解的。最初，他求助于光学，求助于物理学，给出了主体空间的一个隐喻式的解释。随后，他发现主体空间是如同物理空间或数学空间那样同样实在的另一类空间。

最终，在 1972 年，伴随着对波罗米结的发现，拉康建立起了无意识的拓扑学与主体结构的一致性。这又促使他论证主体空间的实在性。自此以后，无意识主体空间，即能指的空间，不再仅是一个概念，而是在精神分析中“可以而且应该被认为是存在的及实在的”，[②] 因为它满足无矛盾性这一科学实在之证明的普遍要求。事实上，主体拓扑学不但满足了内部自洽性这一要求，而且还成功地发展了弗洛伊德关于精神器官空间特性的假设，这个假设作为精神器官研究的内在前提，是精神分析的一个基础。弗洛伊德在精神分析的诞生之初就遇到了这个问题，但是他从来没有很好地回答这一问题。

① 雅克·拉康:《第二十二个讨论班：实在·符号·想象》(1974–1975)，未出版，AFI 版本，第 60 页。
② 让 – 皮埃尔·贝尔纳:《康托尔》，巴黎，美文出版社，2000 年，第 192–193 页。

吉布尔先生给予我的一点教益

霍大同 / 著

【内容提要】在吉布尔先生的指教下，我通过对汉字结构的研究，将弗洛伊德的无意识理论和拉康的无意识理论统一起来，提出了作为无意识的基本内容与单位的形声情象的概念，并进一步提出了一个人的五大存在形式（五在）的模型。

【关键词】无意识　汉字　五在

1987年9月，我开始在吉布尔那里做分析。当时，我的法语很糟糕，经常因为找不到合适的法语单词来翻译我想到的中文单词。于是他让我将我要说的汉字写在纸上，仍然让我解释汉字的构成，解释汉字的偏旁部首的意义，在很多情况中，我都不清楚这些汉字构成的原因。

这让我感到有些惭愧，因为我不仅是学中国历史出身的，而且还作为历史学家在北京故宫博物院工作了将近五年。于是我开始研究汉字的历史与汉字的结构。

最早的汉字被称为象形文字，但这些汉字不仅以图画的形式来代表所指，而且以图画的形式代表着声音、代表着能指。也就是说象形文字同时也是声音文字。

几个象形文字结合在一起就构成了表意文字。而这些表意文字也同象形文字一样一方面表示着意义、表示着所指，另一方面也表示着声音、表示着能指。因此表意文字同时也是表音文字。

更进一步，两个或者更多个的象形文字或者表意文字结合在一起形成了形声字。在形声字的框架下一些象形文字或者表意文字丧失了自身的表音功能，仅仅只起着表意的作用，构成了形声字的表意部分。而另一些象形文字或表意文字丧失了自身的表意功能，仅仅只起着表音的作用，构成了形声字的表音部分。

汉字的演化与汉字的构造给我们的教益至少有两点，一是汉字是一个结构高度复杂的符号系统，二是汉字作为符号系统其功能是双重的，既表意又表音，表意与表音的双重功能是相互抑制又相互促进的。

带着上述对汉字的理解我们再来看弗洛伊德与拉康的观点。弗洛伊德提出了物表象与词表象的概念。他认为在无意识中仅仅只有物表象，并且这些无意识物表象是混沌的。而词表象则存在于前意识－意识系统。但另一方面他又将语误作为无意识的三大形式之一（其余两大形式是梦与症状），因而弗洛伊德是矛盾的。我们可以说弗洛伊德的这一矛盾是他的理论概括与临床实践之间的矛盾。

弗洛伊德的物表象概念到了索绪尔那里变成了所指的概念，而他的词表象的概念到了索绪尔那里则变成了能指的概念。

拉康在索绪尔的基础上，从语误的临床出发，进一步提出“无意识像一种语言那样构成”的观点。他将能指，也就是弗洛伊德的词表象，视为无意识的构成、无意识的结构，而将想象界，也就是弗洛伊德的物表象，视为前意识－意识水平上的混沌之物。

这样就有了弗洛伊德的无意识理论与拉康的无意识理论的对立。这一对立在本质上是弗洛伊德自身的理论概括与临床实践的对立。

而汉字的演变与汉字的结构给我们的教益则是无意识是二维的（如果加上情绪则是三维的），既是物表象的，又是词表象的。既是所指的，又是能指的。同时物表象与词表象的结合，所指与能指的结合亦是属于无意识的。物表象或者所指是结构化的，词表象或者能指亦是结构化的，两者之间的结合更是结构化的。

同样，在中文的“形声字”命名的启发下，我们将弗洛伊德的“物表象”改称为“形象”，将弗洛伊德的“词表象”、索绪尔与拉康的“能指”称为“声象”，再加上情绪，我们就有了“形声情象”的概念。三维的形声情象构成了我们的精神结构与精神内容的基本单位与欲望的精神代表。而作为“形声文字”的中文则是形声情象的视觉符号系统。

形声情象还可以进一步分为先天理想象与后天经验象。先天理想象构成了我们的人格与认知的结构，后天经验象则是我们的人格与认知的内容。后天经验象又进一步分为实际经历的形声情象，简称为实历形声情象，和虚构形声情象，包括幻想象、妄想象与幻觉象。

在分析室中，在分析家尽最大可能开放的耳朵的倾听下，分析者的自由言说意味着形声情象中的声象有一个从内到外，从外到内的自由流动与循环，这一自由流动与循环带动着整个形声情象的从无意识到意识，从意识再到无意识的自由流动与循环。另一方面，形声情象的形象与情绪亦可以推动分析者的自由言说、推动声象的由内到外，由外到内的自由流动与循环。

这种形声情象的自由流动与循环是一种对形声情象再加工、再制作、再组织与再编码的过程。

也就是说，通过这一自由流动与循环，再加上分析家的干预而有的调节，形声情象的性质及其相互关系可以得到改变。

在情绪上过分兴奋的实历形声情象可以变得适度兴奋，甚至适度抑制，过分抑制的形声情象可以变得适度抑制，甚至适度兴奋。极度焦虑的状态亦可以被卸载，变成适度焦虑。

在声音上，过分刺耳尖利的形声情象可以变得悦耳圆润，过分阴沉冷峻的形声情象可以变得明快热情。

在形象上，奇形怪状的形声情象可以被规范化、被常态化。形声情象的多余部分可以被切掉，形声情象的欠缺部分可以被补充完整。

对于虚构的形声情象来说，则过分夸大、过分正理想化的虚构形声情象可以被打破，可以被重构为适度正理想化的虚构形声情象；过分夸小、过分负理想化的虚构形声情象可以被打破，可以被重构为适度负理想化的虚构形声情象。

更进一步，此形声情象与彼形声情象间的联结也可以被修改。原来的联结可以被切断，不再有联结，或者可以重建一种新的联结。原来没有相互联结关系的形声情象则可以新建一种或多种联结。

过分严苛的规则亦可以变得适度严格，而没有或者过分松弛的规则则可以建立起规则或者变成适度宽松的规则。

过分强烈的欲望可以降低其强烈的程度，变成适度强烈的欲望，求死的负欲望可以变成求生的正欲望，等等。

这些在自由流动与循环中被再加工、再制作、再组织的形声情象及形声情象的序列又被重新登录在我们的记忆系统中，从而有了新的登录与新的编码，从而改变了主体的欲望的动力学结构。

我们的记忆系统是被先天理想象所结构化的。后天经验象登录在记忆系统中，意味着先天理想象与后天经验象之间的匹配，精神的症状是两者匹配的错位的表达，而在自由流动与循环中获得修改的形声情象及相互关系的重新登录意味着由先天理想象所组成的记忆系统与后天经验象系统之间的匹配度的提高。

这种匹配度的提高，除了因后天经验象的修改所导致之外，还因为在后天经验象的不断修改后的不断地重新登录的过程中，先天理想象系统亦得到修改而实现。也就是说，后天经验象的自由流动与循环的过程，不仅使后天经验象自身得到修改，还使登录它的先天理想象结构亦得到修改，两者的匹配度的提高是双方相互“妥协”的结果。

两者之间的高度匹配与高度契合的实现：当然首先要依靠“渐修”的方式，逐渐地一步一步地去达到。但更需要在渐修基础上的“顿悟”方式、“突变”的方式去达到。通过顿悟而突然达到的先天理想象与后天经验象之间的高度匹配与契合的状态往往与眼前突然一亮、内心空灵、通透与明亮的感受相联系。

这种空灵感，还可以再进一步分为佛教所强调的“明空”，和道教所强调的“玄空”。明空是偏兴奋的，类似于万里晴空的白天。玄空则是偏抑制的，类似于满天繁星的夜空。明空与玄空均区别于严重抑郁状态下的黑空与灰空，后两类空需要经过黑有、明有才能到达明空与玄空的境界。

在精神分析的后期，会出现若干次这种“清空”、“归零”的状态，它是一种无象，无欲的状态。因为形声情象均被清空、归零，因为欲望亦被清空、归零，因而有了形声情象与欲望之间的关系的根本性变化、根本性重组。

佛教与道教强调了明空与玄空的持续保持，希望能始终处在这种空灵的状态中。精神分析则希望在清空、归零之后，形声情象与欲望再起，形声情象与欲望以一种“从心所欲而不逾矩”的方式再起。亦即精神分析希望分析者以一种新的方式重新回到日常生活中，重新回到一种“有象”、“有欲”的状态中，并且重建一种与外部彼者们，或者说外部环境的新关系。

上述发生在神经元系统的屏－膜之上的形声情象的运动与改变同时也意味着在屏－膜之下的神经元系统的改变。过度兴奋的形声情象变得适度兴奋，甚至适度抑制的过程亦是承载这一形声情象的神经元集合从过度兴奋变得适度兴奋，甚至适度抑制的过程。过度抑制的形声情象变得适度抑制，甚至适度兴奋的过程亦是承载这一形声情象的神经元集合从过度抑制变得适度抑制，甚至适度兴奋的过程。形声情象自身声音与自身形状的改变亦意味着承载这一形声情象的神经元集合形状的改变。形声情象的相互联结的改变亦意味着承载这些形声情象的神经元集合之间的联结的改变。规则与欲望动力学的改变亦意味着承载它们的神经元集合的改变。

这些修改后的形声情象及相互联结在记忆系统的再登录与再编码亦意味着承载这些形声情象及相互联结的记忆神经元集合的改变。

也就是说，除了有一个神经元系统的改变导致形声情象系统的改变这样一个由下而上的过程之外，还存在着一个形声情象系统的改变导致神经元系统改变的由上而下的过程。以药物治疗为基本手段的精神病学是以前一个由下而上的过程为基础，通过神经元系统的改变来改变形声情象系统。而精神分析的言说治疗则是以后一个由上而下的过程为基础，通过形声情象系统的改变来改变神经元系统。这两个学科、这两种治疗方式显然是相互促进、相互补充的。

我们把形象视为人类存在的一个维度，因而将它称为“形在”，亦可以称它为“行在”。它是人类存在行动的维度。

我们把声象视为人类存在的另一个维度，因而将它称为“声在”或者“言在”。称为“声在”是一种广义的命名，因为人类不仅言说，还会发出哭声、笑声这样的自然声。称为“言在”则是一种狭义的命名，是借用拉康的概念。

我们将情绪视为人类存在的另一个维度，因而将它称为“情在”。

我们还将神经元系统及躯体系统视为人类存在的另一个维度，因而将它们称为“实在”。

同时我们还将联结这“四在”，调节这“四在”的中心结构与功能称为“神在”。

这样我们就有如下图式：

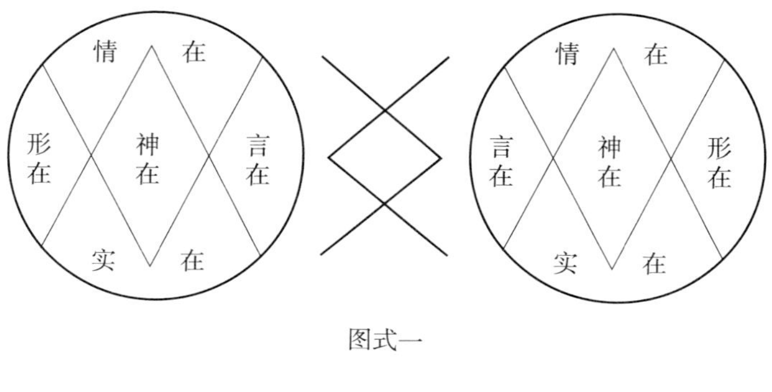

图式一

这一图式表达一个五维的人类存在与另一个五维存在的互动模式。在这种互动模式中，形在、情在、实在与神在之间的互动是基础性的，或者说是隐性的，而言在之间的互动则是主导性的、显性的。这一互动模式是精神分析设置下的精神分析者与精神分析家之间的互动模式。

我们还可以有在日常生活的框架下一个人类存在与另一个人类存在之间的“五在”互动模式：

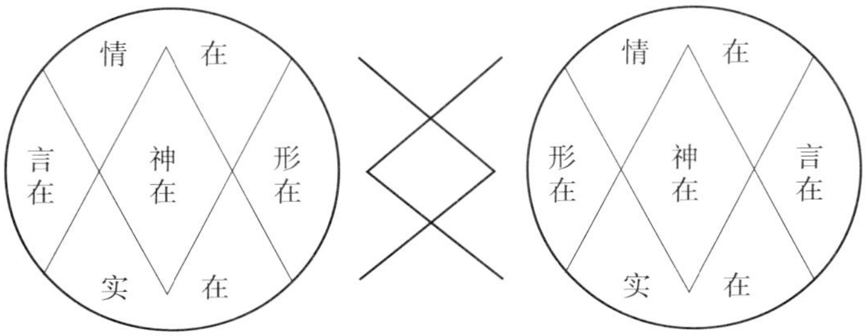

图式二

在这一互动模式之下，一个人类存在与另一个人类存在的言在、情在、实在与神在之间的互动是基础性的、隐性的，而形在之间的互动则是主导性的、显性的。

身体与精神分析专题

身体与无意识

纳达莉·沙鸥 / 著
林媛 / 译　陶杏华 / 校

致谢

在开始这个研讨会之前，我们不能不提起今年 3 月 10 日在巴黎去世的米歇尔·吉布尔先生。与霍大同一起，他发起了一系列的研讨会，这些研讨会在我们领会到要以某种方式发扬它们之前已经开始了。甚至在去年，他还和我表达过想要参加巴黎八大精神分析学院支持举办的第一次研讨会（参会的也差不多是今天的诸位同事）的愿望。在那时，他感觉好点了，以为自己能够最后一次来成都，但是现实原则拦住了他，他不得不意识到自己太虚弱了，无法完成这么一次旅行。不过，我们聚集在一起，在我那里一起观看了《开放的天空》这部电影，这是一部由 Mariana Otero 制作完成的、关于 Courtil 自闭症儿童的接待的纪录片——我们明天下午可以一起来重温这一影片。在其妻子 Claude 的陪伴下，他和 Véronique Mariagei（去年她来到这里向我们介绍了这部电影）进行了讨论。几位中国同事也出席了，以便完善中文字幕。

在去世前不久，米歇尔还曾想再次拜访我，为了送给我一些很早时的研讨会会刊，其中有 1946 年 Bonneval 研讨会——Henri Ey 组织，拉康被邀请参加——的会刊。拉康在这次会上致了开幕词——此文在《文集》中以“精神的因果关系”为题目出版，并且，鲜为人知的是，他在研讨会结束时还讲了几个词。米歇尔说要再次见我，正是为了结束时的这几个词，因为拉康在那里展现了一种中国风格的表达方式，我们称之为平行论，这是拉康在其作品中第一次提及中国的地方。据此，由拉康所打造的平行论指出了他们研讨会的精神：Dong De（懂得）。在出席此会的张涛的帮助下，我们能够撰写一篇关于平行论的小小评论，并且将此献于米歇尔，我想他会非常高兴的。无论如何，当我在他去世前几天拜访他时，我们再次聊到中国的平行论，这远不止是中国文化中的一种简单的图像风格。根据很多汉学家所言，平行论深刻地表达了中国人的思维模式。

所有米歇尔的朋友和亲人都说，直到生命最后一刻，他始终都保持着其大智慧的鲜活和幽默。难以置信地，我们结束了这充满活力的最后一次会晤。

去年研讨会的主题是“话语和精神分析”，研讨会多次强调在所有语言的捕捉中被卷入的身体，因此，今年研讨会的主题自然而然被宣布为“身体与精神分析”。然而，好几个临床个案的报告向我们指出，主体根据其结构而与身体有不同的接近度，由此而再次返回到自闭症上是特别有意思的，因为它涉及到身体和冲动的关系。我们将看到，拉康式的享乐概念（它将在理论报告中被展开）对于临床阐述有很大的益处。最后，不能忽视精神分析和神经科学之间的对质，正如拉康和弗洛伊德也举其中的例子。他们总是对他们时代的科学兴致盎然。弗洛伊德与物理学相遇，弗洛伊德在能量学理论中获得了启发；当语言学有了科学的抱负，拉康便用语言学复兴了精神分析。拉康的基式（mathèmes）是从数学中获得灵感的，而后者从整体论和拓扑学的理论出发，在重建中获得了长足的进展。今天，某些神经科学的拥护者自身尝试着与精神分析家一起对话，而超越了谁将有领导权这一意图。

为了这个研讨会我们制作了两个电影剪辑，一个是我之前提及的《开放的天空》，另一个是《电视》，这是拉康接受小屏幕做的唯一一个视频。我们可以在其中看到拉康的说话方式，带着他的声音、身体、手势和笑容，他如此独特的风格。他在他的讨论班中也是以同样的方式讲话，并且，这个电影呈现了讨论班最初并非是为了被阅读，而是为了让拉康独特的陈述被听到。

我们将移步去拍张会议合照。在把话筒递给 Damien Guyonnet 前，我快速地再说几句，为了抛出一个以小组方式工作的想法（在巴黎，我们称之为卡特尔小组）。

我想通过抛出一个公共工作计划的想法来结束这个开场白，这个会让法国和中国的分析家感兴趣，并关系到我们今后合作的计划。

事实上，这个工作是很巨大的，它的开启是为了精神分析能在中国登录，不仅仅是作为一种能够经受得住考验的疗法——这是首要条件，以便人们对之感兴趣，但这并不足够，因为其它疗法也能被证明是有效的（更快速，但没那么彻底）。对于那些选择精神分析作为治疗方法的人而言，这个治疗变成一种经验，让他在日常生活和命运的维度发现那些无意识的东西。想成为分析家的分析者，伴随着分析工作的足够深入，会对分析理论、对作为先驱的弗洛伊德（后被拉康在其基础上复兴）所创造的那些东西提出质疑。这些年，我和一个中国学生小团队一起，重新开始从事对拉康文本的翻译工作。比如，我们已经撰写了一些关于“精神分析”、“无意识”、“性欲”等基础术语翻译的文本。在中国，弗洛伊德文本的翻译已经有一段历史了，修订也是一个已经开始的关键工作的方向。

这个工作量是非常大的，我们希望的是构建另一支学生、分析者、分析家和研究者队伍，他们能够花时间专攻精神分析的文本、概念的文本或者临床个案讨论的文本。其中有法国同行的参与，至少通过 Skype 在场并有时间一起参与，以便明晰这些术语的意义，并帮助人们用中文找到离其最接近的术语，每个团队至少需要一名能讲法语的中国人，他（她）能够在法国人和其他人之间做中间人。我知道在 CPC（成都精神分析中心）中已经有一些工作和督导的团队，而一种由混合团队所构成的跨洲工作的视角，正如同人们讲的跨国夫妻，能够带来一种新的动力学。对于这些先入为主的法国人，试图将精神分析的基本术语翻译成中文显然是一项令人兴奋的工作，它与过分中规中矩的知识相比重新恢复了活力。

在这里，你们人数众多，而我们只有十来个法国人，这些团队能够以我们在法国称为卡特尔的对等方式迅速构建起来。那些对此有愿望的人可以带着他们的工作目标，在 ECF 卡特尔的名录中进行登记，这允许我们在第二时间、在不同的卡特尔之间进行交流。

无意识的主体及其身体

达米安·居约内 / 著

吴蕤 / 译

引论

在我们2016年名为“话语与精神分析”的相遇中，我对于话语的权力及其界限非常感兴趣。我回到拉康教学的一段关键的时期，即上世纪50年代末期，那时他引入了被划杠的主体。划杠的主体和之前大写的、没有划杠的S是没有关系的，后者是生机勃勃且完整的主体，拉康展示它——通过真正的话语和认识的过程，包括认识另一位（大写的）主体——如同能够找到其“实存”（être）[1]的能指，这种能指也是其欲望的能指。这样的主体完全没有涉及到被划杠的主体、缺席于实存（être）的主体，对于后者来说，“欲望和话语是不相容的”，[2]对此雅克－阿兰·米勒这样总结：“在其话语中说我的主体不能在其欲望中说我。”[3]我们已经推论，这个拉康开展的对主体的新研究，被标记在其1958年9月的《治

---

① 关于“être”的翻译，大致有三个：在，存在，实存。译者选择最后一个。

② Jacques Lacan, La direction de la cureet les principes de son pourvoir, *Écrits*, Seuil, Paris, 1966, p.634.

③ *Cf.* Jacques-Alain Miller, *L'orientation lacanienne. Clinique lacanienne*, enseignement prononcé dans le cadre du département de psychanalyse de l'université Paris viii, leçon du 9 déc. 81, inédit (disponible sur internet).

疗的方向和其权力的原则》中，最终指向了一个不可能性的点，话语和欲望围绕着它旋转，从此以后我们从话语的权力来到其界限。

因此这是关于话语和语言的问题，这是在欲望图中，如同地点的大他者所展示的并和（在语言中话语的插入）联结的两个成分，并且从这个地点，被划杠的主体冒起。① 在这个水平上，没有任何关于身体的问题（我们都登入在符号中），而现在有了在此引入这个纬度的重要性。因此我们提出以下问题：是否通过对象 a——它被连接于被划杠的主体（幻想的公式所描写的 *$<>a*）——身体的登记在拉康教学的整个期间都被召唤？如果是这样，是在哪个形式下被召唤呢？

50 年代：形式化的首批草图

让我们从回顾上世纪 50 年代开始，这是拉康教学中被划杠主体诞生的时间，同样也是拉康首次涉及对象 a 的时间，在此期间，身体的登记没有占据一个重要的位置。在这个时期对症状的形式化进行了完美陈述。事实上，当拉康在 1957 年指出其隐喻的结构时，身体和躯体的登记被贬低到能指的地位，如同创伤一样。②

享乐的纬度也是如此，我们将之归于身体，它完全被排除在这个符号的形式化之外。从此以后我们在哪里找到它呢？准确来说是在另一种登记的那边，即想象的登记中；在 L 图中，通过指出在两个轴之间的交叉点，准确来说是符号和想象的干扰点，拉康将想象与符号分离并使其与之对立。因此在想象的那边，拉康安置了力比多的登记，并逐渐指出了一个特别的对象，对象 a，并将之放在两个轴的交叉点上，在那里，力比多的登记最终被安置在符号的内部中心。由此拉康推导出一个新的

① Jacques-Alain Miller 提到一个“在语言结构中话语结构的干预”，这个“迫使能指集合去完备化的东西”，并且这是被划杠的主体最终操作的事情（*Cf.*Jacques-Alain Miller, Structure, revue *Pas tant*, n°8-9, Toulouse, 1985）。

② *Cf.*Jacques Lacan, L'instance de la lettre dans l'inconscient ou la raison depuis Freud, *Écrits*, *op. cit.* p.518.

公式，即基本幻想的公式，拉康在1959年[①]将之形式化，从中推导出在被划杠的主体的旁边的身体登记的引入。我们以后再回到这上面来。

因此这个对象a如同想象的元素，在这个时期它首先依然是一个图像，但这个图像仍然在某种程度上包含和幽禁了享乐。在这里雅克－阿兰·米勒对我们说了这些话："这个幻想包含了生命，包含了通过这个如同图像般的对象a的插入而生机勃勃的身体，而这个图像被记入一个能指结构，它仍是被捕获在符号中的享乐的图像。"[②]从此以后，既然"症状的形成"（拉康的术语）蕴含了幻想的干预，[③]那么在某种程度上后者在享乐的这些类别之下，在症状中引入了身体的登记。

对拉康来说，只有对象a的地位将要演化。我们之前谈到了L图（57–58）和欲望图（58–60），但是我们接下来有重要的另一站，即第十个讨论班《焦虑》（1962–63），在其中拉康在某种程度上指出了对象a实在的一面。这个作为没有镜像（没有图像）的对象，并且尤其作为身体的碎片，为了性感区得以具体化，为了欲望能够建立，必然被抽离。最终，在第十一个讨论班中有一个关键的步骤，而我们将停步于此，因为拉康又回到了一个强有力的逻辑学形式化中，这是为了考虑被划杠的主体和对象a的连接。

第十一个讨论班的贡献：第一个复杂的逻辑形式化

第十一个讨论班，《精神分析的四个基本概念》（1964），能指的新理论（如同"和所指分离"[④]），开启了拉康教学的第二阶段，也填补了第

---

① 拉康对我们说："符号公式（$ <> a）给予了我称为基本幻想的它的形式"（*Cf.* Jacques Lacan, *Le Séminaire*, livre vi, *Le désir et son interprétation*, Paris, La Martinière, 2013, p.434）。

② Jacques-Alain Miller, Les six paradigmes de la jouissance, *La Cause freudienne*, n°43, Paris, Navarin/Seuil, octobre 99. *Cf.* le paradigme 2.

③ *Cf.*Jacques Lacan, La direction de la cure et les principes de son pourvoir , *Écrits*, *op. cit.*, p.637.

④ Jacques Lacan, La science et la vérité, *Écrits*, *op. cit.*, p.875.

一阶段的教学。关注重点变成能指链（S1–S2），并且被划杠的主体——它的分裂在之前是通过主体的话语[①]而被讨论的——如同能指的主体那样变成了纯粹形式化逻辑的主体。从此以后，我们之前的询问将被再次提出来：拉康以哪种方式重新引入了身体的登记？

既然无意识的主体准确来说没有身体（除了缩减为其形式和其图像），而身体遭受着一个切割（第十个讨论班中涉及的碎片化和被洞开的身体）并且不是“属于‘纯粹逻辑’的范围”[②]，所以在此身体的登记将再次通过对象 a 被召唤。因此，为了很好地理解拉康的方法，我们现在必须简要地介绍在这个讨论班中涉及的两个主体因果的操作，即异化和分离；首先是异化，然后是分离，而后者回应前者并结束这个操作。

分裂的主体 – 异化

第一时间，即能指异化的时刻，我们要注意在大他者的地点被划杠主体的诞生和它对主人能指（S_1）的能指性认同。更准确地说，主体消失在这个使它诞生和“它变成的”能指中，而这个能指从此使我们忘记了空（vide）和描述主体的最初的无（rien）。我们在第一个能指钩挂第二个能指，即 S_2 的时刻，重新发现了同样的空（vide），主体最终被安置在两个能指之间的空隙中。因此在这里，拉康完美地论证了，被划杠的主体首先是空（vide）（最初的无）、死亡（禁欲的符号领域）并且没有身体。

让我们来到第二时间。

幻想 – 分离

第一时间涉及的是 S_1–S_2 对子，第二时间，即分离，引入了对象 a

① 拉康说：“……主体的分裂，主体忍受着只能成为言说的主体”（*Cf.* Jacques Lacan, La direction de la cure..., *op. cit.*, p.634）。

② Jacques-Alain Miller, Habeas corpus, vers Barcelone 2018, *La Cause du désir*, n°94, Paris, Navarin/Seuil, octobre 2016. Disponible sur internet.

的维度，而这正是我们所关心的问题。再一次，我们不纠结细节而只是简单地说明，这个对象安置在主体和大他者之间相交的内部，它的产生如同对由第一个操作产生的能指空白的回应。因此，在第二个时间中，不再是填满被划杠的主体的认同的 S_1，而是对象，给予“实存（être）的闪烁”一个术语，如同拉康在《著作集》中所说的那样，它特别允许进行一种对力比多和生命力的回收。

因此一方面你们有如同死亡的被划杠的主体，另一方面有对象 a，它“集结了这个与生命力联系的力比多的高峰”。[①] 并且在同一时间，对象 a 引入了性欲（la sexualité）的登记。然而，这个“身体的补充部分”，[②] 如同雅克－阿兰·米勒同样能够定义的那样，虽然变得越来越实在，但这样一个享乐的简单元素却得以保留（在享乐元素这点之上，如同我们将会看到的那样，不久后拉康将用很长时间回来讨论这点）。最终清楚的是，在冲动那一边，拉康从中分离出这个环形结构，它环绕着这个如同窟窿、空的对象，而正是从边、从冲动的边出发，身体的维度被召唤。在这里，享乐可能被定性为是自若的（l'autoérotique）[③]（我们将看到，在拉康教学的末期，享乐的地位再次吸引了他的注意[④]）。为了获得这个自体享乐，为了这个环得以被关闭，幻想的对象和大他者是必需的。[⑤]

① *Cf.*Jacques-Alain Miller, Les six paradigmes de la jouissance, *La Cause freudienne*, *op. cit*.

② *Cf.* Jacques-Alain Miller, Biologie lacanienne et événement de corps, *La Cause freudienne*, n°44, Paris, Navarin/Seuil, février 2000.

③ 关于这点，雅克－阿兰·米勒说：“冲动的满足是自己身体的满足。这是对我们来说的唯物主义。享乐的地点是大一（l'Un）的身体”（*Cf.* Jacques-Alain Miller, Théorie du partenaire , *Quarto,* n°77, *Revue de la cause freudienne*, ACF en Belgique, 2002）。

④ 结合雅克－阿兰·米勒，我们在这里说：“身体享乐自身，指示着一个对享乐的自反性”（*Cf.* Jacques-Alain Miller, *L'orientation lacanienne. L'Être et l'Un* , enseignement prononcé dans le cadre du département de psychanalyse de l'université Paris Ⅷ, cours du 25 mai 2011, inédit. Disponible sur internet）。

⑤ *Cf.*Jacques-Alain Miller, La théorie du partenaire, *Quarto, op. cit.,* p.20-22.

60 年代：不同的形式化

因此通过对象 a，拉康逐渐从中分离出实在的地位，如同我们已经说过的那样，生机勃勃的、享乐的以及性化的身体维度再次在被划杠的主体旁边被引入。这正是幻想的公式（ $\$<>a$ ）完美地考虑到的东西，如同我们曾标注过的那样：准确来说，作为没有身体的无意识的主体，被划杠的主体通过拉康称为冲头（poinçon，即 <> 这个符号[1]）的东西和对象 a 连接在一起，而后者是和生机勃勃的身体产生关联的享乐元素。

借此，我们能够前进：在 60 年代中，拉康的一个关键性的考虑是说明，身体、生命力、享乐是怎样被结构所捕获的。更准确地说：得益于对象 a，无意识的主体怎样“连接于身体”，[2] 并且反过来，对象 a 怎样“和主体配对”。[3] 从此拉康特别参考了逻辑学，现在他把逻辑学应用于对象（在为主体制作了对象之后），仅仅是在第二时间中，对象的“身体”维度进入了游戏。

让我们继续。在第十六个讨论班中，拉康将对象 a 展示为属于一个和主体结构不同的结构，“然而它具有能指的特性，即如同元素那样呈现”。[4] 如果它是元素，这是因为它有一个位置，因此我们可参考结构和符号。我们说了，通过用逻辑学来形式化对象 a，拉康将它登记在结构的中心，如同是为了主体。因此这也给与了对象 a 一个功能（第一时间），“在它具象化之前，在肉身到来之前”；[5] 因此换句话说，这个“身体必然通过不同的身体预先扣除（prélèvementscorporels）来满足（第二时间）

① 译者加上的标注。
② Jacques Lacan, Télévision, *Autres écrits*, Paris, Seuil, 2001, p.537.
③ *Cf.* Jacques-Alain Mille, Biologie lacanienne et événement de corps, *op. cit*.
④ Ibid.
⑤ 因此仅仅在第二时间中，“肉身会服从这个结构。因此这里有这个能指对身体的优先性的概念”（*Cf.* Jacques-Alain Miller, Une lecture du Séminaire d'un Autre à l'autre, *La Cause freudienne*, n°65, Paris, Navarin/Seuil, p. 96）。

的功能”。[①] 同时，我们有一些进展，我们将对象 a 展现为剩余享乐[②]——实体（substance），我们“在过度享乐的货币下”[③] 重新找到了身体。大家知道，所有这些进展在于在某种程度上我们将身体“归还给”了无意识的主体，而在拉康教学的这个时刻，对幻想的参考还是至关重要的。

70 年代：一个新的术语

在 70 年代，出现了一次新的对能指、享乐和身体的讨论，拉康对与它们相遇的最初的点感兴趣。我们不再有一个升华的、“通过语言而被支撑、被能指化的”[④] 身体，而是有一个活生生的、实在的身体。如同拉康所说，能指制作了痕迹、标记、“身体的事件”，[⑤] 但并非没有产生一个我们命名为享乐的情感。如同古生物一样，享乐应该在身体中——自若的享乐——并且仅仅是在第二个逻辑的时间中，才通过幻想，在如同享乐的小小单位（我们之前说了，如同享乐的元素）的对象 a 那边，找到安置和定居的方法。这是拉康在其教学的末期所做的根本性转折，我们看到，在其中对身体的参考变为基本。这里我们提出了和之前几乎相反的新问题：今后，哪个位置是留给被划杠的主体的呢？

结论

为了回答这个问题，我将引述雅克－阿兰·米勒在 2016 年于巴西里

---

① Jacques-Alain Miller, Une lecture du Séminaire d'un Autre à l'autre, *La Cause freudienne*, n°64, Paris, Navarin/Seuil, p.142.

② 拉康在第十六个讨论班引入这个术语，人们在第十七个讨论班、在《著作补集》中的《广播谈话》中又发现了它。人们在第二十一个讨论班中又发现了二元的“丧失/回收”。

③ Jacques-Alain Miller, Biologie lacanienne et événement de corps, *op. cit.*

④ *Cf.* Jacques-Alain Miller, L'orientation lacanienne. L'Être et l'Un , *op. cit.*, séance du 11 mai 2011, inédit. Disponible sur internet.

⑤ Jacques Lacan, Joyce le symptôme, *Autres écrits*, *op. cit.*, p.569.

约热内卢举行的精神分析全球协会大会上所做的一个简短的发言：

> “在最后教学的开始，下面这个似乎是拉康派构成性的公式：‘无意识从属于纯粹的逻辑’（我们在《著作集》封面第四页找到的公式），被否定、被抛弃、被放弃。这个公式被另一个公式代替，后者没有被这样明说出来，但是我可以总结：无意识从属于言说的身体。拉康为无意识的主体添置了一个身体，这是为何无意识的主体不再被涉及。”①

这就是拉康最后的整个教学所显示的东西。“无意识的主体”、被划杠的主体这个术语被“言说的身体”或者“言在”（parlêtre）这个术语所代替，这使拉康能给被说的和言说的主体一个身体。并且人们不要吃惊，“圣状”这个术语——另一个同时的转向，它命名了基础的创伤，即产生了“身体事件”的东西，且它应该位于所有症状的根基处——从此以后，不要说胜过，而是包括了“症状－幻想”的二元。② 事实上，从能指和身体的相遇开始，（我们所说的自若的、自闭的、位于身体中的）享乐现在得以被理解，但是不是从幻想出发被理解（这些对象 a 是向身体征讨而来③）。享乐首先是在身体中被感受到。从此，幻想——其对象被降到外表的水平——在某种程度上仅仅在第二时间中才得以建立，如同另一种享乐的方式；但是尤其是如同实存（être）虚构那样，对象 a 最终仅仅呈现出实存（être）的外表。我们因此能暂时总结道：实存（être）不是身体。④

① Jacques-Alain Miller, Habeas corpus, vers Barcelone 2018, *op. cit.*

② *Cf.* à ce propos Jacques-Alain Miller, Le sinthome, un mixte de symptôme et fantasme, *op. cit.*

③ *Cf.* Jacques-Alain Miller, L'inconscient et le corps parlant (présentation du congrès de l'AMP de 2016), *La Cause du désir*, n°88, Paris, Navarin/Seuil, octobre 2014. Disponible sur internet.

④ *Cf.* Jacques-Alain Miller, L'orientation lacanienne. L'Être et l'Un, *op. cit.*

客体的激情和身体的掉落

许丹 / 著

本文的构思来自于在重读弗洛伊德“一个少女同性恋个案”（1920）的过程中，我对于他使用的德语词“niederkommen”的歧义性所产生的兴趣。弗洛伊德用这个词来诠释此少女同性恋自杀的举动。

我参考的版本是1973年出版的法文版合集《神经症，精神病和倒错》中弗洛伊德“关于女同性恋个案的心理起源”一文。弗洛伊德在文中这样说：“分析发现一个解释背后的另一个更深层的解释，并且是被此少女的梦所验证了的解释，就像我们在自杀企图的背后可以找到两个意味：即自我惩罚的实现和欲望的实现。就第二点而言，它意味的是欲望的胜利，而失望曾经将她推到同性恋里，也就是说这个欲望是有‘一个父亲的孩子的欲望’，而现在她是因为父亲的错误（干预）而掉落。”

弗洛伊德提醒我们注意“有一个父亲的孩子的欲望”和“使自己掉落”的付诸行动之间的衔接。在同一页下面的两个小注里，我们会发现一个词源学上的解释：即“动词niederkommen，字面意为‘往下去’，既指‘跌落’、‘落下’，也指‘生育’、‘置于下方’。”弗洛伊德在第二个注释里进一步明确说，“很长时间以来所有的分析家都已经习惯于以一些性欲望的实现来解释某些自杀模式：比如从高处跳下 = 生孩子，niederkommen。”①

① Sigmund Freud, Psychogenèse d’un cas d’homosexualité féminine, *Névrose, psychose er perversion*, PUF, Paris, 1973. p.260-261.

拉康在其第四个讨论班《客体关系》(1956–1957)里对此个案进行过一个非常精细的重新阅读，六年之后他又在讨论班《焦虑》(1962–1963)里做了很长的评论。他在概论最后说："这个女孩跳下去，niederkommt，使她自己掉落下去。"他赋予 niederkommt 一个标志性的意义："niederkommt 本质上使主体与其作为客体 a 的一面联系了起来。"拉康随即提到忧郁症："这也是为什么忧郁症的主体会有这样一种倾向，总是以闪电般的速度，莫名其妙地从窗户上跳下。"①

挫折和礼物客体

在第四个讨论班《客体关系》里，拉康引入了"阉割、挫折和剥夺"表格来讨论"客体"的问题。挫折的概念被置于指示着母子原初关系的图示中心。对于拉康来说，这个概念和生命的最早年、前俄狄浦斯期的经验联系在一起，也和——就像在临床中表现出来的那样——在分析经验进程中引入了的实在问题相关联。它标示着与实在客体最原初的关系，这个客体经常被聚焦在母亲的乳房这一形象上。在这里我们可以看到，这个概念涉及到一个辩证法、一个过渡和一个运作。

实在客体，指的是和母亲的直接关系。拉康这样说："实在客体，直接的关系。围绕着这个可以呈现出洞和缺口的时期，某种主体的关系模式会建立，但这还不意味着一个自我和非自我的关系的区分。"②

换句话说，主体甚至并不知道这个客体是什么，但是他却处在一个和客体的直接关系中。如果说执行者(agent)的角色会在此时出现，这是因为涉及到的关系曾是主客体二元的关系，母亲曾是客体，但是是有缺失的客体。因此，就涉及到引入第三个术语，即拉康所称的执行者。

拉康重新回到弗洛伊德的客体游戏的例子，即 Fort-Da 的召唤运动。

---

① Jacques Lacan, *Le séminaire livre X, L'angoisse*, Editions du Seuil, Paris, 2006. p.130.
② Jacques Lacan, *Le séminaire livre IV*, *La relation d'objet*, Editions du Seuil, Paris, 1994. p.66.

他强调线球在场－缺场的双重作用。母亲是这个挫折的执行者。也正是在这个例子中我们看到了缺失的母亲－执行者和实在客体之间的切分。

“孩子很早就与之衔接起来了的这个在场－缺场耦合，也注释着第一个以母亲为原型的挫折执行者的建构。……对于主体来说，在场－缺场与一个呼唤的维度相连。当母性客体不在时它被召唤，当它在的时候被抛出，（抛出）和呼唤在同一个维度，就像一个练声曲。……因此孩子处于：一个已经参与到符号性秩序里的执行者概念和给予我们符号秩序最初因素的在场－缺场、多－少的对立配对之间。”①

在呼唤的韵律里，主体得以定位。在场和缺场之间的更替使这个韵律被载入，这是第一个向与母亲符号的关系敞开的时间。换句话说，其中包含一种切分，母亲既在实在客体的一边，同时也在符号关系一边。

换言之，就像拉康在更晚一些提到的，实在客体一旦进入到挫折的辩证法中，本身并不是不重要，但它不需要被具体为比如母亲的乳房或其它客体，因为客体在其中扮演的角色本质上只在于引入符号秩序。

拉康称这个辩证法运动为“真正的转弯”，就像他在第四个讨论班一开始就阐述的主体化就位的三个因素：母亲、孩子和第三者因素，即石祖。也就是说，母亲的缺场是操作性的，这个缺场不仅指示着母亲缺点儿什么，而且还使得符号化此缺失的运作成为可能。也正是在那里，石祖代表这个缺失的符号。同时，这个“与实在客体原初关系的转弯时刻也朝向一个更复杂的关系”，礼物的问题被引入。礼物是在客体之外的，是母亲的爱的标记。

我们可以引述拉康的话：“作为执行者的母亲由呼唤的功能所设立，从此以后她处在一种客体最基本的形式里，即被标注了在场－缺场的、多或少的可能性的客体，被履行的挫折和母亲关联在一起，即爱的挫折；所有来自于母亲的一切仿佛都是在回应呼唤，都是礼物——也就是说是客体之外的东西。换句话说，在作为爱的信号的礼物——完全是某个之

① Jacques Lacan, *Le séminaire livre IV*, *La relation d'objet*, Editions du Seuil, Paris, 1994. p.67-68.

外的东西，某个另外的东西——的母亲的爱，和另一方面满足孩子需要的客体之间存在着一个很大的差别。”①

正是在那里拉康区分了爱的挫折（礼物）和享乐的挫折（客体），在前者中，客体运作的双重化伴随着与他者关系的双重化，而后者的结果是主体继续维持在某种想象的关系中。

一种情况是，礼物使得作为实在客体的客体消失，实在客体掉落下来，而符号序列将主体登陆在与他者关系的运动中，拉康说：“这个浮现出的礼物，使得客体作为客体本身被抹除，换句话说，一旦请求被接纳，客体就成为次要的了。”

另一种情况是，客体同样会被抹除但却被转换了意义。主体进入到一种诉求中。主体失去自身并被还原为客体：“曾在隶属关系中的客体，此时进入到了我们称为主体所属的自恋平台上来。”② 这是一个封闭的、绝对无法满足的自恋区。对于主体来说，客体既是他自己又不是他自己，他从来也无法满足于此客体。

我认为从弗洛伊德所探讨的，继而拉康所评注的结构的角度而言，这个与客体和礼物相关连的挫折的“转折时刻”至关重要。之所以是转折时刻，是因为挫折涉及到阉割，而阉割“与所有性欲问题的结点”——俄狄浦斯情结相连。挫折“铺垫俄狄浦斯情结，奠定一些拐点，并已给出俄狄浦斯冲突将会遇到的崎岖经历的版本。”③

谁是“少女同性恋”

拉康在第四个讨论班中对于“少女同性恋”个案的评注主要在于引进了 L 图示来解释个案中的五个时间。此个案涉及到的是一个 18 岁的

---

① Jacques Lacan, *Le séminaire livre IV*, *La relation d'objet*, Editions du Seuil, Paris, 1994. p.125.

② Ibid., p.101.

③ Ibid., p.61.

年轻女孩，“美丽又聪明”，来自于20世纪初维也纳上层社会。

第一时间：“在她十三、四岁时，她对一个不到三岁的小男孩显示出强烈的兴趣和偏爱，她常去一个儿童公园里见他。她对这个小孩子充满如此的感情，以至于和小孩的父母也结下了深厚友谊。”① 拉康以L图示这样解释：想象的阴茎／孩子的对等使主体处于某种和想象母亲的关系中，与这个关系相对应的是一个之外的、携带符号功能的父亲力量，也就是说父亲被假设可以给予女儿无意识地欲望着的石祖。

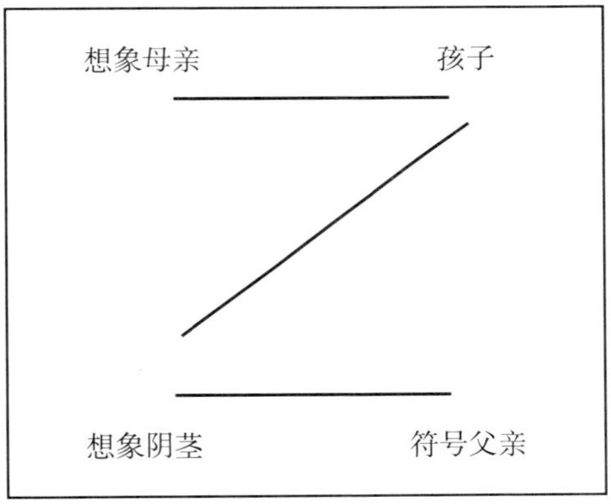

第二个时间：主要围绕着在她十六岁时，母亲新的怀孕和第三个弟弟的出生带给她的一个谜一样的失望而展开。在这个时间里，涉及到父亲的第一个实在干预，它打破了少女在时间1中已建立的想象的平衡。这第三个弟弟的出生被少女经历为一种挫折（客体），也就是说，这个孩子没有能够成为一个想象的客体，一个从父亲那里得来的礼物。

第三个时间：欲望的实现未果，少女朝向同性恋。一位名誉很差的“夫人”成为她激情的对象，她不惜引起丑闻，这尤其是像弗洛伊德所说的为了“挑战其父亲”。对于弗洛伊德来说，涉及到的是一个“爱情的男性模式”，或者说是“一种稳固的尤其因父亲而强化了的女同性恋模式”，“所有的迹象都像是一个少年对一位女明星燃烧的激情”。拉康将之

① Sigmund Freud, Psychogenèse d'un cas d'homosexualité féminine, *Névrose, psychose er perversion*, Editions PUF, Paris, 1973. p.254.

称为“最高扬的柏拉图式恋爱”，“最虔诚的骑士爱情”。换言之，倒错性在与夫人（位于 a’）——替代了孩子——的想象关系上安置下来，而在她的自我的水平上，是男性的姿态，即想象的父亲。这个关系由主体之外的符号阴茎所维持。拉康强调，被少女无意识欲望着的孩子，以及她从这个孩子的替代者角色里得到的满足，从中足以看到对这个需要的强调和此情形必然具有的戏剧性。这个符号阴茎使得主体在无意识里得以维系一个承诺，即她会在颠倒形式的信息中接收到父亲的承诺：“你会有一个我的孩子”。拉康强调说“这个承诺正是建立在女孩俄狄浦斯情结的入口上，也就是说在进入俄狄浦斯的门槛前或俄狄浦斯情结未解决的情况下。”

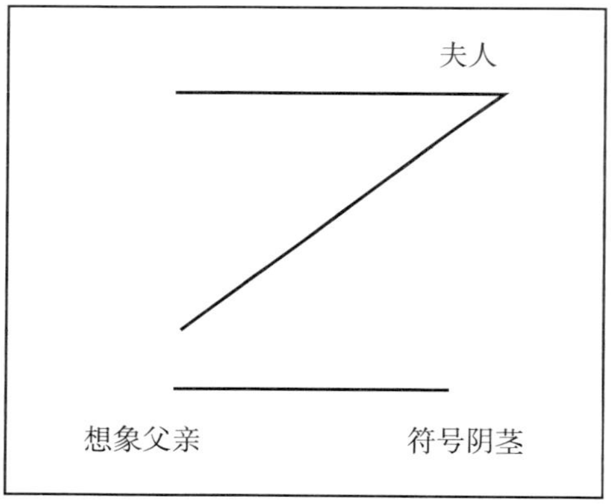

第四个时间，弗洛伊德是这样描述的：“一天，少女和她的夫人恰好在她父亲离开办公室的时间点上，在很有可能会碰见她父亲的工作街区散步。果不其然，父亲撞见了她们，并狠狠地看了他女儿一眼，也狠狠地盯了一眼那位他已知其人的夫人。……这位夫人察觉到了，并立刻决定和女孩分开，并要求她不要再试着找她说话也不要再等她，总之这段历史应该结束。”①

第五个时间，一瞬间，少女已甩开其伴侣的胳膊，越过栅栏，迅速

① Sigmund Freud, Psychogenèse d’un cas d’homosexualité féminine, *Névrose, psychose er perversion*, Editions PUF, Paris, 1973. p.260.

朝城市列车轨道冲去，并从一座桥上跳下。

这次自杀举动六个月后，始终无法接受女儿的同性恋的父亲，将她带到弗洛伊德那里，希望弗洛伊德的精神分析将她拉回婚姻和母性的正轨上。

在L图示里我们看到，在时间2里，父亲的第一个实在干预事实上已将可以授予石祖的符号父亲完全撇在一边，而在时间4里，父亲的第二个实在干预打破了她和其激情客体所建立起的想象关系。欲望无法得到支撑，但欲望不可摧毁。

拉康在《四个基本概念》（1964）讨论班里评注说，当同性恋少女与父亲恼怒的目光相遇时："除了废弃自身，她再也无法构筑她曾编织的功能，也就是说她曾经要向她父亲显示的，她如何是一个抽象的石祖，英雄般的、独一无二的，完全地奉献服务于一位夫人。"①

这位夫人断绝关系的决定直接引发了付诸行动，即抽象石祖的掉落。她自杀。"这具有一个彻底丧失掉客体的意义，也就是说，她的石祖被彻底拒绝了：掉落，niederkommt。"她感到彻底认同于a，她被扔出，被抛出场景之外。正是通过这样一个用其身体和生命来冒险的自杀举动，她的感受和报复变成了欲望的法律。只有使其掉落，自己掉落，才能实现。"在这个向其偶像献礼的极度努力中她成全了自己的存在。"

弗洛伊德强调对这个客体的破坏伴随着一个心愿的实现：符号化的生育，使自己成为这个她未能从父亲那里得到的孩子－礼物，拉康补充说，唯一的途径是"niederkomment"。主体本身成了实在的客体、缺失的礼物的替代。

空无的定位

这个少女同性恋个案所揭示的主体化起源问题将我们带到当今的临

① Jacques Lacan, *Le séminaire livre XI, Les quatres concepts fondamentaux de la psychanalyse (1964)*, Editions du Seuil, Paris, 1973. p.47.

床上来：内部“空无”、“空虚”的存在感，无定位的迷茫和混乱，存在的忧郁化；这些经常导向付诸行动，乃至自杀。这种情况尤其出现在青少年和可称之为“青春期延期”的年轻人那里。仿佛进入“成年人”的自由世界反而是一种对“第三者”角色的抹煞。主体屈从于“大他者”，被“大他者”的欲望异化，主体构建着他与自己和与外界的关系，处在一种“理想尴尬”的局面里。

如果弗洛伊德将少女同性恋归于“因失望的打击，幼儿俄狄浦斯情结在青春期的重演阶段”[①]，那么在拉康的重新阅读里，相对于“有一个父亲孩子的欲望”的失望，挫折或拒绝将根本上阻隔其进入俄狄浦斯之路。在自杀的举动里，主体减缩到客体，这个客体只与实在的身体相关，而不是与理想形成中的形象有关。也就是说这个客体折回到了拉康所称的最初冲动的碎片。因此在此涉及到的身体还不是一个镜像化的身体。然而，恰恰是通过镜像关系，一个拉康所说的“经历的不完全”、“客体的掉落”才是可能的。

“正是相对于这个被呈现为整体的，不仅对主体而言是填充性的，而且还是人与其自身形象相衔接的欣喜之源，主体实现了‘他可能缺点什么’。……正是在镜像关系中，主体有了一个缺失之可能性的经验和顾虑，也就是说可能存在某个之外的东西，即缺失。”[②]

镜像使缺失的显现和符号化的基本功能成为可能，主体得以以形象替代客体，替代缺失的客体。拉康也强调自我的形成是一个理想的形成，正是从自我理想出发自我得以树立。拉康说，德语 Ichideal,（自我理想）涉及的并不是一个客体，而是某个客体之外的东西，它不是在自我中，而是从自我的某个基底里反射出来的，总而言之，它是在自我理想的形式下的最初投射。

---

① Sigmund Freud, Psychogenèse d'un cas d'homosexualité féminine, *Névrose, psychose er perversion*, Editions PUF, Paris, 1973. p.256.

② Jacques Lacan, *Le séminaire livre IV La relation d'objet*, Editions du Seuil, Paris, 1994. p.176.

很值得引起我们注意的是，在挫折概念和礼物概念的关联中，一个关于客体“空无”的辩证法允许我们区分出一个与实在客体关系不同的因素，某个符号秩序的基本和基础的因素。

引用拉康的话说：“确切地说，（它）正是这个回应所呼唤的礼物——当它不在时呼唤，当它在时只是显现为礼物的信号，总之，满足的客体就如同什么都没有－空无。当客体在那里时，也只是最终为了作为这个‘空无’而出现。”①

这个被虚无化的、“空无”的客体，限定了满足的条件，并给出了固定“认识”界限的草图，即“认识”到大他者的欲望之谜——无论是父亲或母亲——最终是“不可认识的”。

问题在这里可以被提出为，主体如何从这个原初大他者的欲望客体的位置上离开，如何成为话语所栖息的主体，即实现拉康所提到的“自我理想的认同”。如果缺乏这个认同，在“无用”、“空虚”里受折磨的主体，“除了揭示这个实在客体的真相外别无其它功能”②，他只能将其身体－存在付诸于享乐的肉身而丧失言说的意义。

① Jacques Lacan, *Le séminaire livre IV La relation d'objet*, Editions du Seuil, Paris, 1994. 27 février 1957.

② Jacques Lacan, Note sur l'enfant, *Autres écrits*, Editions du Seuil, Paris, avril 2001. p.373.

受创的身体

法比安·法热瓦克斯 / 著

张涛 / 译

米娜是在十多年前，在与她进行了大约五年分析的分析家过世后不久来见我的。她那时接近三十岁而且完全迷失了：她从文科预科一年级辍学，因为她对要在那里做些什么不大清楚。对于她的同学、教育系统以及整个社会，她都有着相当多的批评。她通过周围关心她的其他女性来结交朋友。她姐姐是一个认同的支撑，然而米娜自己却觉得和年轻的人更近一些。她母亲也是一个方位标。与她的父亲分离的几年来，母亲与另一个敏感、聪明、有吸引力的男性重新开始了生活，后者与米娜保持了由一种非常微妙的暧昧支配着的关系。最后，有好几个朋友，都为米娜扮演了关于女性性的知识的占有者、女性大彼者的角色。

我们见面的时候，米娜刚与那个和她有将近一年关系的男友分手。这段关系弥漫着不满，而且他们的关系处在一种持久的想象性紧张中的时候，这个年轻人不懂得她的需求：需要对她的爱的请求加以确认。她愤慨的抱怨使她关于自己欲望的疑问被悬置了起来，使之与她的请求疏离开来。这个小伙子的目光，在性行为时那种男人的目光，对她来说是难以承受的。

一般意义上的男人会令米娜产生焦虑，因此多年来她都透过安排与她所理想化的那些同性恋的男性朋友们、花花公子、她与之保持着距离而且也理想化了的潜在合作伙伴、以及许多的女性朋友们的关系，来回避这些一般意义上的男人。

同样的张力在转移中很快就被感受到了，但是她对爱情的投注度刚好可以安抚明显的焦虑，她的话因而可以铺陈开来。

父亲是一个有点默默无闻的人，他随着年龄的增长成了一名虔诚的天主教徒，他在与他的妻子、米娜的母亲分开后，就一直保持着单身状态。这位忧郁的人，当女儿们还未成年的时候，有时会用不可预知的反应让她们受到惊吓，他对米娜来说是个令人焦虑的人。她年幼时他曾给她写过信，在信中他以一种笨拙而含糊的形式跟她表达说她对他有多么重要，这封信因其方式如同一种奇怪和扭曲的爱情宣言，因而至今仍然让她颇感迷惑。

在一次会谈中，当米娜在说与这位父亲最为轻微的接触都会让她多么地焦虑时，她提到了一句父亲曾在她刚刚进入青春期的时候讲过的话："你知道，当你睡觉时，你把你的下身捂着。"这句陈述，在这寂静的治疗过程中，直到它被说出的那刻都沉寂着，被分析家打破了："你父亲所说的事实，足以创造一个创伤。"在同一次会谈中，除了这个事，她还提到这位父亲曾在米娜的姐姐青春期时对后者讲过的话，就是她"有个大胸"。这位姐姐在这事发生几年之后向米娜吐露了这件事。在治疗中父亲的话语的到来，为米娜在她的第一段分析的过程中所接受过的一次外科手术赋予了意义，她做那次手术为的是把她的胸缩小一部分。即便她曾给她之前的分析家讲过这个事情，但这次手术与父亲之间的关联仍没有被主体确立起来。因此，伴随着话语的短路，通过行动上演（acting-out）主体曾寻求在身体中去处理一种过度：父亲投向那个有可能带给他享乐的女孩-石祖的身体的过度的目光。因此，外科手术是用来遮盖那个让大彼者投注其享乐的客体的，而不是透过话语来把力比多的过量代谢掉。

在这里，创伤因此不仅牵涉在米娜身体之上的能指的影响、父亲的那些故事，而且还涉及与这些话相关联的他的目光水平上的剩余享乐。这个创伤性的故事，在它被讲出的时候，在治疗中真的是引发了创伤的效果。在其创伤性特征中起作用的这个父亲的故事，浮上台面，解释了曾让米娜焦虑的父亲的目光。就是父亲的这种目光，让米娜在与男人们的相遇之后就分道扬镳。我们借此可以追问，当一个父亲的享乐以多大的权重出现在一个女孩那里时，他的姓（Nom）的传递才是可能的。

在这种情况下，在这个创伤要点被隔离[①]之后就有了一些梦的制作、重要的梦的生产。米娜接下来遇到一个比她年长十多岁的男性，他已是两个孩子的父亲，带有明显的抑郁特质，没有旺盛的力比多，这当然就成为了（米娜）能承受他的在场、他的目光的条件了，哪怕是个不那么会在乎她的男人。她并没有停止去指出她的伴侣那边欲望的不足，即便更多的是以一种挖苦、讥讽的语气，而不是一种真正的抱怨。究其缘由：乃是暗淡、抑郁的这方面，正适合她。这也是父亲身上存在的特质。在与父亲零星的接触中，她曾有的焦虑被极大地削弱了，而且米娜还找到一种方法来和他交谈。她的伴侣的在场同样也在她的辞说（discours）层面改变了一些东西。

米娜与这个男人生了个孩子，孩子的诞生让她那大量的关于这个男人寡欲的质询得到了缓和。如果她的伴侣本就无法承受其作为米娜欲望的客体的化身的话，那么他在一种艺术活动中所展现出的对其它的事物的欲望，对这一缓和起到了很大的作用。每个人都有他的客体。成为大彼者的一切、成为其石祖的幻想——这是她的爱情要求所承载的，同时是其焦虑和享乐的源头——都已经透过父亲的话而得以触及：他太过于关注米娜，她过度地扮演着能予其所想的那个客体、石祖。在此创伤中被归于大彼者的过度的享乐——当然不能排除主体在这个被归于大彼者的享乐痕迹中透过症状和幻想而抓住的部分——出现在了身体上。即便在这个个案中，大彼者可能，的确可能，过于在场了。

她无法在大彼者处（这次是社会的大彼者）找到出路的抱怨，也同样风平浪静了，她可以去创造一种职业活动，而不再是继续盯着大彼者

① Isolement 也有绝缘的意思，作者试图接续前文的“短路”的比喻，来说明力比多过度的电量所引发的创伤在此得到包裹、被绝缘、隔离开来。——译者注

留给她的可怜的地盘。米娜不再是指出在大彼者中的缺点，而是借由她所有的大量的社交，投入到帮助她的伴侣的发展的活动当中。因此她面对大彼者时，某些东西已然改变了，即便这种解决方案包含一些条件：在这里，是以她伴侣那方足够微弱的欲望为条件的。因而她已经发展出一项并非和她的核心利益无关的自由工作者的业务。她的石祖位置发生了一定程度的紧缩[①]，这可以在该治疗中、在这种创伤点的处置的事后，被观察到。

精神分析中的身体

这则简短的临床片段或许允许我们了解分析中身体的地位。与人们通常所认为的或者所谈论的相反，身体在治疗中是非常地在场的。但是，如同这个个案所展现的，身体尤其是透过主体的话语而在场的。正是从分析者谈论他的身体出发，后者才可能被触及和疗愈。甚至分析者具有的关于这具身体的认识会改变一次分析的长度，这是因为转移参与了进来，而且如米娜这样的主体并没有能在之前的分析中讲述，而是在与我的工作中才可以把它讲出来。这种讲述允许她父亲的话语的创伤价值浮出水面，也因此，直到那时候（她）还没有能接近的这个创伤要点才得到处理。

我们可以说，在治疗中，透过话语的工作，产生了一种与承载享乐并影响身体的话语相反的运动：正是该运动让米娜的身体受创了。一句话对身体产生影响，因为它是享乐的手段。能够确定享乐的这个点的位置就已经有助于缓解米娜的身体的这个创伤点了，而且这只是通过话语和用以支撑话语的转移来完成的。记住话语可以对身体具有这样的效力是重要的，尤其是在这个时代，各种神经科学，企图对（恰恰是话语导致的）短路的身体产生影响：透过直接对身体的实在、神经元的实在加

① 原文 déflation 是通货紧缩的意思，因为石祖牵涉到弗洛伊德意义上的力比多的经济学，故而这样使用。——译者注

以干预，而非借助口头语言；透过假设说通过直接作用于大脑的再教育，我们可以修改突触，即几年前被人们称为神经可塑性的事物；透过对于环绕身体的语言的和转移的投注的忽视，即使是在某个神经学的装置中。对于表现在对唯器质性原因的恢复中的这种唯物主义的复兴，精神分析学跟随拉康以唯词主义[①]予以反对。

① 拉康在语言所承载的“词”物主义中代表的能指因与质料因二者之间创造的语言游戏。

贪 食 症

安娜－玛丽·勒·梅西埃／著
林媛／译　陶杏华／校

我们来讲讲精神分析如何使一个主体那里的享乐治疗成为可能，这个主体的生活被口欲冲动所侵袭，其特点是在吞噬和拒绝之间的来回转移。幻想随着分析的中断和继续而产生，直到允许缺失发生。

28 岁的贝亚以一种极端的方式来呈现自己：贪食、易怒、有个大嗓门。她一感觉到孤独，就会将盘子里的所有东西吞吃掉。她不会吐，她的愤怒充当了拒绝。她和她的丈夫争吵并辱骂他。这毁了她，她不再有任何的渴望。

贪食症始于其第一任伴侣的死亡，已经 7 年了。

她大喊大叫，用很长时间抱怨她的父母，他们没有给她爱，只希望有个儿子。他们的第一个孩子是一个男孩，出生一天以后就死了。贝亚的母亲提起这个失去的儿子时，仍然哭泣。贝亚还指责她的父亲没有把她当成一个小女孩来看待。她在呈现了其家庭故事的最初因素后，就没有再来。

九个月后，她又给我电话。她丈夫要离婚。他再也不能忍受她的贪食、易怒、粗口、不满和拒绝生孩子。贝亚感到自己很臃肿、沮丧，并打算自杀。

分析使她能够确定她的自若（auto-érotique）享乐的一些原动力。在吞咽和对大彼者大喊大叫之间的可怕重复，总是再现着相同的围绕已丧失客体的挫败。嘴巴被填满，然后它冒出许多粗话，即 S1，主体试图通过它们来废除请求与欲望之间的差异。贝亚感到极度的孤独。母性的折磨占据了这些分析。有时，她离开的时候砰的一声关上门，并且大哭着抱怨我没有听见她，尽管是她没有给我的回应留有任何空间。

我询问她关于第一任伴侣的死亡。他不想要孩子，因为担心会把他遗传性的呼吸疾病传给后代。她中止避孕而没有告诉他。很遗憾，她流产了，因为他威胁着要离开她。一个晚上，他们吵得很厉害，夜里，他因为致命的突发哮喘而死亡。贪食症就在这个与突然丧失相连的绝对焦虑的时刻出现了。关于伴侣的死，她有罪恶感。我问他们吵架的理由。“他母亲很疼爱他，然而我的父母对他并不友好，他们并不认可他。”我小声对她说：“你选择了一个有死亡危险的伴侣，并且你失去了一个被母亲疼爱的孩子。”她立刻联想到那个她自己的母亲迄今都没能进行哀悼的孩子。因此，在这个患病伴侣的背后，有一个死去的孩子，她通过制造有缺陷的男孩而认同于他。贝亚再次自问她的易怒：这主要是针对她的母亲，也是在表达她与丧失客体之间的关系，当她触碰到与大彼者合而为一的不可能性时。“她总是处在行动中，我们无法了解她。我总感觉她是不可接近的。我不能打搅她，不能询问她。”

一个梦使她能够发现在她与母亲的折磨（关系）之核心当中的吞食幻想：“我的母亲杀死了一头巨大的公牛，她用刀子把它剖开。”她远离了关于伴侣之死亡的罪恶感，并且能够追问她在自身的命运中、与她的享乐位置相关的责任。

她尝试了不同的减肥方式。我没有在这个点上干预，以便不去支持有赖于符号性制作的想象性修复。相反，我更看重她的救护工作的价值，在工作中，她善于体贴每一个病人。四年后，她中止了分析。她还总是吃，但是她不再易怒并且不再吼叫。她坠入爱河，那个男人向她表露了许多关切，而不会吞噬掉她。

五年后，她又回来。她再婚了，有一个两岁半的儿子保罗。当保罗不在她身边，她会吞食蛋糕并且停不下来。分析聚焦于对父亲目光和母亲言语的呼唤："她跟我谈论那个没有死的孩子。哦！这是什么话！当然啦，正是这样，他没有死。我需要埋葬我不曾有的东西。"因此，她重新回到丧失和分离的问题上，这使她能让儿子在她的视线和大量话语之外生活。但是几个月之后她又中断了分析。

三年后她又回来了。保罗有五岁半了。她的第二个儿子汤姆，20个月大。自从她怀孕以来，她有100公斤重。她尽可能久地喂奶，而且现在汤姆还在"吃"她。她之所以再次回来，是因为保罗的以下评价："你像一个非洲的女人，总有一个孩子在身上。"

贝亚抱怨说她总做一些事情让她丈夫讨厌她。当她过分坚持时，她的丈夫总是非常耐心，尝试着与她保持距离。这种对自身的恨表现在想让别人吼她的倾向中。

整整三年，她都在询问她与缺失及性欲的关系。

石祖性认同消减了。从很多梦中我提取出一个重复的句子"不是这样的！"她回答："我有一个绝对的、没有限制的请求。而贪食症，我在冒死亡的危险！"短时分析将她从无限制的话语流中释放出来。她衡量着在其症状及在与大彼者关系中起作用的实在。

一个事件将她重新唤醒：保罗在上完令他十分快乐的大海课程回来两天后的晚上，其哮喘发作了。她立马在分析中讲到这个，对于儿子毫无理由地偏偏出现这样的症状而感到绝望。我强调了大海[①]课程这一能指。她回答说，她使保罗透不过气来，并且构建了在她的历史中关于丧失的不同版本间的联系：那个她想要取代的死亡孩子，那个她没有哀悼过的被流产掉的孩子，还有因为急性哮喘而死去的第一任伴侣。她意识到，在作为女儿的请求中、及在她作为母亲的位置中，她都是吞食性的。在这个事件之后，她理解到她不停地想在母亲的缺失中安放自己，并且，在她的职业实践中，她也总是想要填补大彼者的缺失。

① "大海"在法语中与"母亲"一词同音。——译者注

她决定在医生的支持下控制她的进食，并且开始运动。我鼓励她，因为这和以往的方法是不同的。除了治疗身体形象，这还涉及到对她所感受到的实在的回应。并且这也登记在认同性的修改中，在那里，石祖的缺失被制作。

她梦想着给予妈妈一个客体，而这个客体既不能填补她，也不能维持她。她的母亲倒塌了。她补充："难道我过得好我妈就得死吗？我吞下了这些无法言状的东西。"事实上，她吞下了言说之不可能性。

两年多后，她减掉了40公斤。运动替代了贪食。这对她来说是必要的。此外，她还通过其它方式感受身体，注意气息并且不再喊叫。

她肩“附着”什么?

肖洪秋 / 著

【内容提要】A女士表现出一种肩臂疼痛的癔症症状。她承担着来自于外婆、母亲以及自己作为一名母亲，必须承担的责任和来自社会规则即大彼者的欲望：母亲的职责是养儿育女，不能放任女性性欲。A女士通过肩臂，这种曾经与父亲乱伦形象的代表，同时也是女性生殖器隐喻的代表，来表达其主体冲突的幻想与欲望和主体的享乐。

【关键词】女性性欲　主体享乐　乱伦欲望

A女士，35岁，有一儿一女。肩臂疼痛伴肩关节僵直，上臂肌肉挛缩，在医院各种检查查不出原因，医生推荐她做心理咨询。

第一次约见，她眉头紧锁，语速很快，随时准备起身走人。

早期的工作。A女士谈到她在家是老大，从小父亲长时间工作在外，母亲对她要求很严。母亲在工厂上三班倒，工作很忙很累，很小的时候，她是由院里一位婆婆照看大的。上学后，每天放学做完作业，就得做各种家务活，做饭、洗衣、弟弟出生后还要照看弟弟。院子里其他的小朋友放学后就在院里玩，而她从小就肩负重任，挑着不该她承受的重担。工作之后，在单位也挑担子，作为一个中层领导，总有开不完的会，干不完的活。成家之后，本来一个女儿蛮好的，又因为丈夫是三代单传的独子，非要再生一个儿子，她形容自己：每天挑着重担过日子，像旋转的陀螺。她说：这肩臂能不疼吗？

之后谈到父亲。说小时候每年夏天，父亲会休假回家，陪她和弟弟玩。弟弟出生前，她最喜欢的事是和父亲一起，去她家旁边一所大学的游泳池游泳。讲到最初下水，不会游泳时，她就双手搂着父亲的脖子，双腿夹着父亲的腰。那是她回忆起童年来最开心的一件事。弟弟出生之后，父亲回来，更多时间是陪弟弟。谈到父亲退休后，两年前因病住院，母亲那阵子身体不好，弟弟在外地工作，没法回来，她只得请假在医院照顾父亲。她说每次当她用手臂扶着父亲坐起时，总是很吃力。不过她又说那段时间感觉很轻松，真不想回单位上班，而愿意一直在医院陪着父亲。一次，她讲了一个梦，梦中父亲来到她的床边，说要跟她一起睡觉。这个梦之后，她再来见我时，说她的左肩好转了很多，她感到很奇怪。而右肩臂病情不见好转。

同时也讲到她的女儿，说女儿现在 12 岁，身体开始发育成熟，整天就臭美着换衣服照镜子，没事儿就在镜子前拿口红涂了又抹，抹了又涂。老师反映说上课时她还暗地里与男生递纸条，写暧昧的信。女儿已经不再愿意听她的话，常常与她争吵，说她管的太多了。她对女儿目前的状况感到烦火，很担心女儿学坏了。

女儿青春期的叛逆，性的蠢蠢欲动，唤醒了她青春期的记忆。她讲到高中时，坚决要去住校，当时她母亲非常反对，“其实我妈就是希望我在家帮她”，她说。后来她打电话求助父亲，父亲说服了母亲，说住校可让她得到更多的锻炼。到了高中，离开家，她觉得像鸟儿一样自由了。开始与一些男生交往，一次朋友过生日聚会，她喝醉了，当时一个正在追求她的男生把她带去他校外的出租屋，与她发生了性关系。后来她又与另外一个她喜欢的男生上过床，她说那时就是好玩。高考后的那个暑假，她去一个朋友家，认识了朋友的表哥，一个刚离了婚的男人，他们俩很快好上了。之后经常想办法溜出去与那个男人约会。一次那个男人在床上对她说：“我就喜欢你淫荡的样子！”她说那一刻，“淫荡”两个字是那么的刺耳，她整个人突然蒙了，然后迅速穿好衣服，离开了那个男人，以后再也不想见他了。

后来她上了一所很普通的大学，但从此她开始认真读书，毕业时顺利地进了现在这个很多人羡慕的金融单位。之后经人介绍与丈夫结婚，丈夫在一家公司做技术工作，丈夫是那种居家好男人，对老婆孩子都很照顾、宽容。而她结婚后花在工作上的时间比较多，生了儿子之后，她格外的忙和累，与丈夫之间的夫妻性生活越来越少。两个孩子的学习、上各类兴趣班、培训班，丈夫一个人忙不过来，周末她也得忙。时不时地，还得回父母家去看看父母。父亲几年前退休，因长年野外工作，落下一身的毛病，母亲要照顾父亲，现在也没时间帮她。她形容说：生活过得跟打仗似的。因此她在家时不时地，会因一些芝麻小事跟孩子、丈夫发脾气，发过之后又后悔。

对母亲，她有太多的不满和抱怨，说母亲对她从来都是严加管教：在人面前不能张开双腿站立，不能穿露胸露胳膊露腿的衣裤，家里的东西必须摆放齐整。而其他同学和朋友的父母，没有谁是这么要求孩子的。她说：母亲这样要求我，应该跟外婆有关，跟那段耻辱有关。

她从来没有见过外婆，她曾经听舅妈跟别人讲过：外公去世早，外婆一个人带着两个孩子。外婆人很漂亮，村里有个结了婚的男人就不怀好意，总想打她的主意，经常去帮她。时间久了，外婆也开始对那个男人有了好感，两人好上了。那个男人的妻子心生怨恨，一次叫来村里的几个男人，把外婆双手捆绑，吊到村口的大树上，往外婆身上泼污水，当时大舅和母亲只十来岁，目睹了这一切。而她母亲从来没讲过关于外婆的事。

我想起安娜·O的个案中安娜发现自己的手不能移动的片断，想起弗洛伊德就癔症的心理机制所说：癔症与创伤性记忆以及被压抑的观念（指性的观念）相关。

我问自己：A女士用身体（肩臂的疼痛）而非词想表达什么呢？

她的双臂让她感到了"父亲的身体"、她内心渴望的身体或相互诱惑的身体？

当在梦中，她朝向父亲的乱伦的欲望有一个表达后，附着于肩臂的疼痛有了缓减。但是，对于A女士来说，仅仅如此吗?

最初她说肩臂的疼痛始于一次出差，在海边吹了夜风，着了凉。而在后来的分析中，她讲到那次出差，一位同行的男同事约她去海边散步，对她有亲昵的动作。

有一次分析她迟到了10分钟。她说是因为去修她的表而耽误了时间。她讲表带摔坏了，我听成“表摔坏了”。她当时解释说修表师傅说要预订，摔坏的是表带的头粒，即表带与表体关键的连接的地方。她想到了她的肩，身体与头部相连接的关键部位。并且她说在我对她重复“表”字时，她听到的声音是:“(buyao)不要。”①

“不要什么呢?”我问。

她说：不要做淫荡的女人，不要像外婆那样啊。

这期间，我做了一个梦，在梦中出现了下面的图示：

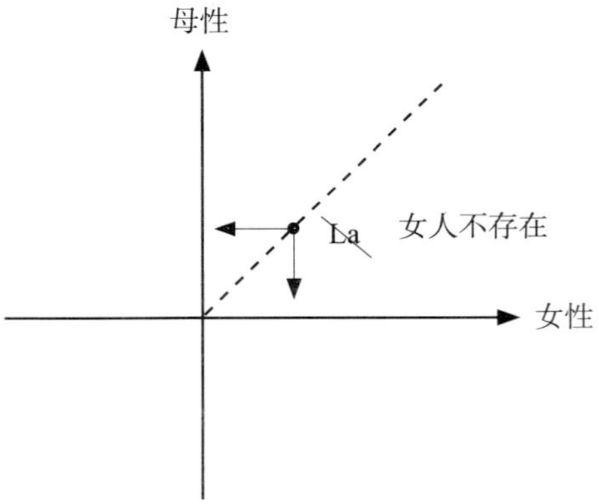

梦中我对自己说：女人所处的位置，被向下的重力和向左的拉力所分裂，因此“女人不存在”。醒过来，我脑中出现的是成都锦里一个标牌上写着的四川方言“不存在”。②

我记起Monique Tricot夫人曾讲过:“女人有着双重的命运，母亲和

① 表 biao → b—i(Y)—ao 不要 buyao → b—u i(Y)ao。

② 四川方言中，“不存在”也有“无所谓、都可以、都行”的解释。

女人的命运。经常，女人的这两个位置是被拉开的，而这样的裂口是不可避免的。”[①]

我是否在回应着这个所有女人都摆脱不了的命运：如何在母性与女性之间寻求一个相对的平衡。

在最后的一次分析中，她谈到想从衣柜上拿东西下来，然而因为右肩臂的疼痛，她举不起手，无法拿东西下来。当时她突然想起潘长江演的电影《举起手来》，影片很滑稽，举手意味着投降。

—“难道说我举不起双手，就是不想投降”？

—“向谁投降呢？”

—“向我自己吧！”

之后她发短信给我，说决定结束分析。

结论：

癔症病人用身体说出的是处在词的界域之外的东西。

那A女士为何选择了用肩臂来表达她想表达的？

在中国的文化里，一提到肩臂，我们更多的会想到担负、承担。

在《说文解字》中，肩字作动词时，是承担、担当之义，作名词时，是象形字，从户从肉，本义为肩膀，另外还有动物的腿根部之义。

A女士肩上从小担负着繁重的家务，长大后又担负着沉重的工作压力；她也承担着因外婆而起的那段在母亲那里被压抑了的无法言说的屈辱的历史。

同时她也承担着来自于外婆、母亲，以及自己作为一名母亲必须承担的责任和来自社会规则即大彼者的欲望：母亲的职责是养儿育女，不能放任女性性欲。

而女儿性的成熟唤醒了她自身女性性欲，此时她是任由女儿像自己

① 引自“特柯夫人的讲座”，《精神分析笔记》，2008年，第42页。

当初一样呢，还是像自己的母亲曾经极力压制自己一样去对待女儿呢？

出差时男同事的诱惑，也唤醒了她青春期出家在外那段女性享乐的记忆。她是任由自身享受女性的享乐，还是继续压抑它？这个享乐在外婆那里以羞辱的形式被禁止，在母亲那里以严厉的方式被抑制，而在她自己这里，则是不被社会道德所允许的、由一个男人所说出的"淫荡"这个词所标记的主体的享乐。

父亲住院期间，她手臂托扶着父亲，这个动作同时也唤起了她小时候曾经在游泳时"双手搂着父亲的脖子，双腿夹着父亲的腰"这个乱伦场景的再现。

因此，A 女士通过肩臂——曾经与父亲乱伦形象的代表，同时也是女性生殖器隐喻的代表——来表达她的主体冲突的幻想与欲望（要还是不要抱着父亲的脖子？要还是不要淫荡？向自身女性性欲投降还是不投降？）

A 女士是否也通过她肩臂的疼痛，即一个关于欲望的问题，来向他者提出一个请求，渴望着一个回应，以便开启她主体独特的欲望呢？

精神分析中身体的在场

让-皮埃尔·克罗兹 / 著
刘瑾 / 译

去年的成都中法大会，讨论的是话语与精神分析的关系。我在那时强调了话语中所包含的沉默，它趋向于被忘记，尽管它出现在（就我们所想象的声音而言的）空隙处。它致使我们思考话语以及其未说出的陈述。意思是由被说出的东西得到理解的。沉默占据着字词之间的位置。在要去理解的意思之外，如何检索它（沉默）的在场呢？它证明了一个没被说出的，但在字词之间坚持着、闪动着的享乐。

无陈述（说的那个），则无所述（被说的东西）。以结构语言学为支撑，拉康说弗洛伊德之无意识是如同语言一样被构成的。它（无意识）在一个被投射到身体"之外"的维度中，在大彼者的地点中被展开、被探索。让我们进一步走近这个"身体之外"。

拉康曾经通过呈现一个身体的场景而走进精神分析。镜像阶段显示了虚像，孩子就在这个虚像中将自己感受为身体之外的一个在镜中可见的身体。从一个在他自身之外的形象开始，他感知到自己。从一个彼者、他的想象的副本出发，他将自己感受为身体。这个想象的彼者预示着能指的大彼者——符号的链接将在这里被构成。这个"之外的"大彼者，将无法还原为一个形象。拉康谈到符号大彼者的"地点"，语言的结构将在那里产生和确定。

通过弗洛伊德的自恋概念来重提这个双重化的身体是有益的。力比多的维度加入到想象的副本中，它由缺乏形象的石祖能指所符号化。作为性的能量被弗洛伊德所引入的力比多，被拉康首先当作是想象的享乐的支撑。它依赖于作为缺失的、被升级为能指的石祖。

无身体，则无话语。我已让大家听到了！在分析经验中，必须将其身体带到精神分析家的旁边。为了精神分析经验的发生，身体的在场是必要但不充分的条件。

长期以来，我们指责拉康为了语言而忽略掉了身体。意义的作用被认为是能够解除束缚住身体的那些症状。癔症症状，对于弗洛伊德来说其特征是“躯体顺应”，它强调了统治着身体并因其作用而修改身体的语言。症状的康复和消除被寄希望于话语对于身体的作用：通过对能指的相关意义进行解释，想象的身体的症状，可能因针对身体的一种能指运作而消失。与想象相连的不恰当的享乐，应该被解除或至少被减弱。享乐的性的支撑，在强加于想象之上的石祖能指至上性的影响之下得到处理。石祖，从身体中被抽取出来，表现为身体的缺失，其记号就是阉割。

拉康首创的符号－想象－实在的三元制作，在初期曾将分析的经验设定为以从想象过渡到符号为目的，“返回弗洛伊德”就是依据此种理解来重读弗洛伊德。实在仍未得到制作，这第三个维度被开放给某些惊人的表达，比如“实在总是回到相同之地”或者“实在，就是不可能”，实在被标记了某种返回的惯性。障碍仍然存在，这导致人们将其考虑为实在。拉康说无意识主体是“被切分的”。该切分是四则运算，它在结果之外包含着一个剩余。在精神分析中，这个剩余推动着制作，尽管它仍然是沉默的。

客体（a）是拉康的自有的发明，实在正是与它相伴而进入临床。它（客体 a）既取自于身体，又在身体之外。一开始它与石祖能指配套，而后与之远离。身体的地位将因此而改变。享乐转变为实在，而身体的实在的在场区别于身体的形象。身体不再仅仅作为一个外在于其自身的整体而被涉及。一些享乐的客体出现了，它们被放置在（不再是大彼者的）

身体的一旁。身体不再仅仅是一个外在的整体性，还存在着享乐的身体。

这样，躯体顺应在弗洛伊德的早期临床中，构成癔症之特征，也使得身体近乎成为症状表现的地点。意义的解释，使这些症状消除了。身体在那里是要被抹去的。与想象相关的享乐的要求被废除了。身体似乎是享乐的一个地点。然而，当拉康思考享乐之实在时，他最终将癔症的特征描述为“身体的拒绝”，与“顺应”的第一个论点相反。我们从被说的身体——在那里，意义的出现可能减轻症状——朝向了说话的身体，其中心是一个沉默的享乐，它被解释包围着、限定着、勾勒着并发掘着。

让我们来考虑，比如癔症患者的享乐位置。弗洛伊德描绘了癔症的主体面对性器官时的恶心反应。身体的拒绝维度在那里显现出来，尤其是当这种恶心（或者拒绝）不断抵抗并持续下去时，这证明了一种不可缩减的且不顺应的享乐。（这是）一种无法平复的实在的享乐，它被视为是不屈服的症状残余。它证明了一种不可消除的在场。由于这样一种身体的在场，相较于伴随意义闪现的过程来说，该践行的重要性没那么容易显现出来。其结果是身体的呈现，这种呈现如此隐秘而陌生，无法形容（我们称为“外秘的”，extime）。主体在这个地点中迷失和展现自己，但也在这里找到自己。

精神分析从话语的实践出发，然而其目标和终点却触及到身体的某物。不是我们所看到、所注视的、所爱慕或憎恨的想象的身体，不是镜中的身体——它使人们（也使拉康）有可能进入经验的关系当中。更多地是享乐的身体，它不被称为一个整体，它要求人们对一个沉默而实在的享乐的在场表态。

因而，这一发展过程从意在解除症状的治疗，演化为症状作为对不可消减的享乐的治疗——对于每个人来说，以其独特的方式来适应这种享乐成为可能。普适性在那里毫无价值。

最起码应该让身体在场。话语包含无法抹去的沉默的在场。在一段精神分析中，我们说话，但其目的是伦理性的，而在意义之外用行动来表态，这在讲话的身体不在场的情况下是行不通的。

千疮百孔……

伊丽莎白·古赫尼奇 / 著
孟翔鹭 / 译　徐雅珺 / 校

拉康在《焦虑》讨论班中说道："空间里的身体，至少表现为不可穿透的。"身体的坚实性依赖于因阉割而产生的石祖意义。该过程的失败会使镜中的身体形象和自我的结构变得脆弱。在阿斯特丽德这位自称"千疮百孔"的女病人那儿，身体不再是"不可穿透的"。对于大彼者的能指，以及与他人身体的接触中侵袭她的享乐而言，她是千疮百孔的。

因此，阿斯特丽德迫不得已要十分认真地保持假装——不仅是着装上的假装还有语言层面和社交层面的假装。她的身体的坚实性经常受到威胁，如同她的话语和活动也有丧失意义（sens）的危险。

在持续不断的会谈中，分析家的在场构成了她身体的支点。会谈中的一些干预和断句缝钉（capitonner）了她的言说（dire）。

34 岁那年，阿斯特丽德在几个月没有薪水的假期结束后来见我。她请假是为了不辞职，她认为工作中"人们要求她做的事情没有意义"。起初，她跟分析家讲话是为了找到生活中真正让她感兴趣的东西并且能以此为职业，"她想找到她的目标"。三年后，她表明想要"用一个词来形容让她难以忍受的东西"。

她小而瘦，但着装精致，这凸显了她的美。在最初的几次会谈中，她的谈话稍显造作，逐渐地，她找到相互间的（entre-soi）信任，变得轻松。首先她纠缠在模糊并抽象的思考中，但很快就对分析家的干预表现出宽慰，这些干预为她的话语打上标点并固定了它们的意义。会谈变成关于她生活的讨论，以便标定她在生活中所占据的位置。她展现出了温和的讽刺和风趣，这优雅地掩饰了她对大彼者那里威胁她的东西的抵抗姿态。

事实上，尽管她因为合群且活泼而受到同事和朋友的喜爱，但当圈子不再团结的时候，她重新被实在（le réel）所抓住：她被愤怒捕获，“从她（自己）的喉咙中发出的母亲的嗓音”在这种愤怒中显露出来。这种低沉沙哑的嗓音，是她一直以来都无法摆脱的“外来者”。

她的生母和祖母都曾经抛弃了她们的孩子。她母亲在孤儿院长大，并且在阿斯特丽德父亲那儿“找到栖身之所”之前，也就已经抛弃了第一段婚姻中所生的孩子。她谈到生父的时候说：“他知道如何处理我母亲的发作”，但是，当母亲古怪地晃动身体而把她撇在一边的时候，他从来都不是她的依靠。她这样描述母亲的发作：一次交谈中，母亲突然发出这种奇怪的嗓音并且“从她的目光中消失”。她离开家几天时间，留下“石化的”（pétrifiée）女儿，她无法知道是哪些词语引起了母亲的发作。

通过母亲，阿斯特丽德得知，她的身体和性格都很像外祖母。有一天，她用一个新造的词——“我是弃者（abandonnante）”来说明这种一致性，并且得出结论，她不应该要孩子。因而，她不可能实现这样的期望：“跟一个相信她可以成为母亲的男人共筑爱巢”——如她自己的母亲那样。从那时起，她与男人的关系别无其它，仅仅只具有在短暂爱情关系中毫无结果的诱惑的意味。此外，在两段爱情中，她都被抛弃了。第二次被抛弃以她企图自杀告终，她这么做是“为了终止心动”——我们可以从器官的意义上理解这些字眼。

二人世界的生活尝试并没有持续下去。彼者的在场和期待很快就使她无法忍受：“她感到被侵占”。我的假设是她的身体和彼者的身体之间的界限很模糊。因此，她以一种奇怪的方式讲述她所遭受的一次攻击。在所受暴力的性的特征仍含混不清的时候，她就将之称为“强暴”：她在自己家被一个男人威胁，他抢了她的银行卡并获得其确切的密码，并且当他用手触碰她的身体时，她毫无抵抗地任凭摆布。对这个场景的叙述中存在着不一致的地方，能指从用手触碰（attouchement）滑到强暴（viol），后一个词并不包含某种悲剧性——“我十分确定，毫不惊慌”——但似乎却揭示出她对于身体内外界限的不确定。这件事并没有影响她的性生活，也没有造成创伤。在姊妹家休养了 15 天之后，她换了住处。

另一方面，阿斯特丽德表现出她难以确定和命名自己身体的不同部位。儿童时期，有两次，她默默地承受了几天骨折的剧痛，直到母亲看到她行动困难而介入进来。她“找不到词来描述疼痛的强度和来源”，她不会喊痛。

分析“工作”四年之后，有一天，阿斯特丽德提出了一个似乎是她想弄清楚的谜团的答案，也就是说“用一个词来形容那些难以忍受的东西”：“我是千疮百孔的。那么，为了不感到被侵袭，我求助于业余爱好（dilettantisme）。”

在这句陈述中，她用“侵袭”来确切地形容难以忍受的东西，也辨认出其原因：“我是千疮百孔的”，而且表述了解决该难以忍受的东西的办法：“业余爱好”。

尽管我为这句陈述打上句号，但它还没有明显的结果，也不能为分析作结。以下是我为她继续分析的必要性所做的解释说明：

作为解决方法的业余爱好（dilettantisme），与她的女性花花公子的风格产生很好的共鸣，并且很可能代替了父姓（Nom du Père）。但是，它并没有涉及到主人能指——阉割代理人。这是一种想象性的替代，这种替代并不能通过享乐最终的丧失、通过阉割而赋予她的身体一个实体。所涉及的是一种想象性认同 i（……）——没有“填充括号的客体”，缺少（作为）欲望原因的客体 a。业余爱好并未如父姓所做的那样使她获得坚实的自我 i（a）。

如此这般，她仍然处在相互的想象关系 a-a’ 中，受制于她所遇到的彼者的享乐。因此，对她而言，无论在什么情况下，她都必须要依靠一位她称为“她的二项式（或者翻译为：二人搭档）”的特殊的彼者：一位承认她的工作或者／并且承认她的话语意义的彼者，给享乐镶边（border）的彼者。

而她继续着这些为她的日常生活加上标点的分析会谈。分析家的在场构成她身体的支撑点，并且，其对她的言说的理解构成了对于意义流失的制动点（point de butée）。她继续着这项被她称为“关于自我的工作”，并一直寻找能够吸引（polariser）她的享乐的客体，正如她在分析开始的时候宣称的那样。

“没动”之狗
——身体的抗争与精神分析的抗争

王莉[①]/著

【内容提要】作者接待的是一个由有暴力行为的儿子、瘦弱的母亲、脾气暴戾的父亲组成的家庭，母亲与父亲均通过身体的运动缓解了来自原生家庭的创伤，但是却把心理症状传递给了儿子，母亲精神上的“没动”与父亲的施虐冲动造成孩子不可控制的身体攻击性。作者通过这个青少年对于“没动”之狗的命名，打开了一个分析的关键通路，和父母孩子一起工作，缓解了这个青少年的施虐冲动，帮助其进一步去完成他的俄狄浦斯阶段。

【关键词】身体抗争　家庭创伤　没动

几年前的一个夜晚让我难以忘怀，因为在电话里一位求助的母亲告诉我她的儿子处在暴力泛滥的状态，而那个时刻屋子外面风雨交加，我正起身去关窗户。

这位母亲在电话里声音很平和，她用“我家的小朋友”来称呼她 14 岁的儿子。当我提出首次接待需要父母和孩子一起来我的分析室时，这

① 精神分析家，从 2003 年开始精神分析的临床工作，接受霍大同先生，Philippe Porret 先生，Pascale Hassoun 夫人，Tricot Monique 夫人的个案控制。在个人分析室开展精神分析工作，和幼教机构及小学合作，开展机构工作，同时举办小学班主任的儿童精神分析讨论班。

位母亲非常迟疑，她说自己的先生工作太忙了，很可能没有时间参加，在我的坚持下，她说她先问问看。

有些出乎我的意料，第二天一大早我就接到她的电话，说她的丈夫同意抽时间一起来，并且最好是当天晚上就来见我。

当晚这个三口之家出现在我的分析室门口时，我见到了高大威猛的父亲，瘦弱斯文的母亲，同样瘦弱的儿子。这和我预想的形象很一致。

一家三口坐了下来，我们开始谈话。很快我就发现这个男孩脸非常粗糙，手和脸的皮肤都显得很干燥，有一些皮屑，眼睛也很干燥，而且他不停地吸着鼻涕，好像鼻子只能半通气，当没有吸鼻涕的时候，他就用纸团去塞一下鼻孔，然后把纸团扯下来，在手里撕扯，把手心里的另一些纸加进去，弄成一个新的小纸团，又去塞，擦鼻涕。他一直做这个事情。当我问他问题的时候，他在母亲的要求下会迅速看我一眼，然后把头低下。他对问题的回答是简短的“不知道”。偶尔也听到他的喉咙里发出“嗯”的声音。这不是回应，更像生理性的。

母亲的表情和话语都很平静。如果不是她在电话里告诉我孩子在某次排队的时候，感觉到后排有男同学鄙视他、说他坏话，就冲到后面对其一阵痛殴致其进医院检查，我不会觉得情况有多么严重，因为她只是说“我们家的小朋友”有点不合群，有时候有点走极端，担心同学对他不友好。而父亲介绍的方式更为简单：“希望他学习好、性格好，别的没什么，我们还是很爱他的。”

在这种情况下，我引出风雨夜电话的内容，希望在他们的遮蔽里打开一些空间，因为这三个人和我一起待在我的分析室里的谈话，让我感觉到有些呼吸不畅。这个推动是有用的，这个平静到闭塞的谈话这才真正开始：“我们家的小朋友”从小到大没有一个朋友，在学校经常因为打人被请家长，他的爸爸经常为此打他、吼他。最近的一次他把男同学打到地上，用铅笔去戳那个同学的眼睛，结果戳到了额头上。学校希望他退学。他只对航模感兴趣。这一次谈话的最后，这个男孩同意接受精神分析的帮助，以便能够交到朋友，得到一些快乐，喜欢一点学校，喜欢各种有趣的事物，并且停止打人。

在接下来一对一的接待里，尽管我不是毫无预感，但依然有不少让我很吃惊的地方：首先是孩子的身体，他是瘦瘦高高的男孩，但是他始终目光低垂，除了鼻涕带来的一点动作，他整个身体都是不动甚至僵硬的，在他走路的时候也可以感觉到一种不协调，进门时，门框会让他做出一个夸张的跨步动作来跨过它，似乎它是一个很大很高的障碍物。

因为对身体的注意，也因为对话语凝滞所带来的整个封闭状态的感觉，我在一次分析里引入了动物形象，我打开装有很多树脂材质的动物玩偶的布口袋，邀请他选择几个愿意留在桌面上的动物。看到这些动物，他第一次露出了微笑，并且缓慢迟疑地选择了小猫、小狗、松鼠、兔子、刺猬留在桌子上。这时我邀请他为他选择的每一个动物取一个名字，并且把名字写在一张纸上，他说他不会取名字，我笑着说王阿姨相信你会，因为是你选了它们，你喜欢它们，喜欢它们留在桌子上。我告诉他我在窗边等着他，他可以耐心地慢慢地给它们取名字。

十几分钟以后他说写好了，我坐下请他向我介绍它们的名字，他的脸变得有些生动，且有些害羞地微笑着说：兔子叫灰灰，因为它是灰色的，刺猬叫刺刺，猫叫猫猫，松鼠叫松果，而狗名叫“没动”。

自然地，我请他告诉我更多关于“没动”的事情。他用嘟嘟哝哝的声音告诉我，他家里养了一只金毛狗，名叫糖糖。那么为什么这只狗叫“没动”呢？他说因为他想起妈妈最喜欢喝的饮料是“脉动”，所以就把这只狗命名为“没动”。

我明白过来：在四川的方言里，“脉动”（mai dong）的声音很像“没动”（mei dong）。

尽管在之前的分析里展开了一些对妈妈和爸爸的了解，但是因为他们两个表现出的警觉和自我保护，向我划出了一道无形的屏障：你，精神分析家，好好接待“我们家的小朋友”，但是我们自己，是不需要你来靠近的。

妈妈最喜欢喝的饮料，脉动，表达的是积极的动，朝向的是生命力；而与之相反的是静止，是低垂的目光，粗糙的脸，僵硬的身体，是“不动”。

得益于女分析家的一些天然优势，和人类对于深埋的痛苦并不放弃的抗争，我们能够一点点开始和整个家庭“在一起”。

母亲是南方人，父亲是北方人。母亲在幼年就失去了妈妈，父亲的脾气暴戾。这个痛苦的女孩（母亲）的成长之路非常艰辛，她在大学期间得了抑郁症，她自己说，“我是靠吃药吃好的”。

父亲有个姐姐，姐姐成绩优秀而听话，他作为不听话的顽皮男孩从小被父亲打骂，这让他在青春期变得非常暴力，成为打群架的头领，这让父亲加倍地惩罚和羞辱他。然后他遭遇到爱情的巨大失败，他说，“我也得了抑郁症的，有一年大学休学在家，后来是一个偶然的机会，和一位年轻的老师闲聊人生，突然得到了开解，慢慢地好了”。

我们注意到，这位妈妈只有一个爱好，打网球。可以说她尽量让自己每天都能去球场打网球，她的朋友也全部是一起打网球的朋友，她的快乐也是来自打网球的快乐。而父亲，曾经是专业的运动员，现在也在做运动领域里的工作。

我们来理解，母亲认为是药物治疗好了她的抑郁症，其实更重要的是她自己找到了一条治疗之路：身体运动。她如此依赖这个运动，几乎每次送孩子来分析，都穿着网球运动服、运动鞋，湿着头发。父亲在中学就开始专业的运动训练，直到现在，除了在运动领域的工作之外，自己也保持着高强度的运动，一般从事运动工作的人会在工作以后寻求身体的休息，而他的乐趣，仍然还是运动。

这夫妇俩人，因为对运动的酷爱走到一起，而且他们各自的心理症状在夫妻关系里并没有造成多大的困扰，用丈夫的话来说“幸好我们两个人的感情很好”。确实可以说，身体的动让他们部分地平息了创伤，或者说，压抑了创伤。

然而，这是否是一个真正的解决呢？

孩子几乎是一个无声的瑟瑟发抖的孩子，从小他就不记得班上任何同学的名字，在班上他不注意任何人，不关注任何事。他显得没有任何情感的需求，但是从小学高年级开始，只要他“感觉”到有人说他的坏话，想“害”他，就马上出手拳打脚踢，他的父母为此每天惴惴不安，因为总是接到学校的电话让他们“领人”，而领回家的孩子，遭遇到的又是父亲的拳打脚踢。我让孩子告诉我最严重的时候父亲是怎么打他的，“全部压在地上打”，而这样的方式是从他很小时就开始了的。

那么母亲呢？母亲是竭力保护孩子的，但是保护太微弱，我们别忘记她自己的状态，她的虚弱感。她已经非常尽力，竭尽全力。正是因为她的爱和保护，孩子具有正常的语言能力，学习能力，不至于成为孤独症或者儿童精神病患者；但他完全没有安全感，一方面是漠然的发抖的受虐者，另一方面是残暴的施虐者。而他作为一个人，作为一个青少年的丰富性，完全被剥夺了。

在这样的情形下，和父母以及孩子一起工作是非常有必要的。在我分别给予这对夫妇各自所经历的痛苦一个得到很好接待的位置之后，我提出，“父亲必须停止对孩子的吼叫和打骂”，“母亲给孩子更到位的保护”，“父亲（在开始分析接待的一段时间里）每次参加前面一刻钟的工作，当面讨论这一周他是否控制住了自己的脾气，是否打骂孩子”，很幸运的是，这些坚定的要求被家庭完全接受了。

孩子的情况逐渐变好：在学校的暴力慢慢减少了，到现在已经几乎停止；他已经有了一个有意向去交流的朋友；他悉心照顾妈妈和爸爸送给他的多肉植物；“爸爸有时在没控制住的时候会吼一两句”，他的话语里偶尔会有形容词出现，而且脸上和手上的皮肤变得光滑，不再粗糙，不再流鼻涕和吸鼻涕，脸上的表情变得丰富，也有了更多的与人的目光交流。在身体的层面，他总是紧贴着妈妈，不是拉着妈妈的手，而是用双臂紧紧抱着妈妈的整只胳膊，脸上露出满足的笑容，嘴里嘟哝着“妈妈，妈妈”，不管是在走路的时候还是坐下的时候。

妈妈的表情也更加丰富，经常出现笑容，拘谨减少了很多。每当孩子有了进步或者有让她担忧的事情，她都会发短信告诉我。而父亲，在一次分析结束后我送孩子走出分析室时，在等待区看到他，他正在吃东西，他把袋子里的东西递给了我一块，告诉我“这个真的很好吃”。

这个孩子还有很长的路要走，目前他只是成功地离开了受虐和施虐，成为高度依恋着母亲的爱的孩子，他还要逐步发展出离开母亲的能力，顺利地抵达和完成他的俄狄浦斯阶段，进入他的真实年龄。

“没动”之狗的隐喻为我们提供了分析工作的地点，在这个地点，我们一起关心这个沉默而痛苦的“没动”，照顾它，理解它，陪伴它一起寻找生机，寻找作为一个活生生的男孩的欲望。

同时，“没动”之狗也向我们指示出这样的抗争：母亲和父亲都用身体运动和抑郁抗争，和他们承受的来自父辈的那些痛苦，甚至是创伤（母亲说起过她小时候“曾感受到爸爸令人难以承受的精神恶毒”）抗争，可以说他们得到了很大的成功，至少他们能够拥有一般意义上正常的生活和工作。但是当他们有了自己的孩子，这位母亲在母亲的位置上是虚弱的，她不足以给孩子很多爱的滋养，尽管她默默地为孩子细心打理着生活，却几乎没有在话语层面向孩子表达爱，她的虚弱感也不足以保护孩子避免受虐。而父亲则在父亲的位置上把孩子作为施虐对象，很多时候他自己还仍然像个暴躁的男孩。其后果是让他们“尽力想为之提供最好的生活学习环境的孩子”成为了可怜的“没动”之狗。母亲最喜欢运动，喜欢喝“脉动”，却深藏着精神上的“没动”的虚弱。我们看到，这样的精神上的“没动”造成孩子身体上的“没动”，造成他情感的荒漠化，同时伴随着不可控制的身体攻击性。

在一次分析结束时，孩子不是像往常一样离开分析室，而是走着把整个等待区观察了一遍，然后走到露台上去看了那些植物，用手摸了一些叶子，他看着露台外面说：“怎么今天这么晚了天还没有黑？以前的话早都天黑了。”他的妈妈在旁边说：“因为现在是春天了呀。”

那么，在这个个案里，精神分析的位置在哪里呢？

这个孩子的名字里，有一个字的意思是听，而在另一个字的声音能指中，有一个能指是“巨大的障碍”。

奇妙的无意识让这对夫妻在给自己孩子的命名里，指出了他们自己的困难，也指出了解决之道。

儿童精神病和孤独症中的身体

吉·波布诺姆 / 著
周红丽 / 译　陶杏华 / 校

艾莉颂

影片中和艾莉颂有关的镜头涉及到她和她的身体的关系，尤其是她和我们常说的她的身体形象，也就是和自己身体表象之间的关系。

拉康很早就在他的教学工作中关注到这个问题。在他的《文集》中，有一篇文章，名为“作为我的功能构建者的镜像阶段”。[①] 文章的主要观点：与镜中身体形象（产生）关系的经验，对主体的形成和发展具有促进作用。这是来自于对 6 到 18 个月左右月龄婴儿的观察，他被镜子中自己的形象所吸引，欣喜万分。这时候发生了什么？首先，他看见了他面前的一个有结构的、完整的形象，而他自己，由于神经系统尚未发育成熟而仅仅有一种碎片感而没有能够支撑他站立起来的身体（形象）。他开始将这个镜中的统一形象当作他很想与之相似的理想（形象）。

需要注意的是，婴儿将镜中的形象立即辨识为自己形象的过程根本就不是自然产生的。最开始，这是一个完全陌生的形象，必须要某个运

① 雅克·拉康：“作为我的功能构建者的镜像阶段”（1949 年），载《文集》，巴黎，色伊出版社，1966 年，第 93–100 页。

作才能使婴儿在形象和身体之间建立联系，这个运作产生于以下事实：从婴儿做动作、“镜中的他者”复制动作这一现象开始，婴儿很快观察到，这个形象与他自己的身体有关。正是在此刻，他才在事实上接受这个理想的形象是他自己的形象。

这一想象界的认同，拉康称之为理想自我。这个理想自我存在于镜子的整合形象中，而且婴儿将把它制作成自我。事实上，身体的形象是一个陷阱，它提先弥补了身体上的早熟。我引用拉康在《文集》第 17 页所述：“主体，被认同的陷阱所捕获，制造出一些幻想，后者用一种我们称之为完整性矫形的方式替换了身体的破碎形象。”虽然说身体形象是一个陷阱，然而，对孩子的欲望而言，它却是一台发动机：通向这一理想的欲望、成为它的欲望，以及长大、发展、了解世界、向学习和知识迈进的欲望。

这一陷阱还有另一个重要的功能，它在艾莉颂的个案里尤其吸引着我们。理想化的身体形象掩盖了我们是由一堆器官、组织、细胞组成的事实，而且掩盖了身体并非是完整的这一事实。身体由碎片组成，镜子的经历允许人类把身体当作整体而活着。当我们身体处于健康状况时，我们并不关心身体器官。

如果镜像阶段的认同没有发生，身体的碎片状态就会被揭示出来，如同艾莉颂的个案一样。根据斯蒂芬博士的用词，艾莉颂将她的身体视为碎屑。我们观察到这一点是在她面对皮肤下面的骨头凸起来而手足无措时，或是在她注视着手臂，突然抓住手臂就像是要阻止它脱落的时候，或者是，像我的同事玛丽·布雷蒙在电影里报告的，在她的体操老师触碰她，她看见手臂掉下去的时候。很确定的是，她很晚才会走路，2 岁才开始走路，这恰好说明她难以应对神经系统的早熟。而且这也很好地说明了人类为了能稳固站立，镜像阶段是一个必不可少的运作，这不仅仅是神经系统的事。艾莉颂感觉身体被分成块、被弄脱臼、被分裂。这里涉及到的是不同于有机体的实在，它可能唤起焦虑、困惑的现象。

然而，艾莉颂如何对待身体的破碎感觉？我已经在电影里揭示了三种方式。第一，围绕拼图游戏展开的工作。艾莉颂从很小就开始玩拼图游戏，也就是说她努力地从碎片开始，构建一个完整的身体形象。这就像是对碎片的修补。

第二种方式具有偶然性。她坚持要有相机在场，相机的镜头支撑了艾莉颂的身体，当她在相机前面移动身体时，我们很好地观察到这一点。她询问我们是否看见她。然后，她开始围着玛丽娅娜·奥多诺奔跑。这个过程所伴随的狂喜完全可以和镜子前孩子的那份欣喜若狂相媲美，而相机占据了大彼者的位置，正是这个大彼者在镜子前抱着孩子，并且给他命名，给他一个通向符号性认同的入口。

最后，艾莉颂面对她的碎片化的第三种方式是刮泥的活动。她对于肌肤之下身体里存在的东西感到不知所措，她十分专注地探索这个表皮（准确来说不是她的皮肤）之下的东西，这个发现的工作让她平静下来。这是很重要的。这个工作在身体之外定位了从内部突冒出来的东西。客体可以从如土里、或是从一小块砖里那样抽离出来，这个事实允许说，该现象不是在身体里产生的，这就将外在的现象与身体分离开来。

这些不同治疗的作用使身体得到一定的安抚，而这种安抚随着情况的变化总是很脆弱。在影片中，玛利亚提到艾莉颂最近只会奔跑。正因如此，我用艾莉颂的这幅图作为结束画面：她在奔跑，再也不怕踩在草坪上，不怕走在本来可以避开的地上。我们可以说，她能更好地控制自己，她会简单的修补，从而创造一个稍微稳定一点的自我，稍微离开碎片的状态。

伊万讷

通过艾莉颂的个案，我们已经看到身体在想象界登录的状态。通过伊万讷的案例，我们将进入身体与符号界、与语言的关系。我们将听到我的同事，阿莫里·库拉赫，在影片节选的后面部分，对这个问题给出的有意思的阐述。

语言对身体起到什么样的作用？主要观点是，它起到丧失、否定的作用。怎样简单地解释这点？拉康有一句著名的话：“词是对物的谋杀。”这意味着，一旦某个人说话，一旦进入语言，他就成为话语的主体，他就失掉了他存在的一部分；因为说是为了被说，主体只能通过一种表象（属于语言、词语）而被理解。拉康将此描述为被划杠的S，也就是说，主体的一部分和他自己分离。拉康把因为话语而失掉的这一存在称为客体小a，失掉的客体。

客体小a和身体有关，特别是和身体的一些洞有关，因为这些洞是身体和外部世界互通的地点。弗洛伊德提出口腔客体和肛门客体，拉康增加了声音客体和目光客体。这些客体的特征是它们可以和身体分离开，因此它们可以用来代表一种缺失。这些客体强烈地被爱欲化，被力比多所投注，正是因为这个原因，它们被弗洛伊德称为冲动的客体，这意味着，这是一些被满足、被享乐所投注的客体。享乐是什么？我们经常反复提到拉康的一段话：“享乐，是从挠痒通向炙烤。”[①] 挠痒，制造笑声，是属于快乐这边。但是在某个时刻，它穿过屏障，接近了痛苦、折磨。如同影片中的韦赫妮克·科奈，我们可以说，这是超越快乐，是属于过多的一面。

因此，语言在身体上运作的结果是，享乐通过客体小a而脱离身体，其方式是它（享乐）不越过某个坎、某个屏障，并且仍然是有限度的。语言对身体的这一否定化（négativation）运作，拉康称为阉割。享乐是失掉了的，留给我们的只是一些有限度的小快乐，这就是拉康所说的剩余享乐。

我们在伊万讷那里观察到了什么？阉割没有发生，身体被一些没找到界限、边界而溢出来的享乐现象所侵占，享乐没有和身体分开。他跳舞的场景，冲向地面的场景，巧克力和牛奶溢出的场景，所有这些场景都体现了这一点。然后，突然，在他第一个转圈的场景中，他排便了。

---

① 见雅克·拉康：《第十七个讨论班：精神分析的反转》（1969–1970），巴黎，色伊出版社，1991年，第83页。

在旋转中，在侵占他身体的这种过于满载中，某个分离之物、实在中的丧失之物被强加给他。这是一种面对侵占身体的过度享乐的方式。这近似自残。当这些孩子咬自己，或敲自己的头时，是要从身体里拔除某个东西，以便在身体之外定位享乐。另外，这（排便）起了作用，因为旋转在此刻停下来。

他是怎样在干预人员的帮助下面对这些的呢？韦赫妮克·玛丽娅吉在去年向大家呈现的《开放的天空》帮助我们对此有个理解。面对享乐的方式有三种：切割、计数和书写。

首先，是切割，我们在好几个地方发现它。最初是在干预人员提议他写故事时。这意味着在书写时有一个格律划分，一个切割，否则就是直直的一行；若没有停顿的原则，句子就滑走了。我们在伊万讷玩鼓的时候，也发现了切割，韦赫妮克·科奈，在变换了音的强度后，停下来，切断音序。

接下来是计数。在个案督导中我谈到另一个和伊万讷一样的孩子时，提到计数，但这对他来说是同样的原则。此外，我们能看到他和数数的韦赫妮克·科奈一起玩跷跷板。在他吹长笛时，韦赫妮克·科奈总是能区分伊万讷的每一个音。我们看到他所做的努力。

最后，是书写。干预人员对他提出书写故事的建议，伊万讷采纳了这个建议。我不清楚你是否注意到，他的书写无法阅读，文本无法辨认。然而，除切割之外，这一文本具有书写的价值，因为它安放了某个东西，它留下一个痕迹，而且通过这一文本，享乐得以安置、得以书写和松开。因为书写，丧失才成为可能，而再也不必借助于身体的实在。和我一样，你已经注意到这一点，伊万讷在他的文章中提到黄油蛋糕，提到小红帽不可以上厕所。口腔和肛门的冲动客体处于他关注的核心。

这个工作的效果很出人意料。在影片结束时，我们看见伊万讷给自己倒汽水，没有看见在最开始出现的巧克力溢出的情况。后来，当他做薄饼时，我们看见他小心地把面粉浆倒进锅里。这时，他说“干得好，伊万讷。”这是录像过程中的珍贵时刻。此时，伊万讷给自己命名，以第三人称命名，就如同他是另一个自己，又好像他是在一个跟他说话的彼者的位置上说话。我们可以总结为：在以前身体曾经爆裂的地方，与身体形象相连的自我的某个东西，正逐渐地得以构建。

简短评注

我想做个简单补充来结束这篇关于儿童精神病和自闭症中身体问题的简短引言。为了帮助孩子构建一个身体而向孩子建议的那些媒介（方式），既不能被简化为教育的维度，也不能被降低为普及化的技术。在这些孩子身上所发生的一切，是孩子和干预者的欲望之间新的、独特的相遇之成果。每一次相遇都是独一无二的。这就是只通过转移而产生作用的精神分析的内在特性。

凹凸的身体，欲望的外形

李梦慈[1]/ 著

五年前，马克曾经陷入到一种“不可言喻”的焦虑状态，他确信他的余生会是快速地衰退和耻辱地结束。一位外科医生以“无法解决了”的形式的宣布判决，给了他暴力又沉重的一击，而在四十岁之前，他一直以他的方式和一个“无法运转的身体”共同生活。他沮丧地重新面对这个问题：“我应该如何继续生存？”

接受其规律性的沉默就像见证其“私有而又被剥夺”[2]的身体，预备着与这个忧郁外表下鲜活的主体建立移情的可能。

他很快察觉到他似乎很珍惜这份“忧郁的阴影”，这份忧郁已经成为其生命中不可或缺的一部分，他的生命也因此变得“凹凸”起来。

而这个主体无意识里的特殊性，也涉及到这种凹凸起伏。当他双手环绕树干的时候，他会觉得安定。他还对去远足探索“非凡岩石”[3]的道路了熟于心。

他决定不再退缩。脊柱裂是一种先天性异常，它影响了他身体的完整性。他慢慢地向我解释，他脊椎骨下部发育的不完整，也损害了脊髓部分，造成了身体下半部分失去了知觉，以及肠胃和膀胱的紊乱。他因

① Clémence Livet，法国分析家。
② 法语中单词 privé 有双重含义，表示私有或者被剥夺的意思。
③ 在法国，有一系列的非凡岩石、非凡树木的参观探索地图，和其他名胜古迹一样被列入旅游图书里。

此在出生以后的六个月中一直在医院住院治疗。后来父亲跟他讲述过那段经历，父亲说他是个非常弱小的婴儿，内脏裸露在身体的外面。他回忆起邻居们的窃窃私语，以及在他笨拙地走路时同龄人的嘲笑，他那时还戴着尿布，又脏又臭。他描述着他的微创手术，令他倍感耻辱的括约肌功能训练，以及反反复复的手术。他曾经以为自己的“屁股后面被截肢了”。但是后来在讲述他身体的时候，他明白了，真正截掉他后面的，其实是语言这把手术刀，而这种可耻的“外科手”与“身体结构并无任何关系”。马克知道他的母亲在面对必须的社会规则时，已经尽她所能地保护着自己的孩子了，但是他说他还是必须要戴上肛门塞、穿上宽松的衣服才可以像普通人一样走向社会。他提及他阴茎尺寸的微不足道，以及他与那些付费请来的女人的性相遇的经历。在他讲述这些的时候，他几乎就要昏厥。他坐在我的扶手长沙发上，有时表现出令人担忧的身体不适；他能够感受到内心的毁灭性的暴力。

毫不懈怠地聆听是我唯一的思考方向。

他还记得孩童时反复做的一个梦：他在静静地欣赏一幅画，那画上有两个花园里的小塑像向他微笑，塑像们活动起来转过身，它们的背突然变成了面目狰狞的狗或者熊，向他脸上扑过去。他把这与他总是被人在背后偷偷打量联系起来。他一直都知道（或者一直都以为？）这些目光要么是斥责性的、要么是惊愕怜悯的。他想象着他那平平的背部，尽他所能地隐藏着他被视为怪物这一事实。这仍然是一种认同——“分析赋予这种认同以意义：当主体开始自觉接受某一种形象时，这就说明他已经发生了转变。”马克自觉地接受了这个形象，甚至他还提及他被怪异的人或作品所吸引，尽管对此他还是觉得有点羞愧。

他讲述了他的几段不那么尴尬残忍的经历，这是在分析之前就有的。这些经历证实了他身体的凹凸，在那些从理论上来说根本不可能的情况下树立了他的形象姿态。一个足球教练曾经把这个青少年从观看的冷板凳上叫出来，并断言说他尽管身躯有缺陷，可是却极有比赛天赋。不久之后，马克和他的朋友们组建了一支重金属摇滚乐队，他一直在里面担任风采出众的作曲者和吉他手。尤其，他觉得随着知识的积累与沉淀，他的想法与认识慢慢成型，对他来说，那是第二次重生。不仅如此，由于工作需要，他还必须在挑剔的大众面前展示和陈述自己，而且做得十分出色。

他曾经狂热地迷恋过一个年轻的女孩，在他生命里，那始终是他的梦中情人。但是女孩落在他身上的目光实在让他有负罪感，使得这份恋情不能持续下去。

他终于成功地出售并摆脱了他父亲为他买的一个公寓。他总结说，除了某种恋母情结的问题，“成为业主”并不能给他带来任何稳定的可靠感，更何况，他诙谐地补充道，他永远都不会洁净，也永远都不会闭嘴。①

我没忍住开怀大笑起来，他看见自己的幽默感像是一种对语言、对大彼者不再抵触的和平情绪，这与他之前尖酸讽刺的临床描述拉开了距离。

他开始对一些交友网站感兴趣。在那里他最近认识了一个喜欢他的女孩。这个女孩表情十分生动，目光单纯简单。在他们一起去远足的时候，马克在女孩面前像“足球运动员一样”地擤鼻涕，他为他的行为道歉。她回答说，她不会对身体上的事情感到震惊或害怕。他们在一起聊天，聊了很久很久。女孩才思敏捷，还很有幽默感。他了解到女孩以前所学习的专业，其中还有一门地理，这使他很开心。

马克一晚上连续做了两个梦：他和他的母亲在小花园里，他们在一起悠闲地聊天。突然有一片浓雾，四周的景色都看不清了，但是他还是能辨别出他是在自己的住处和城市，那个他一直认为太平坦的城市。渐渐地云开雾散，雄伟壮观的山峦凹凸起伏地呈现在他的面前。他醒来脑子里只有一个念想，就是赶紧去买一张地图。他从迷茫中走出，但是不能不带地图或是没有符号性支持物就去探索任何凹凸物。在他的第二个

① 法语中“业主”可以拆成“洁净”和“闭嘴”两个词。

梦里，他跟在一个人身后走着，他预感，如果这个人转身，就会发生什么可怕的事情。他醒了以后，他想着是否确实发生过什么可怕的事情。然后在解释自己梦的时候，他确信，那个在他前面走着的人，是他自己。那么他一定是见到了自己的正面。他把预见他身体的完整外形确定为自己童年噩梦的答案。

马克允许自己去爱了，这就意味着他必须要操心“欲望的运转”。通过他的这种表达方法，他明白了他很有可能会滞留在“无主之地”（no man’s land），即其感官身体与主观意识身体之间的边界。现在他想尝试着赋予他“欲望以外形”，他决定用简单的言语和温柔的动作向这个女孩表达自己身体的独特性。

话语与身体

埃里克·杜比克 / 著

谭羽辰 / 译　陶杏华 / 校

如今，如何在案例报告的结构中来谈论处于精神分析和神经系统科学之间的身体？

亚历克西亚是一名 13 岁的年轻女孩，我接待她已经 4 年了。她被安置于孤儿院并患一种先天性心脏病，这使她在她的国家不能被收养，3 岁半时，她被一对法国夫妻收养了。除了两名从国外收养的 6 岁和 9 岁的男孩以外，这对夫妻没有其他孩子了。

在亚历克西亚的生活中，身体的问题无处不在。但是，在开始的时候，她根本不谈这个问题。她表现出某种阻碍，这使得她似乎缺乏学习的好奇心和兴趣。我确信，为了言说身体，对亚历克西亚来说，尊重其暂时状态，并进而区分组织器官生病了与拥有一个身体是很重要的。在分析实践中，病人是在转移（不能没有分析家的干预）的框架中陈述事实的。并且非常多的神经系统科学研究都似乎想要证明弗洛伊德论点的有效性，“器官的疾病，不会妨碍人思考其在命运中的意义。”

器官的疾病

其实，这个疾病的主要后果是她和她的母语的分离。语言和身体成为了她的忧虑的焦点。

从本质上，拉康是以自恋为坐标来谈论身体的，看到的身体，是镜中的身体。“身体，与器官不同的是，它首先是被看到的东西。”稍晚一点，在其教学中，他认为身体就是语言，是无意识的条件；它（语言）给它（身体）发布命令。对亚历克西亚来说，身体，被还原成了器官，如同一个必须照料的客体。

这些年的分析打上了两次手术的印记，并伴随着某种情感、焦虑和惯性的重复，这使我明确，这当中有一种实在在起着作用。问题不在于知道如何治疗疾病，而是亚历克西亚如何面对她生命中疾病之存在。她对此讲了什么？第一次手术时，我没有介入，在第二次手术被宣布时，我对她说：“你担心吗？”

她回答：“对，有一点。”

那个时候，我就其对疾病所保持的沉默提问。谈到对结果的预后时，她说她的领养家庭拯救了她的生命。这句宝贵的“对，有一点”，意味着太多的东西。在医生建议的时间里，她会重视对其身体的有限度使用。拥有一个身体，这样，她就可以开始谈论它。她与自己身体的连接表现为一种障碍，一种不适。变好、变坏、焦虑，这些都在身体中发生。

精神分析的目的不是治疗病人的身体。它影响的是被疾病影响的主体。这关系到寻求言说主体。通过一些提问而把疾病“据为己有”。浮现出来的，正是亚历克西亚的抱怨，一种抑制。治疗的要求被添加到领养家庭的强制性命令中。成为一个被选择的客体，这几乎不给欲望问题留下任何位置。

拥有一个可以使用的身体

在个案当中，行动是在分析家这边，而任务在病人这边。讨人喜欢，这曾是这个年轻女孩所致力于的任务。渐渐地，她开始获得话语。对她来说，生活在这个家庭是困难的。养母也会抱怨。我必须要回应她，以便安抚她。令周围人惊讶的是，亚历克西亚今年已经进入第 4 个年头了

(分析?)。照料动物的身体、成为一名护士是她最初时的愿望。这一用来对养父母表示尊敬的任务将被推翻。

她年龄最长的那位哥哥毫无预兆地消失了。亚历克西亚很吃惊，这件事使她深感不安。

她指出了她的生活模式与大哥生活模式的不同，而她用这个来与其养父母保持一种距离。她自我安慰道:“另一个哥哥更严肃。”但完全不是这样，几个月以后，他也消失了，什么都没有讲。母亲很恐慌她的女儿也随他们消失。她没有错。亚历克西亚获得了良好结果，她找到了新的兴趣，也就是拳击和戏剧。哥哥们与家庭中断关系的行为向她提出了问题。她与消失的哥哥们相比而得到的优先位置改变了她与养父母的关系。通过提升其话语(关于她的最初爱情、对身体的困惑、男孩和女孩之间的差别)的价值，我劝阻她加入他们(哥哥们)。我并没有提及跟踪治疗。她同意了。

话语的惊喜

对她来说，她的哥哥们做了一件蠢事。她以某种幽默的方式提到这一点。一天，当我对她说下个星期见时，她回答道:“不，我已经告诉你了，不要下个星期。”我含糊地说:“啊，对，那么我糊涂了。”针锋相对地，她当场说道:“我已经告诉过你了，男孩儿比女孩儿更糊涂。”那些制造了哥哥们的症状的问题不是她的问题。她用母语、以她曾经的名字来做自我介绍。“当我长大以后，我要生活在我的国家中。”这得到了养父的保证:“更大一点时，你就去学语言。”有时，她会带来一些翻译好的词语，写在一张纸的底部。

我强调道:“那么，你学习语言的工作进展得如何了?”

我的干预对此做出了强调。她说她不会讲母语，那时候太小了还无法学习它。但是现在，却有养父母的评论，“当他们在孤儿院第一次看到我时，据说我不停地讲话。”

“也就是说，你小的时候已经会说你国家的语言了？”

她对此干预感到惊奇，这造成了一个口误的特殊时机。“在我出生时……在我童年时”她立刻纠正道。另外，她得到了一部手机，她偷偷地上网。她找到了她出生的地点，认识了一位还待在那里的同母异父（或同父异母）的姐姐。她的命运与她的姐姐完全不同。欲望之门以及拥有一个身体的问题打开了。与男孩的相遇让她很有兴趣。一位男孩儿差一点儿拥抱了她，她说：“我差一点昏厥了，你看，这是一个苦差事儿。”而另一个男孩，“他与我兴趣相投，但我不知道他是否钟情于我。”在与大彼者的身体的关系中，她和她的身体有一个约会。在冲动的掌控下，她并不是没有障碍。她谈论她的身体，活着的（身体）。戏剧占据了另一个维度。她获得一些褒奖，与其他人一起创造，她用她的身体来表演。亚历克西亚的命运虽然与她的疾病相连，但并不阻碍她以言说来创造她自己的道路，这会穿越身体。分析仍在继续。

参考文献：

1. Miller J A., *Silence brisé*, Conversation entre les Présidents de l'IPA et de L'AMP, Agalma, Le Seuil, 1997, p.40.
2. Miller J A., *L'Être et l'Un*, Séminaire, cours du 2011.04.06, Paris.
3. Lacan J., *Radiophonie*, Question 1 et 2, in Scilicet 2/3, Ed Seuil, Paris, 1970, pp.55-99.
4. Miller J A., *Marginalia*, Commentaires de *Constructions dans l'analyse*, Freud S., 1937, Milan, 1994.
5. Bonnaud H., *Le Corps pris au mot*, Navarin, Champ Freudien, Paris, 2015, pp.117-121.
6. Miller J A., *En direction de l'adolescence*, Intervention de clôture à la 3ème Journée de l'IE, Paris, 2015.
7. Laurent E., *La cause du désir, n°93*, Parler avec son corps oupenser avec son âme, Paris, 2016, p.9.

言说的身体同享受的身体
——精神分析语境下的身体与症状

卢毅[①]/ 著

【内容提要】在精神分析的实践和理论语境中，身体似乎表现出两个基本维度：它既是通过活动甚至症状来言说的身体，也是在这些症状性的活动中享乐着的身体。因此，面对这带有双重维度的身体，分析的工作同样需要在两个层面上展开。一方面，通过分析者的自由联想与分析师的恰当干预，分析者此前受到压抑继而被肉身化了的能指得以重新被语词化，此前不断通过身体来传达的话语得以被说出和听到，相应的症状也将随之减退乃至消失；另一方面，通过帮助分析者重新编织其结构性的圣状（sinthome），分析者自身的享受模式将得以发生改变，同时这重新打好的症结将赋予他一个新的身份，而它本身也将成为他新的名字或者徽章。最终，这个既言说着又享受着的身体，分析师应该从它那里听到一种“享说”。

【关键词】精神分析　身体　症状　言说　享受

① 作者简介：卢毅，男，江西人。精神分析师。四川大学应用心理学专业精神分析方向硕士，复旦大学－巴黎一大联合培养外国哲学博士。主要研究领域：精神分析、当代法国哲学、东西方伦理学思想等。已发表的学术成果见于《哲学动态》,《道德与文明》,《精神分析研究》,《中国社会科学报》等刊物。现为中山大学哲学系（珠海）副研究员。邮箱：luyilouis@hotmail.com。

一、言说的身体（Corps parlant）

19 世纪末到 20 世纪初的维也纳乃至整个欧洲，大多数的女性一直饱受着维多利亚时代道德观的压迫，尤其难以自由表达个人在性爱方面的观点或诉求。这也就在一定程度上解释了在这个道德保守的年代欧洲为什么有那么多癔症。然而，女性们受到压制的想法和诉求并没有就此消失，而是通过身体的症状在继续言说着。机缘巧合之下，这为弗洛伊德与他所创立的精神分析提供了一个破解人类身心之谜的重要契机。

众所周知，精神分析的创立始于弗洛伊德与癔症患者的工作。在这一具有开创性意义的伟大工作中，弗洛伊德逐渐发现，尽管癔症患者所表现出来的症状主要是躯体性的（somatisch），但其根源却往往是心理而非生理层面的。虽然沙可（Charcot）在弗洛伊德之前已经有过类似的说法，但弗洛伊德是更进一步，明确将癔症患者的躯体症状理解为心理冲突的一种躯体性的转换（Konversion），并且认为它同时也是对此冲突的一种妥协式的解决。

首先，就症状作为躯体性转换这方面而言，弗洛伊德认为从力比多经济学的视角出发，可将神经症的躯体症状尤其是癔症的躯体症状理解为：由于某个或某些精神表象——更确切地说是冲动（Trieb）在精神层面的表象代表（Vorstellungsrepräsentanz）——被压抑到了无意识中，因此原本与表象（代表）联系在一起的力比多便脱离于前者，并且转换成了神经活动（Innervation）的能量，从而表现为躯体层面的症状。实际上，弗洛伊德早在 1894 年所写的《防御性的精神神经症》中就已经表达了类似的观点："癔症患者对不相容的表象进行了无害化处理，这是通过将其全部兴奋量转化为身体性的东西而实现的——我想提议用'转换'来命名这种转化。"[①] 随着力比多理论与元心理学的提出，弗洛伊德进一

① Sigmund Freud, *Die Abwehr-Neuropsychosen*, in *Gesammelt Werke, Band I*, London: Imago, 1952, S.63.

步表示：发生躯体性转换的那部分能量，往往就是与被压抑的性欲表象密切相关的、作为性冲动的力比多。

其次，就症状作为对心理冲突的妥协式解决这方面而言，弗洛伊德表示：“形成症状”（Symptombildung）是“形成妥协”（Kompromissbildung）的一种形态，是被压抑的表象（代表）在症状中借以返回的方式，它意味着在同一个症状中既可以满足无意识的欲望，同时又可以满足防御性的要求，因此是二者之间的一种妥协或者折中。正如弗洛伊德本人在《精神分析引论》第二十三讲中所言：“我们已经知道，神经症症状是一种冲突的结果，这种冲突是在力比多满足的一种新形式方面引发的。曾经分道扬镳的两股力量在症状中再次相遇，并且似乎通过形成症状这种妥协而相互和解。症状因而如此具有耐受性，它得到了双方的支持。”[①]

从以上两段论述不难看出，在精神分析的视角下，躯体症状并非只是某种能量转换的单纯结果，而是同时也像拉康后来所说的那样是一种隐喻（métaphore），这也就意味着它蕴含着某些隐秘的信息（message）或者意谓（signification）。如果说与被压抑的表象相分离的力比多为形成症状提供了必要的能量和动力，那么被压抑的表象本身则在经过凝缩（Verdichtung）、移置（Verschiebung）等无意识机制的加工改造之后，为症状提供了具体的形式和内容。尽管经过了改头换面，尽管在某种程度上对心理审查机制做出了妥协让步，然而作为拉康所说的“无意识的形成物”（formation de l’inconscient），症状在根本上依然是无意识欲望的“代言人”，它所表达的在本质上依然是冲动的诉求。在这个意义上，神经症患者的躯体症状或许可以被视为一种“化成肉身的”（incarné）词。

通过对包括癔症在内的各种身心疾病以及其它身心现象（梦、诙谐、过失行为等）经年累月的深入研究，精神分析发现人的身体并不仅仅是一个惰性的、器质性的“物体”（objet），似乎也不同于梅洛－庞

① Sigmund Freud, *Vorlesungenzur Einführung in die Psychoanalyse*, in *Gesammelt Werke, Band XI*, London: Imago, 1940, S.373.

蒂所说的“肉体”（chair），而是一个会通过其活动甚至其症状来言说的、一开始就陷入语言之网中的、根本上被符号化了的（symbolisé）身体（corps）。当拉康说“无意识像一门语言那样被结构化”的时候，就表明在他看来以无意识为基础的人类精神结构同样也在根本上被语言所符号化了。如此一来，正是由于人的身体和人的心理一样，从一开始就都被语言所结构化了，因此语言在这个意义上就成了人的身与心共同的基础，同时也成了二者之间的中介和纽带。正是凭借语言这个“公分母”，身心之间也就具有了某种意义上的同质性（homogénéité）、同构性（homologie）或者（拓扑）同胚性（homéomorphe），二者之间的交互影响和相互转化由此也就成为可能。对于自笛卡尔以来迄今为止依旧争论不休的身心关系问题，发现并明确指出上述这一点可以说是精神分析的一项重要贡献。

正是由于精神分析发现了身心关系的这层秘密，因此面对着用身体症状来诉说内心冲突的患者，分析的工作首先就在于让他用言语说出迄今为止一直都在用身体来表达的东西。正如之前所述，被压抑的表象（代表）并没有彻底销声匿迹，而是通过转化为症状继续坚持在身体层面表达着自己的存在与诉求。然而，由于经过了无意识机制的“加密”，这种“身体语言”并不简明易懂，而是如同令人费解的字谜（rébus），因此当事人往往难以领会，进而也就很难找到相应的措施来改善现状。同样，也正是由于当事人没有意识到或者没有真正理解这种“身体语言”，身体因此也就不断通过一种甚至多种症状来反复“言说”，以期隐藏于其中的信息有朝一日能够被当事人回想起来并说出来，进而被他所理解和消化。正因为如此，不明真相的患者们往往是在饱受症状折磨的情况下才被迫去寻找精神分析师的帮助，而分析师的一项重要工作，便是通过适当的干预（诠释、断句、谜语、引语等）来帮助分析者对自己身体上被“加密”的这些信息进行“解码”，让他通过自由联想重新说出被压抑的内容，由此让曾经一度“肉身化了的”内容重新“语词化”，同时让分析者真正听到其中的信息，这样一来在原则上就能让相关的症状有所减退乃至消失。在这个意义上，可以说“精神分析是提供给每个人的将冻结在症状中的一种言语解放出来的可能性，并且对弗洛伊德式的无意识，这位如此辛勤的工作者——它在其无意识的形成物中言说——听之任之”。[①]

二、享受的身体（Corps jouissant）

如果说首先发现通过症状来诉说心事的身体是弗洛伊德的一大创举，那么深入揭示通过症状来享受的身体则当属拉康的重要贡献。

实际上，弗洛伊德凭借其本人丰富的临床经验已经发现：“存在这样一些人，他们在［精神］分析工作中表现得完全与众不同。当人们对他们寄予希望并且向他们指出对于治疗进度感到满意时，他们似乎表现得不满，并且他们的情况通常会恶化。人们一开始会把这当成是对医生的挑衅以及想要证明比医生更加优越的努力。之后人们达到了一种更加深刻也更加正确的理解。人们不仅相信这些人承受不起任何赞美和承认，而且相信他们是在以颠倒的方式对治疗进度做出反应。任何局部的消退，它本来应该产生，并且在其他人那里［确实］也产生了一种好转或者症状的暂时中断，却在这些人那里引发了其病症的一种暂时恶化，他们在治疗期间并没有变得更好，而是变得更糟。他们展示了所谓的‘负面治疗反应’（negative therapeutisch Reaktion）。”[②] 例如，弗洛伊德在对“狼人”的治疗中就发现了上述这种负面反应：“每当［症状］深度消解之后，他都会有那么一小段时间试图通过让已经消解的症状发生恶化来否认疗效。”[③]

对于这样一种负面治疗反应，弗洛伊德在不同时期给出的解释也不

---

① Phillip Julien, *Pour lire Jacques Lacan*, Paris: EPEL/Points, 1990, p.81.

② Sigmund Freud, *Das Ich und das Es*, in *Gesammelt Werke, Band XIII*, London: Imago, 1940, S.278.

③ Sigmund Freud, *Aus der Geschichteeinerinfantilen Neurose*, in *Gesammelt Werke, Band XII*, London: Imago, 1947, S.100.

尽相同。在“回忆、重复与修通”这篇探讨精神分析临床技术的重要论文中，弗洛伊德认为治疗中的恶化原本是一种为了彻底根治症状而显得必要的，且只是暂时性的恶化，不过某些人却喜欢利用这种恶化而沉溺在疾病的症状中。① 至于为什么某些人会喜欢沉溺于其中，弗洛伊德暂时没有给出说明。到了 20 世纪 20 年代以后，完成了其“第二区位论”（zweite Topik）的弗洛伊德开始从无意识罪恶感、受虐狂以及超我等角度来对其进行解释，并最终将其与死冲动（Todestriebe）联系在了一起。正如拉普朗什与彭塔利斯所言：“负面治疗反应之所以有时无法被克服甚至无法得到恰当的解释，那是因为它在死冲动最极端的特征中找到了其最终的动机。”②

倘若果真如此，那么负面治疗反应便不再是某种偶然的、暂时的、过渡性的现象，而是分析治疗中必然会遭遇到的，并且永远都无法彻底克服的一道终极屏障。无论分析治疗推进到了什么程度，无论分析者说出了多少被压抑的心事，无论分析师做出了多么恰当的干预，症状始终都不会彻底消解，它永远都会有一部分无法化约的（irréductible）、牢不可破的剩余在负隅顽抗。在这个意义上，精神分析势必将是一场“无尽的分析”（unendlich Analyse）。

在拉康看来，弗洛伊德对于负面治疗反应的发现非同小可。通过最终将其视为死冲动的某种表现或者效果，弗洛伊德不仅预见了分析治疗的永无止境，而且还由此洞见了人生悲剧性的基本处境：“生命不想治愈。负面治疗反应对它而言是根深蒂固的。……生命只想着死亡。”③ 在此，“负面治疗反应”不再被用来形容治疗中的特殊现象，而是成了人的生命或存在本身所具有的普遍特性。就此而言，“负面治疗反应”并不是专属于某些人的一种病态反应，而是人之为人的存在本身的痛苦反应，

① Cf.Sigmund Freud, *Erinnern, Wiederholen und Durcharbeiten*, in *Gesammelt Werke, Band X*, London: Imago, 1946, S.132-133.

② J.Laplache, J.-B.Pontalis, *Vocabulaire de la psychanalyse*, Paris: PUF, 1967, p.389.

③ Jacques Lacan, *Le Séminaire Livre II: Le moi dans la théorie de Freud et dans la technique de la psychanalyse*, Paris: Seuil, 1978, p.271-272.

是拉康所说的“存在的痛苦”（douleur d’exister）。[①] 倘若非得将其定性为“病态的”，那么人的存在本身同样也就带有了一种根深蒂固的病态维度，弗洛伊德称其为“源初受虐狂”（primärer Masochismus），拉康则称其为“享受”（jouissance）。[②]

作为负面治疗反应的典型表现，症状的无法化解甚至不断恶化，就表明症状实际上不仅是言语的载体（porteur de la parole），而且也是（aussi）甚至更是（même plutôt）享受的载体（porteur de la jouissance）。因此，在拉康看来，尽管症状一方面依然具有某种符号性的、隐喻性的成分或者维度，依然需要借助作为大写他者的分析家的诠释来解读出其中可能蕴含的信息；但另一方面必须要强调的是，症状的内核却是实在的、无意义的、纯粹用于享受的，它无需解读，而且根本上也无法解读。在这个意义上，可以说负面治疗反应更多是一种破釜沉舟的付诸行动（passage à l’acte），而不是一种有所呼吁的行动演示（acting-out）。

有理由认为，拉康所描述的症状的这种实在的、享受性的内核，实际上就相当于弗洛伊德在探讨躯体性转换时所说的转化为神经活动能量的那部分力比多。由此可以想见，在分析治疗中，尽管症状符号性的成分可以通过重新转化为被说出的言语而让症状得到一定程度的缓解，然而症状实在的内核却并不会随之一道消散。始终都会有一部分力比多滞留在身体上，抵制着符号化、语词化的过程，由此而成为身体永远“说不尽”的那一部分痛苦，而它同时也是被身体当成快乐来享受的那部分痛苦，人身 / 人生根深蒂固的痛苦，存在的痛苦。

正是出于症状这种根本的不可化约性，拉康进而表示：精神分析治疗的目标不是彻底化解症状，而应该是为分析者重构其症状的“扭结”

---

① Cf.Jacques Lacan, *Le Séminaire Livre V: La Formations de l’Inconscient*, Paris: Seuil, 1998, p.256.

② 实际上，拉康关于“享受”并没有一套前后一致的说法，他对于享受的理解和界定随着其教学的发展和深入而经历了多次重要的转折。雅克－阿兰·米勒（Jacques-Alain Miller）曾经归纳出了拉康关于享受的六个范式，并且简明扼要地梳理了“享受”在拉康教学中的整个演化过程。Cf.Jacques-Alain Miller, *Les six paradigmes de la jouissance*, in *La Cause Freudien*(43), Paris: Navarin/Seuil, 1999 (4).

（nœud）。尽管拉康的这一观点乍听起来让人觉得十分新奇甚至匪夷所思，但实际上它不仅不意味着他在基本立场上背离或偏离了弗洛伊德，反而恰恰表明他忠实地继承并发扬了弗洛伊德的宝贵思想，坚持将症状视为不同方面彼此妥协的产物，因此它也就成了能够在各方之间起协调与联结作用的纽带。只不过，拉康比弗洛伊德更进一步的地方在于，他到了晚年越发强调：症状这种多多少少总是显得有些病态的纽带，并非可有可无，并非只是心理冲突的偶然产物，它究其根本而言是人的想象、符号、实在三个维度之间不可或缺的结构性纽带，是维系主体、为其命名、使其成为自己、体现其存在独特性的关键所在。

正因为如此，拉康晚年开始将症状改写为“圣状”（sinthome），并以书写之于乔伊斯为例，阐发了“症结”作为主体结构性纽带的关键作用。对乔伊斯而言，用于书写的手已经不再只是身体的一个单纯的器官，用弗洛伊德的术语说，它在相当程度上“被爱欲化了”（érotisé），在相当程度上成了一种用于享受的“性器官”。与此同时，书写本身之于他也不再只是某种隐喻性的症状，不再只是对于某种被压抑欲望的替代性满足，而是在“父姓”（nom du père）遭到弃绝（forclos）的情况下，成了维系着乔伊斯作为乔伊斯存在下去的“症结”，它由此也就让乔伊斯成了他自己“名字的父亲”（père du nom）。

正是由于认识到人处在一种无可挽回的、结构性的分裂中，并且幸亏“症结”的存在才勉强得以维系，同时又无法找到更好的、更“健康”的纽带来取代“症结”，因此拉康认为精神分析治疗就不应该以彻底消除症状为目标——因为这样只会更糟、只会让主体陷入一种更加危险的分裂状态——，而是应该致力于帮助病人找到更适合其自身的“症结”，致力于以一种更符合其自身独特性的方式给他自己重新“打结”，并且由此重新构建起一套更适合他的享受模式。这重新打好的“症结”由此将赋予他一个新的身份，而它本身也将成为他新的名字或者徽章。

三、“享说”的身体（Corps jouissant-parlant）

通过症状来言说的身体，和通过症状来享受的身体，这并非互不相干的两个身体，而是同一个身体的两个不同方面。然而，精神分析的临床经验告诉我们，身体的这两个方面并非乍看上去那样彼此独立，反倒是经常交融在一起。如此一来，人们可以说：通过症状，身体既在言说，也在享受。

不过这还不是全部。一方面，由于真正意义上的言说活动同样出自身体（发音器官），因此身体并非只有通过其症状才能言说和享受。通过“呀呀言语”（lalangue）这个新造的词，拉康在晚年明确向我们传递了以下重要信息：语言首先不是交流的工具，而是享受的工具，言说在本质上首先就是身体的一种享受模式。正是在这个意义上，拉康称能指是作为享受的工具被引入的。[①] 同样，也是在这个意义上，雅克－阿兰·米勒表示：言说的享受就是以言说作为享受，这种言说是不以交流为基本目的的“吧啦吧啦”，它并不着眼于承认或者理解，而只不过是享受的一种模态。[②] 另一方面，当身体沉浸在享受中的时候，尽管它并非是在诉说着任何创伤性的经历，尽管它无意于传达任何被压抑的内容，但它难道不依然是在以某种方式言说着、宣告着自身的满足（与缺失）吗？它难道不依然是在用某种言语拒绝（或呼唤）着大写他者的到场吗？

由此可见，享受与言说在身体上（en corps）相互交织、彼此重叠，而这个既言说着又享受着的身体，也正是继续（encore）在言说中享受、在享受中言说的“一体”（Un-corps）。通过言说 / 在言说的时候，身体在享受；而通过享受 / 在享受的时候，身体在言说。如此一来，言说成了

① Cf.Jacques Lacan, *Le Séminaire Livre XVII: L'envers de la psychanalyse*, Paris: Seuil, 1991, p.54.

② Cf.Jacques-Alain Miller, *Les six paradigmes de la jouissance*, in *La Cause Freudien*(43), Paris: Navarin/Seuil, 1999 (4), p.28.

享受的言说，享受成了言说的享受。最终，面对着这个既在言说也在享受的身体，分析师就不应该只听到它“想说”（qu’il veut parler），而更应该听到它“享说”（qu’il jouit de parler）。“享说”（jouissance parlante）意味着言说的享受、通过言说享受、在言说中享受。它并非是默默无闻、寂寂无声的享受。身体想要开口说话，但它不只是想说，而且更是享受着“说”本身。“享说”同样还意味着享受本身也是另一种意义上的言说，哪怕这种言说“说到底”只是一场无需听众的独白，只是一席聊以“自慰”的呓语。

参考文献：

1. Sigmund Freud, *Die Abwehr-Neuropsychosen*[A], in *Gesammelt Werke, Band I* [M], London: Imago, 1952.
2. Sigmund Freud, *Erinnern, Wiederholen und Durcharbeiten*[A], in *Gesammelt Werke, Band X*M], London: Imago, 1946.
3. Sigmund Freud, *Vorlesungenzur Einführung in die Psychoanalyse*[A], in *Gesammelt Werke, Band XI*[M], London: Imago, 1940.
4. Sigmund Freud, *Aus der Geschichteeinerinfantilen Neurose*[A], in *Gesammelt Werke, Band XII*[M], London: Imago, 1947.
5. Sigmund Freud, *Das Ich und das Es*[A], in *Gesammelt Werke, Band XIII*[M], London: Imago, 1940.
6. Jacques Lacan, *Le Séminaire Livre II: Le moidans la théorie de Freud et dans la technique de la psychanalyse*[M], Paris: Seuil, 1978.
7. Jacques Lacan, *Le Séminaire Livre V: La Formations de l’Inconscient*[M], Paris: Seuil, 1998.
8. Jacques Lacan, *Le Séminaire Livre XVII: L’envers de la psychanalyse*[M], Paris: Seuil, 1991.
9. Jacques-Alain Miller, *Les six paradigmes de la jouissance*[J], in *La Cause*

Freudien (43), Paris: Navarin/Seuil, 1999 (4).

10. Phillip Julien, *Pour lire Jacques Lacan*[M], Paris: EPEL/Points, 1990.

11. J.Laplache, J.-B. Pontalis, *Vocabulaire de la psychanalyse*[M], Paris: PUF, 1967.

身体，一种普遍的参照

纳达莉·沙鸥／著
谭羽辰／译　陶杏华／校

拉康活着的时候，经常责备自己没有重视身体（考虑到它对符号的某种优越性）。人们把其贡献局限在从索绪尔结构语言学能指的角度来重新阅读弗洛伊德理论，如同通过雅各布森而重读那样。数年以来，在米勒的领导下，以他称作《拉康的最后教学》的一场演讲为基础，（拉康的贡献的）重点被放在相反的一面，它是关于根植于身体之中的实在享乐的。从拉康教学的开始，享乐的问题就已提出；但近期在精神分析中，这一立场（它强调实在身体及其享乐相对于话语的意义和涵义的优先性）需要反对某种神经系统科学的唯科学主义，后者将活人简化为一台机器。这个人体的机械本体论还重新出现在 J. Monod 或 F. Jacob 那里。然而最近，神经系统科学的支持者们似乎对精神分析产生了兴趣，他们希望与精神分析家进行讨论。同时，在智力的运用这方面，实际上科学生物学派和控制论模型的继承者们遇到了大脑中意义（如何）产生的问题。在非生命体和生命体之间存在着非连续性，而大脑是在生命体这边的：机械模型就不适用了。

人类的两种不连续性

生命体会动、有心跳，但非生命体也由相同的分子构成。从惰性物质到最微小的细菌之间存在着一个飞跃，这是直到现在实验室里也不能复制的。生命体难免受到技术和遗传的操纵，但始终抵抗着试管中由惰性物质而产生的所有创造物。为了获得生命，必须由生命体开始，两千年来被承认的亚里士多德的自发发生学说，已经最终被牧师宣告无效（1860 年）。这个实在，即使它是无法消除的，今天却不再引起生物学家和生物化学家的兴趣了。

另外一个飞跃也展露出来，就是从生命体到人类智慧（的飞跃）。认知学家试图用越来越完善的机器再现、模仿大脑的功能。人工智能可以下象棋或围棋并取得胜利，然而机器人并没有任何自己的关键（思考），除了它的人类设计师带给它的以外。具备比人类强太多的记忆力，机器人总是更符合赢的策略，而它的人类对手却总是在其策略和战术中受到想象（甚至幻想）因素的干扰。如果不断重复，机器能够在计算时利用这些干扰。你们可以在拉康的《文集》中找到许多对游戏理论的参考，这些游戏理论使具有想象并被其困扰的主体与计算获胜可能性的数学概率解法对立起来。人类和机器之间的区别，正是机器是在非生物的能量这边而人类是在生命体这边。

通过参照这两种不连续性，我们可以说，人工智能想要绕过生命体，将人类智慧还原到惰性物质及其物质外形，而神经系统科学则力图将生命中枢和（准确地说符号性的）人类智慧连接起来。

两个不可能，对精神分析的冲击

第一个实在，也就是从惰性物质到生命体的飞跃，已经被弗洛伊德用于他的死冲动的理论中：生命体天生有一种退回到无生命体状态的倾向，一种与生冲动和爱若对立的倾向。对拉康来说恰好相反，他认为只存在一种冲动，即死冲动（在冲动被解释为享乐的意义上），所有冲动的尽头——在其极度施虐的可能性中——都是死亡。在拉康教学之初，死亡就是这第一个实在的外形。另外，在结构的水平上，死冲动被解释为通向符号的特有通道，也就是说通向语言的通道：在进入语言和话语、在与语言共存的同时，人们会失去生命体之享乐的一部分。这正是他称为生命体之苦修的东西，这就形成了朝向死亡的享乐之推论。

第二个实在，也就是从生命体到思想的飞跃，如今与神经系统科学的进步一同展现在人前。这些科学将人类大脑分为许多区域、模块，其中每一个都有其特殊性，某一个是专门负责语言的，另一个负责计算、社交、友谊、对这个或那个东西的成瘾性，有一个模块则是关于自我意识的，等等。另外一些进步是引人注目的，如一位瘫痪的人可以通过思考来指挥一个为他服务的机器人或假体。然而主体，精神分析所理解的无意识主体，是接受了非连续性之切口的主体，它知道，它的欲望以及它关于欲望的责任是无法被吸收到这些技术经验当中的。神经系统科学承认，它遇到了语言中的意义的问题，神经元语义学更多地反映了“神经元集合”，而非神经元网；这是弗洛伊德已经提到过的。但是现代语言学重视精神分析的贡献，期待鲜活的身体在意义中起作用。在人类这里，想象和身体对所有含义来说都是必不可少的。精神分析领域中的这个维度引起了神经系统科学的兴趣并使它明确享乐的概念。

主体之所以被想象（这个想象使其在与机器的比赛中落败）所困扰，是因为想象是感情的源泉，而感情会触动身体并使其失误。因此症状是“身体的事件”，此身体被捕获在主体历史的能指中。这些感情与弗洛伊德的力比多（对应于拉康命名为享乐的东西）紧密相连。但是在主体的话语中是否存在着一个不与身体及其享乐相连的意义，与享乐－意义（jouis-sens）不同的意义？

弗洛伊德（概念中）的冲动等同于身体事件，但拉康不同，拉康将冲动与一个创伤、一句被听到或被发出的话语（它们一直标记着主体，只有分析才能解除主体的痛苦）连接在一起。弗洛伊德的冲动是一种推力，一种持续的强大能量（它来自生物身体，如饥饿或性需要这样的例子就能够说明）。对拉康来说，冲动与一堆能指挂钩，能指使冲动存活并使它们可以移置；它们是一群“移民的杂群”，拉康有次这样开玩笑地描述道。弗洛伊德忠诚于他那个时代的能量理论，而拉康却将实在定位在这样的地方——在那里，生命体和语言之间存在着一种间隙。

鲜活身体之神话

对拉康来说，一句话语完全不能被还原为支撑它的独个的符号含义，话语仅在身体被牵扯进来的那个时刻才开始有含义。但是在每一种文明中，身体是如何被捕获到能指中的？

至少在最初时，拉康对于符号的研究关系到死亡的身体和坟墓，这使人们指责他忽略了生命体的维度。根据拉康（的说法），在基督教传统中，复活节后耶稣的空坟墓，可以象征大彼者（它是能指的地点）那里的能指缺失、大彼者的空虚。在中国文化中，就像现在庙宇中重新施行的那样，将食物放在祭坛上以此来满足亡人的食欲的宗教仪式，难道不是构成了一种旨在通过实用主义的方法来证实大彼者那里的缺失的仪式吗，在亡人并无食欲（亡人是缺席的）的情况下，要明白所有这些食物最后都进了活人的餐盘？亡人与所有享乐、所有享乐的涵义完全分隔，它们给纯粹能指留下了一个位置。拉康在《文集》中断言的是：一个纯粹能指的主体是死亡的主体，所以相反，一个活着的主体不能被化约为一个能指，身体的维度和冲动伴随着主体。

在拉康《文集》的奠基性文本《主体的颠覆和欲望的辩证法》（它在弗洛伊德和黑格尔之间展开了一场对话）中，拉康通过能指极端化了这种身体的坏死，他举了死尸的例子：“无疑，死尸的确是一个能指，但是，如同耶稣的坟墓之于黑格尔，摩西的坟墓对弗洛伊德来说也是空的。亚伯拉罕并未把其奥秘交付给他们中的任何一个。”实际上，根本的缺失是一个所指的缺失：死亡的身体也带走了活着的真相。弗洛伊德放弃了所有的形而上学，但对拉康来说，形而上学的问题准确地说是神经症主体——被其想象和症状困扰之主体、死冲动之主体——的问题：为什么我被这样扔到世界上来？这世界为什么存在而不是什么都没有？为什么是我？我是谁？对弗洛伊德来说，父亲是死亡的父亲，而精神分析不再揭示这部分的秘密，拉康之后将谈论鲜活的身体之秘密。我被生出来是为了在世上作为活人来享乐，而支撑我的能指链具有这种享乐的性质。因而，一段分析可以被理解为："分析向我们展示，正是通过各种形象（它们会俘获生命个体的爱欲），主体才会投入到能指序列中。"

物，母亲

在与上面引述文本同时期的讨论班中，拉康基于弗洛伊德曾称为物——它无法触及，永远失去，它就是母亲（与母亲不可抗拒的分离造成了出生创伤）——的东西的在场而发展了一种伦理。主体的享乐变得明确了，也就是被不可触及的物所捕获。这一与物分离的研究进展（更多是拓扑学的而非语言学的），构成了与母亲有关的拉康理论的基础：在语言结构和身体外形之间的一种拓扑学在随后数年中得到发展，直至转折性文本《晕头转向》。以颠倒的方式，人们重新发现中国道教传统中的这样一个表述，道是一种女性造物主的力量——"无名，天地之始；有名，万物之母"（《道德经》，第一章）。我没有资格提出精神分析和道教之间的联系，如同拉康也曾如此的揣测，但在他的"人类是通过命名而出现"这个断言中，有一些非常深刻的拉康式的东西。然而，以非常中国化的方式来说，人类应该也是来自于母亲（la Mère）的分娩。道、母和名，它们对人类的存在来说很重要，这三者促使我们有一个关于传统俄狄浦斯三元的移置。

一种普遍的参照？

希腊神话可以充当精神分析在中国的基础能指吗？

拉康的一个断言使得这个问题得以澄清："如果神话中的俄狄浦斯是一个假装（或类似物），那么阉割则不是。"《文集》中关于石祖含义的文本指出，如果这个在无意识中把缺失和丧失之危险加以符号化的东西与男性器官（正如已证实的那样，它在女性构造中是缺失的）有关，那么这并不是偶然的。对弗洛伊德来说，所有的焦虑都是阉割焦虑，这可以普遍地在男性身上得到验证，而在女性那里，焦虑则更加弥散，没有清晰的定位，无法符号化，完全像她的享乐一样——这就是后来拉康说的箴言"并非－全部"，并非全部是石祖的，也就是说不像男性享乐一样完全依赖于石祖。是石祖或有石祖，这一逻辑对拉康来说是两性关系的核心。

但是在拉康理论中，享乐不能被化约为性享乐——即在石祖意义中有组织的或者未被组织的享乐。D. Guyonnet 已经向你们大体描述了在拉康整个教学期间，客体小 a 的位置，而我希望你们回到他的文本中去。

身体是一块对能指非常敏感的标牌，在身体的历史中（其中标定了具有创伤力量的时刻），正是能指确定了身体与享乐之关系。能指的相遇可以汇集、移置至无穷。但是弗洛伊德的发现在于，这些移置是被定位的，是可以通过某种欲望而被解释的，而此欲望则以相对于享乐的引力和斥力为基准。这个解释的维度向无所谓意义的神经元痕迹发起了挑战，而神经系统科学将记忆和它称为可塑性与独特性的东西定位于后者，这可能是与精神分析家交流的开端。伴随着痕迹（它留下经验并构成记忆）这一概念，神经系统科学当然要成功研发出人工智能，后者绕过了活人，构成惰性物质和符号之间的桥梁。即便神经科学考虑活人，那也是一个没有享乐的活人，这些科学止步于意义和享乐，而这些是属于言说之存在的。

我们重提一个著名的格言，身体结构（或解剖学）不造就命运，因为身体不能被化约为身体结构，精神分析中的身体将一个崭新维度引入科学：身体，是与其享乐、能指及其历史相联系的身体！

神经精神分析
——精神分析研究身体的新出路？

石岩 / 著

【内容提要】神经科学家和精神分析家试图消除神经生物学和精神现实之间的鸿沟，这一倾向被称为神经精神分析学。FRED 研究检测接受长期精神分析治疗的抑郁症患者，检测其大脑皮层功能方面的持续改变，部分结果显示确有变化。然而，由于神经科学与精神分析研究的区别，两者的结合又被质疑是否合适。对此，作者最后提出疑问：神经精神分析究竟是否是精神分析研究身体的出路？

【关键词】神经科学　精神分析　神经精神分析　FRED 研究出路

一、神经精神分析的出现

弗洛伊德去世前的最后一部作品《精神分析纲要》（1938 年）提到："（对于）我们所称的精神（或心理生活），我们知道两类事情：第一是精神的躯体器官和活动场所——脑（或神经系统）；第二是我们的意识活动……我们对两者之间存在着什么还一无所知……"在 24 年之前，弗洛伊德在《论自恋：导论》中讨论了种质概念后，紧接着就讲到："我们必须记住，我们这些有关心理学的暂时观点总有一日会建立在'机体基质'之上。正是某些特殊的物质及化学过程操纵了性活动，并使个体的生活扩展为种族的。考虑到这种可能性，我们将用纯粹的心理力量取代特殊的化学物质。”

一方面是神经生物学的现实，一方面是精神生活的产物。近二十多年来，许多神经科学家和精神分析家试图消除两者之间的鸿沟，两方面的专家一起合作来让神经科学和精神分析学的研究在一定程度上互相靠近。在世界上，这一倾向可以用一个术语的出现来代表，即神经精神分析学。[①] 神经精神分析学利用一些经验性的方法，例如核磁共振成像技术、认知任务，再加上精神分析取向的心理治疗，试图从精神分析的理论中以及神经科学的研究中获得两者的一些联系。神经精神分析方向的研究者经常会引用弗洛伊德 1985 年的“科学心理学大纲”。不过在他那个时代，科学和精神分析的临床观点之间的联系比较微弱，而且他自己放弃了努力，只是期待后来人能够继续在这条道路上探索下去。我们在 1950 年才见到了这篇文章的德文版，1954 年见到了英文版，1956 年见到了法文版。

二、FRED 研究

近期的一项系列研究 Frankfurt fMRI/EEG Depression Study（法兰克福功能磁共振成像 / 脑电图抑郁症研究，FRED）就是这一研究方向的代表。简单说，功能磁共振的理论基础如下，在大脑活跃的脑区，神经元消耗的氧气含量会小幅增高，由此会带来这一脑区的血流大幅度增加。结果就是去氧血红蛋白的浓度降低。因为含氧血液是逆磁性的，去氧血液是顺磁性的，所以在大脑活动期间，磁共振的信号会有小幅度的变化。因为这一变化幅度非常小，所以需要非常有效的统计方法来让这一效应变得清晰。FRED 研究受到国际神经精神分析协会以及国际精神分析协会研究顾问委员会的资助，由法兰克福的 Sigmund-Freud-Institute

① Kaplan-Solms, K., & Solms, M., *Clinical studies in neuro-psychoanalysis,* Introduction to a depth neuropsychology. Londres: Karnac Books, 2000.

（SFI）、the Brain Imaging Center（BIC）与 Max-Planck-Institute for brain research（MPIH）合作执行。我们将简单介绍一下它们的一篇研究论文，然后就这一研究方向进行讨论。这篇论文于 2013 年发表在《人类神经科学前沿》杂志，作者是 Tamara Fischmann、Michael Russ 和 Marianne Leuzinger-Bohleber。① 研究目的是检测接受长期精神分析治疗的抑郁症患者的脑皮层功能方面的持续改变。研究者们假设精神分析会修改创伤记忆，改变大脑皮层环路的拓扑性质，并且患者的梦的改变会对应于大脑皮层活动的改变，后者可以通过功能磁共振（fMRI）反映出来。他们预测研究将会识别出与创伤相关的词句，VS 中性对照条件能够凸显出自我相关信息加工脑区（内侧前额叶、顶叶、颞极）、检索自传体记忆（内侧额叶、海马）和 / 或情绪记忆相关脑区（如杏仁核、海马、前额叶），且这一模式会随着心理治疗的进程而有所改变。

研究者们观察了 16 位进行长程治疗的重性抑郁障碍患者。由资深医生根据 DSM-IV 的标准进行诊断访谈，参与研究的患者没有其它情感性精神疾病，也没有毒瘾及严重的神经系统疾病、精神类药物等引起的抑郁。研究招募了 18 位志愿者作为对照组。

该研究在再认任务阶段进行脑部 fMRI 的扫描，针对抑郁症患者个体化地选择任务刺激。为了引起最大化情绪反应的刺激包括两个部分（操作化心理动力学诊断②（OPD）句子和梦词），目的是让患者回想起内部冲突。根据患者反复做的梦选择 30 个梦词，并根据 OPD 选取 4 个句子来代表患者核心的症状。作为对照，对照组使用的 4 个句子从一个交通情境中选取，以便既引起被试的相关记忆又不引起负性情绪，另外从一本旅游杂志的一篇文章中选取 30 个中性词作为对照。

研究一共分 3 次进行任务测试，分别是在治疗开始时，治疗第 7 个

① Fischmann, T., Russ, M., & Leuzinger-Bohleber, M., "Trauma, dream, and psychic change in psychoanalyses: a dialogue between psychoanalysis and the neurosciences", *Frontiers in human neuroscience* 7, 2013.

② OPD-Task-Force, Operationalized Psychodynamic Diagnosis OPD-2, *Manual of Diagnosis and Treatment Planning*, Kirkland: Hogrefe and Huber, 2008.

月时，和第 15 个月时，采用 fMRI 和脑电技术进行测量。fMRI 测量大脑皮层的活动区域，脑电技术测量快速眼动睡眠周期，确定患者什么时候做梦，以便在 REM 睡眠周期过后马上唤醒被试来报告所做的梦。

研究者们认为每一次测量都能够允许研究者们简略地看到与患者们的有意义经验（以精神分析理论为基础）相关的生理痛苦。fMRI 测量的结果会在患者和健康成人那里确定不同脑区的神经活动模式。即使研究还在进行之中，部分结果已经显示，随着精神分析治疗的进行，在抑郁症患者那里，情绪反应引起的大脑活动程度有所降低。相反，在正常对照组那里，15 个月内并没有明显变化，显示出面对压力性情境时相对稳定。这样的研究可以评估精神分析治疗对于抑郁和创伤的一般效果，同时也开启了关于精神分析对患者的生理方面影响的研究。

三、新的出路或是死路？

Karen Kaplan-Solms 和 Mark Solms 在 2000 年曾出版过一本《神经精神分析临床研究》，他们在其中将神经科的临床和精神分析对主体经验的理解结合起来，以神经损伤病人为例给大脑一个深层心理学的解释。不过，在他们之后很少有研究者继续这条路，不仅仅因为病例并不那么常见，而且因为人们怀疑神经科学的研究对精神分析工作是否合适。[①] 一般而言，人们认为精神分析和神经科学都试图理解人类所处的状况。两门学科的一个根本差别在于其抽象概念水平。神经科学借助对大脑的物理、功能和有形物质结构来研究人类的本体论，精神分析处理的是意义和个体经验的重要性，实际上并不提供本体论的解释。也可以说，神经科学倾向于通过描绘大脑的区域和它们的功能来理解给定的一般天赋，而精神分析倾向于通过倾听患者、通过用构建其生活的那些特殊的意义

---

① Blass, R. B., &Carmeli, Z. V. I., “The case against neuropsychoanalysis: On fallacies underlying psychoanalysis’ latest scientific trend and its negative impact on psychoanalytic discourse”, *The International Journal of Psychoanalysis* 88, 2007, pp.19-40.

和能指来理解给定的个体。

精神分析家和神经科学家的合作并不总是那么容易。有人发现这样的合作计划从最开始就已经被歪曲。“有一小群精神分析家给孤立无援的神经生物学家下套”，① 说神经生物学家嘴里说出来的任何话都是“唯科学主义”的话。但是对弗洛伊德来说，精神分析的理想就是科学，一门无意识的科学！你们怎么看呢？比如说，有一篇题为“作为成功交流基础的讲者－听者之间的神经连接”的论文，② 研究者们利用功能磁共振技术来测量讲者和听者之间自然语言的交流情况，以讲者大脑活动的时空信号为模型来对比听者的大脑活动信号，他们发现听者和讲者的大脑活动在时间和空间中连接在一起，具体表现为：在时间上听者会延迟 1-3 秒，空间上的连接反应在初级听觉区、颞上回、角回、颞顶交界处（威尔尼克区，负责区分和理解词句）、顶叶、额下回（布洛卡区，负责发音）和脑岛。当听者没能够理解故事时，这一连接就消失了，如果听者对故事理解得越深入，连接也就越强。

可见磁共振技术目前已经进入主体间领域。Marks-Tarlow 甚至建议将脑科学当作分析的第四者，③ 他强调大脑成像技术拥有巨大的潜力，可以抓住主体间交流的时刻，如此就能够在 Ogden 所说的分析的第三者 ④ 之后再加上一个生理学维度作为第四者。不过，也有反对者，比如 Carmeli 和 Blass 坚持认为神经精神分析的倾向从根本上改变了分析进程的目标：“精神分析唯一关心的是意义，以及主体间话语在识别和解释这

① Marks-Tarlow, T., “Brain Science as the Analytic Fourth: Commentary on Paper by Michael J. Gerson”, *Psychoanalytic Dialogues* 24, 2014, pp.236-246.

② Stephens, G. J., Silbert, L. J., & Hasson, U., “Speaker-listener neural coupling underlies successful communication”, *Proceedings of the National Academy of Sciences* 107, 2010, pp.14425-14430.

③ Marks-Tarlow, T., “Brain Science as the Analytic Fourth: Commentary on Paper by Michael J. Gerson”, *Psychoanalytic Dialogues* 24, 2014, pp.236-246.

④ Ogden, T. H., “The analytic third: implications for psychoanalytic theory and technique”, *The Psychoanalytic quarterly* 73, 2004, pp.167-195.

些意义方面的作用。”[①] 如此一来，这样一种倾向将会对精神分析的思想和实践发展产生负面影响。

我们不能忽视生理维度和生物学维度，但是也不能沉溺于此。Kamila Markram 和 Henry Markram 提出过一个理论来解释孤独症，即强烈世界理论。[②] 他们认为孤独症的特点是神经活跃度和神经可塑性过高，后果就是感知敏感度、注意力、记忆力过高。由此，孤独症们很容易陷入一个有着强烈痛苦的世界中，这也就解释了他们的症状，以及为什么他们的反应是如此激烈，或者当面对新的经验和创伤时变得如此极端。我们对这样的说法还是很熟悉的。不过，这个理论是从动物实验研究中得出的，确切说是以怀孕期暴露于丙戊酸钠的母鼠的后代为研究对象的实验中得出。他们发现受到丙戊酸钠影响的老鼠的神经微环路的神经元相互之间的连接强度增加了 50%。连接强度过高以及由此增加的信息可能是引起不同脑区活跃度过高的潜在机制。丙戊酸钠是什么？它于 1960 年代被引入用来作为抗癫痫药物，后来被用作抗治疗双相情感障碍（焦虑和抑郁交替出现）的药物。80 年代研究逐渐发现孕期服用该药物的女性的后代容易出现畸形、认知缺陷、行为障碍，以及孤独症。

生物学在分析一个活着的存在的时候，分析的是分子层面，分析的是惰性系统中运行的一些程序，并以此来理解活物的世界的算法，这就是雅克 - 阿兰 · 米勒先生在一篇非常复杂的论文“拉康派生物学和身体事件”中开篇所言。[③] 在这篇文章中，米勒先生强调了弗洛伊德的生物学和魏斯曼的“种质”概念有直接的联系，并且现代生物学的基因组概念和种质是同源的。不过，拉康把字母和种质比作是类似之物，即精神分析所处理的并非仅仅是生物学意义上的生命，而是作为享乐的生命，

① Carmeli, Z., & Blass, R., “The case against neuroplastic analysis: A further illustration of the irrelevance of neuroscience to psychoanalysis through a critique of Doidge’s The Brain that Changes Itself”, *The International Journal of Psychoanalysis* 94, 2013, pp.391-410.

② Markram, K., & Markram, H., “The intense world theory—a unifying theory of the neurobiology of autism”, *Frontiers in human neuroscience* 4, 2010, p.224.

③ Jacques-Alain Miller, «Biologie lacanienne et événement de corps», *La Cause freudiennen* 44, 2000, pp.7-59.

享乐是能指和冲动一起将其引入身体的。或许我们可以在身体上找到这一永不停息的运动所留下的那些痕迹？

四、结语

Hoffman一直反对科学主义对精神分析的影响，他也担心治疗被手册化。[①]实际上，我们已经看到，人们因为政治或科学的理由，想要改变假设存在于精神分析中的科学基础不足的状况，因而出现了一种难以抵制的倾向，即对精神分析过程做系统的实证研究。塔维斯托克中心已经发表了一篇论文，阐述其“塔维斯托克成人抑郁研究”的基础工作成果，即针对抑郁症患者的精神分析治疗手册，其目的是“汇报在遵守循证医学研究的特殊要求的情况下，精神分析方法的目标、价值和精神”。[②]

对于我们这些拉康派学者来说，我们强调思想受到语言的影响，我们的身体也受到语言的影响。这才有了我们今天所讨论的主题——身体与精神分析。我们该怎么看待当前的这些研究倾向？

---

① Hoffman, I. Z., “Doublethinking Our Way to ‘Scientific’ Legitimacy: the Desiccation of Human Experience”, *Journal of the American Psychoanalytic Association* 57, 2009, pp.1043-1069.

② Taylor, D., “Treatment manuals and the advancement of psychoanalytic knowledge: The Treatment Manual of the Tavistock Adult Depression Study”, *The International Journal of Psychoanalysis* 96, 2015, pp.845-875.

Extraits de «Télévision» (1974)

《电视》摘录

郝淑芬、张涛、鞠睿、吴睿、李锋、
王雪莲、卢毅、Stéphanie Shao / 译 ①

（约 20 分钟）

开始于 11 分 25 秒

拉康：我总是在讲真理：不是将全部的，因为要全讲出来，是做不到的。全讲，实际上是不可能的：因为词在此是缺失的。而且真相正是通过这种不可能性而触及到了实在。

雅克－阿兰·米勒（画外音）：这里，我们在电视上！

拉康：电视与长久以来我所做的公开演讲，即所谓的讨论班，是毫无差别的。

雅克－阿兰·米勒（画外音）：没有差别，真的吗？

拉康：这两种情况都涉及一种目光，我对之讲述，我是以这种目光的名义在讲。没人相信我是在对着后台（以拉康的声调）说话，这就是讲的情况。我是对着那些对之有所体悟的人讲，对那些我认为是分析家的那些人讲，而不是对白痴讲。

① 这一中文翻译是在巴黎 Nathalie Charraud 女士的讨论班上进行的。

经验证明——即便是因为聚集的众人，因为讨论班就是这样——，经验证明，我所讲的东西会让比因为某些缘由而令我假定为分析家的人还要多得多的人们感兴趣。那么为什么在这里我要以一种不同于我的讨论班的声调来讲呢？

雅克－阿兰·米勒（画外音）：无意识，多么古怪的一个词！

拉康：的确，我同意。但是弗洛伊德最后也没找到其它更好的词。事已至此，追究无用。因为无意识是个否定词，所以有点麻烦，它可允许假设世界上的无论什么东西，更不用说剩下的了。我不赞成这样。因为，虽然大大小小甚至那些我们无法察知的东西都能够被假设——“无处不在”这个词跟“不在任何一处”这个词并没有什么两样，然而它（无意识）却是个非常具体的东西。确切地说，只有言在才有无意识。这个我们必须提出来。其它物种，比如动物，确切地说仅仅是因为被命名才存在着。我并不是说它们不存在于实在（réel）中，它们具有比方说本能这种东西，或者似乎有某种适宜于它们存活的知识。那个就是本能。而最后我们也可以说“本能”一词仅仅因为我们的思想而存在，因而把那个称作本能可能还是不恰当。而那些离不开人的动物，我们因而说它们是家畜（hommestiques），这些动物，肯定就是这个原因，才被动乱追着跑，虽然仅仅只是短暂地。这动乱不是跟无意识一点关系没有。确切地讲：无意识，它在说，这让它离不开语言。

雅克－阿兰·米勒（画外音）：我打断下您，您提到说动物因为不讲话所以没有无意识。笛卡尔曾说过动物没有灵魂。这倾向于表明无意识并非只是一个假设，一种猜测。

拉康：灵魂也是一种猜测，一种总体的猜测，我们对身体功能的总体的猜测。无论如何，对其予以假设，并非是毫无道理的。为什么这是一个比无意识的猜测更加成问题的猜测呢？尽管如此，让我们假设它，因为加以猜测是合理的行为，但它却总以同样的方式被假设，从亚里士多德到冯·魏克斯库尔[①]，如果你们从未听说过后者的话，你们可以记一

① Jakob Johann von Uexküll，德国哲学家与生物学家，生物符号学家先驱。

下这个名字，然后，还有生物学家们、生理学家们，他们也在假设，不论他们有意还是无意。

灵魂就在那儿，我因而说无意识主体只能透过身体来触及灵魂，而更难以接受的是把思想——我透过身体来讲——引入灵魂，这就是为何这一次我反驳亚里士多德。人并非用其灵魂在思考，如他所想的那样，如这位哲学家所想的那样。如他所想见的那样……要领会这点，只有去读他才行。人们持有一种结构的观点，即该结构切分身体，而且呈圆环样，这跟解剖学毫无瓜葛。癔症即是证明。

我认为对某些人来说这还是讲出了某些东西。这个剪切机确实也发生在灵魂那儿——这是重大的事实。这发生在灵魂那儿，我希望仍旧有一些人对强迫症的症状有一些了解；这是……正是在此我们能很好地看到思想和灵魂的差异，因为，这一思想的灵魂，我们不能说它没有受到阻碍，如同它们毫不相干似的。我们无法说思想知道对此如何加以处置。这导致的结果是让人惊愕的，也就是说，若是所有的人都知道的事情要被说出来，必须要等待——思想是不和谐的，对于灵魂来说，思想是不和谐的。

从 59 分 56 秒到 1 小时 07 分 15 秒

雅克－阿兰·米勒（画外音）：有一个对您的反对意见，这 20 年来一直以不同的形式出现。您说：无意识，它在说。对那些不说的东西，您是怎样工作的呢？譬如说，您如何处理情绪（émotions）、情感（affects）问题呢？

拉康：是的，其实在这个问题中，您重提了那些反对精神分析辞说的互助救援协会中假装成老古董的那些人的姿态。因为，说到底您知道，至少在巴黎的反精神分析辞说互助会中，喂养他们的因素还不是来自于我的教学？它（我的教学）到处渗透。它像是风一样，当吹得猛烈时，使人们拥抱。于是，我们变回老样子，那些需要抱团取暖的人，就在（精神分析）大会上蜷成一团……。希望人们能仅就这一点回答我：情感，它是否涉及到身体？肾上腺素的卸载，是不是属于身体？它会扰乱一些（身体的）功能，确实如此。但是为什么情感是来自于灵魂呢？它的卸载源于思想。

因此需要斟酌的是，我的观点：无意识如同一门语言那样被结构化，是否能够让我们更加严肃地考察情感，相较于另一个观点——从总体上的一团混乱中产生出某种更好的整理——，他们在这点上反对我。

对于我来说，我只是回到弗洛伊德在1915年发表的关于压抑的一篇文章，以及其它一些提及情感被移置的文章上。如果不是通过主体来假设，如何判断这个移置，这个经由表象才到来的移置？这并不是弗洛伊德本可以说出的最好的东西，但我用他的“带”（bande）来进行解释，就好像是为了他而把它固定下来。同样，我要承认的是，我打交道的始终是同一个东西。我只是通过援引他与弗利斯的通信集（我们仅有的一个删减的通信的版本）来显示，上述所说的表象，尤其是作为被压抑的表象，就是结构，并且恰恰与能指这一公设相关联。对于这点请你们参考第52封信：这个公设就在信件的文本中。

情感，如同我所考虑的，是对无意识的一个干扰，因为无意识本身是一个知识的结，当我说无意识像一门语言那样被结构的时候，我更进了一步。这跟拜倒在颤动的灵魂前不同，这不一样。

从我所讲的东西出发来重新考虑情感，这无论如何会更新那些所谓确定的说法。

从灵魂那里简单地切除激情，这正是圣·托马斯的用语，而在这个乏力的医学词汇之外，自柏拉图开始，这种对激情的切除以身体为依据：头，心，甚至他所说的对于那些更低端的、而且非常奇怪还是贪淫的东西来说似乎暗示着“超心”的东西；这种切除不是已经证明了通过身体而触及它们所必需的东西吗？这个身体，便是我所说的被结构影响的身体。

比如说，悲伤，人们把其称为抑郁，赋予其灵魂，亦或比如哲学家皮埃尔·让内的心理紧张。但这不是一个灵魂状态，这只是一个道德错误，如但丁甚至斯宾诺莎所说：罪，意味着一个最终都只属于思想的道德怯懦，要么是出于责任地好好说，要么重新出现在无意识中、在结构中。另外，对于少许的人来说，随之而来的是，这个怯懦，它拒绝了无意识，走向了精神病。就是我所定义的，被语言所拒绝的，返回到实在界；这就是躁狂的兴奋，通过它这个返回成为致命的。

《电视》第一部分评论

纳达莉·沙鸥／著
张涛／译

引介

拉康以前总是拒绝上电视，直到一个热情而果断的年轻导演出现；他施展他所有的魅力，才成功地让拉康接受了这个电视访谈计划。拉康因而在 1973 年为 Benoit Jacquot 导演的摄像机打开了他那扇工作室的门。我们可以想见出这一摄制，雅克－阿兰·米勒向坐在办公桌旁的读着事先准备好答案的拉康，提一些约定好的问题。在这个《电视》中拉康的谈吐，确实，有一些戏剧性，然而，他自己也承认，对于他来说没有什么差别，不论是在电视机上还是在他的讨论班之上。如同在他的讨论班上一样，他一直站着，在他面前的一张桌子上是散乱的几页笔记。他的讲话伴随着双手的挪动、演员的姿势与叹气的动作，也如同在他讨论班上那样。

他跟我们说，共同点在于，在两种情况下，他都面对着一种目光。摄像机的眼睛虚拟地代表着一大群听众和目光，就像吸引大量听众的他的讨论班的情况一样。"涉及一种目光，不是我要对之讲述的而是我以它的名义而讲的那种目光。"他并没有对着一种如同剧场的场合下——即那种涉及去捕获公众的幻想——的那种目光。而是牵涉到以这种目光、这种在场的名义来讲话，就是说，以人们对他的预期的名义。这“聚集的众人”——如同他对其讨论班中的那群人的称呼一样——证明了，他所说的东西吸引了许多的人，超过被假定为只是作为分析家才会在那里的那群人。而正是以此为名，以促使人们簇拥前来听课的东西为名，他说：为什么他需要在电视面前以一种与讨论班上不一样的声调来说话呢？

因此，观看这部影片可以作为所有那些只了解书写版的人们——今天你们中的一些人所阅读和研习的就是这个版本——掌握拉康如何在讨论班上讲话的一种方式。在他的讨论班上，他以一种极具戏剧性的方式讲话，他掂量着每个词语，毫不犹豫地运用着词语游戏以及新造的词。

面对着镜头，他如同站在其平常听众面前那样，致力于澄清精神分析的关键要点，这是借助于雅克－阿兰·米勒所提出和反馈回来的问题。透过这最后一句“无意识，多么古怪的一个词啊！”所发出的感叹，拉康承认这个词并不让他满意，然而仍保留它，因为弗洛伊德就此（Unbewust 德语：无意识）无法找到更好的词了。你们看到他并没有在这个时刻想要去锻造一个新词来进行替代。

我们保留了著名的开始片段“我总是在讲真理：不是讲全部的，因为要全讲出来，是做不到的。”你们能够了解到聆听伴随着其身体形象和动作出场的拉康与阅读拉康是多么地不一样。我们所选取的另外两段话展现了其关于身体问题的珍贵意见。

前一段围绕着灵魂的一个有趣的定义，在亚里士多德那里灵魂让身体和心灵产生了关联。对于拉康，灵魂是一种假设，是“身体功能的总体。”

后一段关注情感[①]的问题：如何区别于拉康的能指理论来解释情感的移置：身体受到结构的感染，就是说，受能指的感染。

① Affect 法语情感，在拉康术语中有别于 emotion（情绪），指涉因某事而感动、受到影响，甚至受苦，因而是和下文的动词（affecter，影响）联系甚密的，由于这里具有双重含义，下文的 affecter 我们翻译为“感染”，这样具有影响和感动双重含义。——译者注

拉康的风格是难懂的，而我们在这部影片中再一次领略到了。因此，当时法语电视台的领导们对结果感到惊讶，并且决定除非是在深夜，否则绝不予以放映。在米勒《相约拉康》的纪录片结尾，雅科讲述说这个胶片最初如何不被电视台的领导所待见，而拉康展现出他从不准备为达成放映而让他的欲望做出让步。

他动用所有的关系，改变电视台的负责人的主张，并要求影片被播放。这并非易事，但是最终他获胜了，影片首映得以在黄金时段一点播出，第二次则是在周六晚上八点半钟！

对应于这次电视采访的文本首先由雅克-阿兰·米勒精心制作在色伊出版社单独刊行，随后又被收录在《著作别集》中，两处均保留了拉康所选用的《电视》这个简单的标题。

《电视》第二部分评论

达米安·居约内 / 著
石岩 / 译

这一部分讨论的是弗洛伊德的无意识的概念，拉康从来都没有拒绝它，然而他也不是一直赞同弗洛伊德给予无意识的各种定义。拉康（和弗洛伊德一起）首先揭示出其结构、语言式的结构，然后将它作为精神分析的四个基本概念之一。从此以后，无意识的形式化中包含了一个无意义的维度，这与性欲有关，因此也就与享乐有关（在此，拉康超越了弗洛伊德）。拉康的无意识就不再是弗洛伊德的无意识。在 60 年代末，拉康授予它一个辞说（无意识的辞说），它由主人辞说所书写，主人辞说将之变成一个知道（S_2），一个被打洞的知道。最终，他在第二十个讨论班《继续……》（它和《电视》的时间差不多）中明确指出，这一知道包含了一个“呀呀言语的本事”（第 127 页）。在此，我们再次发现了无意识和享乐之间的直接关系。

我们回到《电视》中的章节。首先，拉康阐述了从他的教学最开始就阐述过的一个基础，“只有言在……才有无意识。”因此，动物没有无意识。换句话说，如同一门语言一样被结构化的无意识的条件，就是语言本身，由此的后果是“无意识，它说”，而且它是“语言，话语得由它而释放出来”，如同拉康在著名的《罗马报告》（1953 年）中所说。

在雅克－阿兰·米勒提的问题之后，拉康接下来讲了围绕着无意识主体、灵魂、身体和思想之间的关联的一个发展。这里有点复杂，拉康还用了两个临床方面的例子来描绘，或者说展示他的发展：癔症，在身体中构建症状，强迫症在思想中 / 通过思想构建症状。跟随拉康到这里之后，我们就要关心一下这段话的最后一句："对灵魂来说，思想是不和谐的。"我们可以把这一点视为对他来说开始确认结构割开身体（注意：是语言的结构）的一个起始点。这样，语言在身体上起作用，将其割开，我们由此可以得出，结构和身体之间、语言和身体之间、大彼者和身体之间有着直接的联系。在这个背景下，拉康可以说，大彼者，就是身体。①

因此，结构、大彼者、语言割开身体。现在，如果你们想要描绘这个能指的剪刀，你们指向的只是癔症的症状。相反，如果你们想要描绘这个剪刀对灵魂（我们称之为思想）的效果，你们指向的就是强迫症的症状。并且因为这个思想是侵入性的，你们可以推断说"对灵魂来说，思想是不和谐的"。此外，我们看到拉康在谈癔症时没有提及灵魂，尽管他以前指出其"美丽心灵"的位置（例如在《文集》的第 596 页）。但是，当他谈到无意识主体时，癔症就是一个完美的例子，他说"无意识主体只有通过身体才能触及灵魂"。正是在这里，在书面版本的页边上，雅克－阿兰·米勒给我们做了些解释。他写的是什么？"思想与灵魂－身体之间的唯一关系就是一种外－在的关系"，米勒把"灵魂"和"身体"两个词用线连了起来，由此来强调，就算它们不是相等的，也是直接相关的。由此，我们也可以进一步说，如果对灵魂来说思想是不和谐的，对身体来说也同样如此。

最后我做 3 个评注，更确切说是提出 3 个问题，给研究提供一些思路：

首先：为什么拉康在这一段中不明确提及客体小 a，对身体的能指性切割所留之物？

① *Cf.* le Séminaire, *La logique du fantasme*, séance du 10 mai 67, inédit. Ou encore le Séminaire XVII, *L'envers de la psychanalyse*, p.74.

其次：我们可以在语言对身体所造成的剪刀的效果和思想的侵入的效果之间建立怎样的关联？难道在这两种情况下涉及到的就是能指和享乐？

最后，第三点：在强迫症的症状学中，身体处于怎样的地位？

《电视》第三部分评论

让－皮埃尔·克罗兹／著
刘瑾／译

1973年，当拉康在电视上讲述此文时，他坚持要为其保留这个标题：《电视》。他说，他在那里说话，如同在他的讨论班上对那些能够倾听他的人们说话。他强调，他力求自己在那里处在分析者的位置上。在那儿，如同在其它地方一样，在公众之外、在电视观众之外，他对精神分析家们讲话。

对于他来说，这是一次机会，以集中的方式来讲述他的教学及其对于精神分析的影响。他于数月前刚刚结束了他的第二十个讨论班《继续》。《继续》是由雅克－阿兰·米勒所记录的第二本出版物。我们在今天、在事后可以说，这是《最终的拉康》的前言。

他在此回答了一个关于在经验当中不说话，因而不能由无意识（它我在此说话）重建的某物的问题。长期以来，人们因为语言结构之外的情感和情绪为理由而对他提出异议。人们经常以它们的直接性来反对他，从而否认他关于能指影响之优先性的论点。但拉康拒绝讨论逃脱了此影响的情绪与情感。人们给出的依据是（作为情感聚集之地的）灵魂、身体的精神反映、被基督教充分采用的亚里士多德学说的内容。拉康却坚持把身体重新置于首位。身体受思想的影响，它不是灵魂的反映。这里的对立十分关键。

思想是符合语言结构的序列。思想与身体相冲撞。由此而产生一些

“情感”结果，它们是表象的转移。因为更易操作，相较于在 SAMCDA（“反分析辞说的互助会”的首字母缩写，拉康用来嘲笑十多年前开除他的国际精神分析协会）的课程，参考拉康的这些引文更好。他认为人们对他的反对，揭示了一种对于分析辞说的拒绝，这是分析团体的固有产物，它忽略了无意识及其语言结构。

身体必须定位在那儿，就拉康研究它的方式来说。从在身体中移置的表象出发，情感在身体中得到了“证实”。拉康在此所说的“表象”，参考自弗洛伊德，并且也是为了他的听众们的倾听而做的让步，它正是语言对身体的影响。没有别的有价值的参考。

这个身体不是想象的身体，后者通过镜中的形象被直接感知到。这里关系到的是作为地点的身体，在这里，表象的移置可以得到证明。这个身体不是整个身体，而是由对身体造成影响的语言现象所清理出来的身体。我们处在这个有关身体的全新研究方法的开端，在向最终的拉康的前进中，这个身体将通过去想象化而朝向享乐的实在。

情感是这个知识之结（即身体中的无意识）的干扰现象。因此，它是取自于身体的，而不是灵魂的闪现。这篇明确而尖锐的文章移置、揭示并剖析了身体。

拉康接下来得出关于不同临床现象的推论。比如悲伤，它被称为抑郁，当我们将这种人类情绪当成一种疾病时。他没有将之确定为不足现象，而是归属到伦理的主题之下：一种“道德的怯懦”，一种与应该好好说话或者应该处在结构当中相关的欠缺。我们始终不能丢掉语言的和结构的思路，因为那里存在着停步于情绪的直接想象之上的诱惑，这会导致由语言结构所构成的线路发生短路。（前进的）道路在这里被指示了出来，它将通向“与实在打交道”。我们尚未到达，但是，以灵魂的名义来中断这种身体的思路将毫无疑问地阻挡我们抵达那里。

拉康教学的本质，通过这个电视系列而得到充分的阐释，与其说它学说化了分析的经验，不如说它不会阻止分析的经验在言说中和实践中产生其可能的影响。

拉康的中文对联[①]

懂得

纳达莉・沙鸥、张涛 / 著

张涛 / 译

纪念米歇尔・吉布尔

我们知道 1946 年在博讷瓦勒大会[②]的开幕报告是交给拉康来做的，这个发言先刊登在大会文本汇编中[③]，之后又收在《拉康文集》中，题名为“关于精神因果性的发言”。然而，我们不太知道的是，亨利・艾伊虽然致了闭幕词，但他却让拉康做最后的结语，而拉康说了如下的几句话：

---

① Parallélisme，词根是 parallèle（平行的），这个法语名词泛指各种排比类型的修辞手法，因而在指代汉语中的这种修辞时，具有比较宽泛的意义，例如阴阳的这种“对子”、“单字对”，诗歌的“对仗”，排比句或者排比的段落，以及跟诗歌形式类似的各种“对联”（单字联、双字联、三字联以及一般意义的对联）等等。后文我们在未特定指代的时候均翻译为排比，而在确切指涉某种具体修辞类型的时候，我们才译作具体的术语。——译者注

② 我很感激米歇尔・吉布尔，在他过世前不久，让我获知这本文本汇编并且让我注意到最后拉康说的这些话。这个大会的主题是“神经症和精神病的精神发生问题”，这是对亨利・艾伊来说很重要的主题，因为他支持精神分析的一种叫作器官发生学的取向。张涛是巴黎第八大学精神分析系的博士生，在法比安娜・于拉克的指导下完成了关于《拉康教学中的字母概念》的博士论文。

③ 根据参与者的报告来看，这个大会是 1946 年 9 月份在一种极为友好的氛围下召开的。它由亨利・艾伊组织，地点在博讷瓦勒精神病医院。亨利・艾伊从 1933 年起就是该院的主任医师。在 1925 年到 1933 年间拉康和亨利・艾伊是同学，这几年他们都在圣安娜医院接受训练。

“正是在这些讨论中我们发现了我们工作的价值。我在这次会议的第一天所坚持的论点在接下来的两天里（被其他人）以其它几种形式所重复，首先是胡阿赫（Rouart），他的临床示例显得与我们的完全互补，但他此前并未跟我们做过讨论，而且他硬是给了我们这种马德堡半球的形象①；最后是佛林（Follin）和博拿飞（Bonnafé），他们借用‘政治’（politiques）这个词旧有的意思来发展出了同样的论点。这次讨论达到了这样的一种意义，它唤起我们和谐的美好心智之一，由赫拉克利特②在对立的张力上所建构的那种和谐。所有人会感到产生了某种启示，它向我们揭示了那种在我们提出问题的一些概念上的最为常见的虚假巧合。在有幸给这次重大的辩论划上句号、并向我们的东道主致以敬意的机会，我去援引汉语，这种比其它语言更善于将稳固和热诚融合在一起的语言，也就是说，（我要）透过‘懂得’这两个汉字，用汉语最习以为常的修辞手法中的排比修辞法的一种，来严格地表达出在我们之间所展现出来的一致；而在我们的语言中，只能在形式上有点牵强地表达如下：

那个喜欢召集由人类之爱造就的那些心智的人，

亦欣赏每一心智在此带着自己去遇见他的一致性……”

拉康并没有给出他所用的这两个中国字的翻译。但是提到“对联”暗含了其意谓（sens）并不能减缩为它们在汉法词典中给出的意义

① 马德堡半球，是一对铜质空心半球，1654年由德国物理学家、时任马德堡市长奥托·冯·居里克于神圣罗马帝国的雷根斯堡（今德国雷根斯堡）用于进行的一项物理学实验。在这项实验中，实验者先将两个完全密合的半球中的空气抽掉，然后驱马从两侧向外拉，以展示大气压力的作用。马德堡半球实验作为物理学中的经典实验，时至今日仍被广泛用于课堂教学。——译者注

② 赫拉克利特（Heraclitus，约公元前530－前470年），古希腊哲学家，他借用毕达哥拉斯“和谐”的概念，认为在对立与冲突的事物（冷热，干湿，生死，老少等）背后有某种程度的和谐。——译者注

(signification)，在该词典中“懂得”被翻译为“知道，理解，认识”。对联游戏可能从几个表意文字出发开启出一些不同的词义范畴来。我们在此提出一种关于 Tong tö（在拼音中写作 Dong De）的词义范畴的可能性。

中国的 / 难懂[1]的对联

趁着战争期间与所有的出版活动的远离，拉康有机会在东方语言学校上戴密微教授的课，并且还获得了中文文凭。在那种环境下，他对中国文化中的修辞手法有了更多的认识，而且其思想还留下了中国文化的烙印，其中就有可以和我们的排中律相比拟的修辞法：排比。

根据弗朗索瓦·于连的说法，排比包含“对立性和互补性：两极性是总体上的，但‘排比’的效果具有动力性和首要性。”[2]两个词项之间的对立并不必然导致矛盾，要求消灭两个词项中的一个，而是能够让一个与另一个相互连接成为一种共存体：在阳中总是有阴，反之亦然。

透过在天地之间重新摆放人的位置的这种宇宙论，安娜·程强调了，这种修辞手法和中国思想的结构之间的联系。“由此可见，在与文化的不同领域相感通的宇宙学原理的诸种应用中，排比，在成为一种形式或者一种手法之前，将构成意义的材质本身。”[3]

考古学者们发掘出的最原始的占筮文本就系统地呈现了排比句式，这是修辞手法之源，历经朝代更迭，一直流传下来。

汪德迈曾对“文学排比的中国传统之占筮起源”进行过一次研究。他在当中阐述：“如果在古老的中国，占筮者曾经是‘通过乌龟’的导引

① 在法语中形容词 chinois 既有中国之意，也有复杂难懂之意，因为中国的很多事物对于西方是难懂的，故而衍生而来。这里作者试图用这两种含义来表达中国的难懂的排比修辞法：对联。——译者注

② “配对基础上的世界观：哲学的利害、原文的作用（从王夫之出发）”，发表于《远东、远西》期刊，第 11 期，1989 年，“事物的排比与配对”专栏，主编为 Corinne Le Mero。

③ 安娜·程：《“阴、阳，便是道”：中国思想中的排比式的宇宙论起源》，第 40 页。

来进行占筮的话，那么也就是说乌龟曾被当作宇宙的缩微模型来呈现，[①]它的龟甲、圆形的上壳如同天，平坦的下壳则为地，而它那让人关注的长寿之能事，则是对宇宙源远流长的写照。换句话说，甲骨文只能透过一种乌龟的宇宙象征主义观念来阐释，而此观念透过占筮的学问得到了系统地发展和开发。”带着中线的龟壳，把它的背部均分为二，人们在上面读出那些透过烧灼而在每一侧的五块菱形花纹中所形成的裂痕。一次占筮是不足够的，人们还能透过在对称的另一侧来找到解释性的占筮作为“确认”。“在各种情况下，一般而言，占筮对称地重复于两侧；而且正是这种过程展露了人们称为卜兆法（les divinations symétriques）的东西。”[②]

我们区分出不同的排比：单字联、双字联或者三字联、排比句甚至排比的段落。林力娜（Karine Chemla）发现，透过与同时代的另一个文本的明显排比关系（le parallélisme manifeste），可对一个古代数学文本加以解释。“排比是种支架，借此两个文本的意谓得以相互转化。”[③]

单字的排比（单字对）最为著名的就是阴和阳或者天与地了。这些对子建立在意谓的基础之上。我们同样可以容许一些在汉字部首基础上的对子，按照字形、字音或者字义，相互映衬而且可以两两再组合，与此同时就把一些含有新义的全新的解读引入到组合中。

拉康提及的对联

战后不久，拉康喜爱与凯诺以及一些数学家朋友们一起结伴操练几种数学游戏的演算。他还曾哀叹无法把他的中文学识以及对联游戏加以分享，后者在中国的普及就好比在法国玩填字游戏或者变移字母构词游

① 参见《史记》第128章对该主题的讨论。

② 汪德迈：《文学排比的中国传统之占筮起源》，第12页。

③ Chemla, K.，《在对中国数学典籍的研究中考虑排比会带来些什么？从历史学家的工作到工作的历史》，第54页。

戏那样；它应该属于这类练习：旨在让人熟悉能指中由语言所提供的一种机制而非对能指的理解，在此机制中，主体的欲望和享乐可以在他的话语中筑巢。

为了反对把一切同理解相联系的倾向，例如雅斯贝尔斯所鼓吹的东西，拉康甚至在十年后宣称说如果精神发生（psychogenèse）曾是一种以理解为目的的关系的话，那好，“精神分析学的最大奥秘，那就是根本没有精神发生。”[①] 这难道不是同关于精神因果性的文本所支持的论点相悖了吗？然而最重要的是，能指的功能并非是赋予意义，而是首先要成为他稍后称作“意－享”（jouis-sens）的东西的携带者。

战争期间东方语言学院所教的汉语，所依据的注音与拼音形式并不一致，因为后者是差不多上世纪五十年代才被强制推行的。我们将要察看的拉康以 Tong tö 形式写的这两个汉字，在拼音中写作 Dong De。

这里的每个字，不管是否曾简化过[②]，都有一个形旁与一个声旁，在最为常见的情况下声旁也会介入到汉字的能指的组合中去，而且根据背景会对意义产生影响。因而，这两个汉字“懂得”可分为：

① 拉康：《讨论班：精神病》，色伊出版社，1981 年，第 15 页。
② 在上世纪五十年代，中国大陆开始使用汉字的简体字形。对于“懂得”二字，改变极小，而且只牵涉到后一个字。（这里说的改变是指“得”，它的古字形为：㝵。下文均以此字形出发而展开。——译者注）

拉康所借用的由这两个汉字而来的对联可能依赖于它们声旁的再度分解，即：

艹 ⟹ 草		見 ⟹ 看，观察	
重 ⟹ 重量、称重		寸 ⟹ 长度单位；相当于 30 分之 1 米	

如果我们平行地放置形旁的两个部分，即一边是形旁的心（心智），而另一边是步（前行），并且再把两个声旁放在一起，那么我们可以获得如下句子："心智前行，是当它，透过度量与权衡，来观察萌芽之草的时候。"① 心智前行：从左到右来阅读形旁所构成的句子。当它观察萌芽之草的时候：则是先从右到左来阅读声旁的上半部分；接着透过度量与权衡，是从左到右阅读声旁的下半部分。我们基于平行放置的两重文字进行了一次交错的阅读。这就好比要去理解理解（懂得）的意思，就需要去打开一个对联所隐含的诸种可能性！

如果在 1946 年的大会背景下进行初步的阅读，那么拉康提及的这个单字联指的是一种促进的作用，在亨利·艾伊所捍卫的器官动力主义的支持者们与那些跟随拉康以及精神因果论的支持者们之间的促进作用。两个学派"平行地"② 前进着。

结尾的两句排比诗文

我们在这里提出的"对联"，在中文的方式上，可能对应于拉康最终的双连句（diptyque），它反映了这样一个大会的成功可能激发出的主观效果。

① 即心之步：见草，重寸。——译者注

② 在 1960 年的博讷瓦勒大会的发言报告出版之后没有后续说明。而在拉康这边，"无意识的位置"一文见证了精神分析学和心理学或者精神病学、甚至哲学之间的明确差异。

那个喜欢召集由人类之爱造就的那些心智的人，

亦欣赏每一心智在此带着自己去遇见他的一致性……

拉康的两行成对诗文实际上在“人类之爱所造就的心智”和每个参与者的个体性即“每位在此带着自己去遇见他的一致性”之间引入了一种对立，而在中文中，心智（心）前行于（草）发芽之时，去度量与权衡。数学的维度因此同样地在汉语“懂得”的文字中表现出来，如同这里的“心智”，即每个人的心，它甚至是处于上面所建议的对联中的读法之外的。

在中国的诗歌中，对仗诗句的使用跟西方诗歌中一样是悠久且习以为常的。可是“中国在此构成一种可观的参考，在这种独一无二的文化中，排比这一奇异现象在很长时间以来大量而普遍地存在着，也正是在这种独一无二的文化中，排比自古代起就已经被理论化而且是人们熟知的实践。”[①]

与对联这种奇异现象的巧遇因此允许拉康以一种诗意的同时也是数学的、只述事实同时却也是解释性的方式，来为这次博讷瓦勒大会划上了尾声。

① 马尔丁：“经典中文诗的成对诗文”，《远东、远西》，同上，第 90 页。

当身体不在时
——“远程接待”[①] 中的临床经验分享和初步理论假设

刘忆非 / 著

【内容提要】本文通过分享远程接待的临床工作的感受和经验，探讨该临床工作方式的合理性和局限性。在此临床中，双方在场的方式发生了改变，除了身体的不在场之外，还多出了某种远程“技术”的在场。这些改变可能会导致来访者（或者双方）的无意识运作方式和整个临床工作场景发生“质”的改变。由此可能产生的转移结构的脆弱和单薄，会对幻想的制作产生影响；而来访者的冲动可能因此遭遇阻碍，并引起新的重复。在“不得已”选择这种工作方式的背后，是双方无意识运作的结果。分析家位置的滑动及无意识动机的转变对远程接待的影响值得进一步反思。

【关键词】远程接待　无意识运作　分析家的位置

“精神分析与身体”是一个很大的话题，在一定程度上，我们甚至可以说精神分析在开创之初正是为了解决一个和身体有关（转换型癔症）的问题。在这一百多年的时间里，无疑有很多精神分析的理论研究者和

① 为了在一定程度上悬置“这种临床实践是否可以被称为‘远程精神分析’”这个问题，也为了把它和地面接待的精神分析临床在字面上做一个区分，本文以“远程接待”来特指利用远程通讯设备来进行的临床工作，并用“远程来访者”来指称寻求这类临床接待的人。

临床实践者在继续关注着精神分析中的身体，但随着科学技术的发展进步，有一类与身体有关的新问题也逐渐浮现。我第一次注意到这类问题，是在阅读米歇尔·吉布尔先生“关于身体的讨论班”记录文本[①]时。吉布尔先生在讨论班的开场序言中讲到的一些东西，虽然距今已 5 年有余，却似乎并不过时：

> “……现在由于通信技术的发展，有很多通过 Skype 来做的分析……此时身体并没有在治疗中出现……我提这个问题，并不是说反对 Skype 的方法，也不是反对互联网，因为互联网是很有用的，我一直也在使用它，通过技术的进步，通信有了发展，我并不是反对它……如果我们可以通过技术来做这个事，那就必须要有一个理论的支撑，到目前为止，我还没有看到任何一个关于这一实践的理论的讨论……”

的确，仅仅从满足语音或视频通话来看，相关的通讯技术现在（甚至在 5 年前）已经可谓是非常成熟了，但它是否已经成熟到了足以支撑起一种身体并未到场的“远程精神分析”？或者问得更直接一些——既然我们已经深切地察觉到，精神分析并不仅仅只关乎声音与图像，那么——“远程精神分析”在现有的技术条件下是否可能？这是一个很有吸引力的问题，但这样的提问形式带来的困难是显而易见的，其论证的难度也非比寻常。也许正是因为这种难度，我们有时往往只是在一种将就或妥协的基调上认为“远程精神分析”似乎并非完全不行，然后便很快投入到了新的临床实践之中。

诚然，凭着一种“似乎并非完全不行”的灵感而开创一种新的临床技术，这在精神分析的传统中也似乎并非完全不行（大概我们都听说过那个“不要碰我，只听我说！”[②]的故事），但在实践中大胆尝试的同时，

① 成都精神分析中心内刊《精神分析笔记》，第十三卷，第三期，第一部分，第 201 页。

② 据传弗洛伊德在早期使用“按压法”对一位癔症女病人进行催眠治疗时，她对弗洛伊德说出了这句话，从而启发弗洛伊德开创了“自由联想”的临床方法，但作者并未找到文献确证。

我们是否也在理论的水平上为这种创造付出了足够多的努力，以致能够形成一套可以合理存在，可以接受质疑，可以得到改进，并最终可以进行有效传递的理论？让我们再次回到吉布尔先生的讨论班发言：

> “……为了说明这个问题，引用拉康的例子，拉康也有一个革命性的创造就是短时的分析。短时分析是一个很糟糕的术语，因为拉康的实践并不是短时的分析，而是由分析本身的进程来决定分析的长短……这种发明使得拉康被开除出了精神分析的共同体，但是他自己终其一生都在为此创造一种理论……”

弗洛伊德和拉康都在自己的实践工作里有过非常了不起的创造，从他们那里我们大概能够得出这种概括性的结论：临床实践方式本身并不自带“对错标签”，与已知方法有差异乃至对立的新方法也不应被完全排除于实践探索之外。但精神分析的传统给予我们的启发恐怕不止于此，同样值得注意的是，将“新东西”引入实践之中并不意味着创造的完成和结束，而更多的是带来一个开始，紧随其后的当是理论层面上的构建、改进、取舍乃至批判与再创造。那么回到“远程精神分析”的话题中来，我们如何找到它的理论起点？再一次地，我们回到吉布尔先生讨论班中的一段发言：

> “……你刚刚提的（网络或电话分析）是否有效的问题我没办法回答，因为我没有这方面的经验，你们可以创造一个理论来支持这种实践。并不是像美国人一样发明了一种方式（用 Skype 的方式来培养、训练分析家）就算是发明了，就算了……我作为分析家的时候没有做 Skype 的经验。很好的是你们可以讲一下自己的感受……（你们）显然可以（通过这种实践）获得新的经验，但是需要你同教室中其他有同样经验的人进行讨论，从而获得一种理论来支持……”

有意思的是，我在其中读到了两种“分隔”，于讨论的内容来说，吉布尔先生和参与讨论班的各位所探讨的是能否在双方身体“分隔”的情境下，通过电话或是网络进行分析接待的问题；而在另一个层面上，我读到的是吉布尔先生与讨论班上其他各位在临床实践中的一种经验性的“分隔”，甚至是法国精神分析和中国精神分析的一种显著差别，吉布尔先生坦承他没有远程接待的相关经验，其中的原因可能是多样的，既涉及到个人选择，也关乎现实环境，就如他在玩笑中所说的，“这种问题（需要用电话或网络来替代面谈分析）在法国就不存在，法国有太多的分析家，等于就是在法国的街边都可以找到分析家，在巴黎的问题可能是逃离分析家的问题”。但当我们回到中国精神分析的情况中来，我们能够看到，无论是5年前或是现在，电话和网络接待的情况都普遍被采用着。同样地，我们一方面可以说是中国精神分析所处的现实环境使然，而另一方面，这也是个人选择的问题，是一个分析家对于自己临床实践方式的选择。

而这种在经验层面上的“分隔”，也许意味着只有我们自己——作为真正有过“远程接待”经验的人——才能为相关的理论提供最直接的经验材料，从而开始踏上理论探索的道路。

如果说当我第一次注意到这个问题的时候，只是出于一种理论探讨的好奇心，那么当我自己也于一种“似乎并非完全不行”的认知之下，尝试过一段时间的远程接待之后，对它进行理论探讨就成了一件既有充分动机也有必要动力的事。在此谨以这样一篇短小的文本响应吉布尔先生在他讨论班中所提出的倡导：分享关于这种实践方法的临床工作感受和经验，并试着能以此为契机与有这类临床经验的其他人做一个交流，探讨这种临床工作方式的合理性和局限性。

至此，终于来到可称为正文的部分，希望之前这些略显冗长的引入和说明如我自己所想象的一样，确实是一种必要的注解和铺陈。

1 “另一种”临床

“远程”这个前缀到底带来了什么新东西？要回答这个问题，似乎我们就必须将“远程接待”与现有的（或者也许可以叫作“传统的”或“经典的”？）精神分析临床工作做一个本质层面的对比，这又是一个很大、讨论起来很困难的问题，但无论如何，至少拉康已经给过我们一个思路——为了对精神分析临床经验和实质进行探讨，我们可以从最基本的概念[①]——无意识、重复、冲动、转移——出发来进入话题，因而在此我主要分享那些最能让我感受到“远程接待”与地面工作之明显差异的内容。

无意识

在最初设想“远程接待”的时候，我有一个很直觉的假定：“远程”带来的最明显困难，是对于想象性的“在场感”的限制甚至消除，而这种限制所引发的后果，可能主要会落在对具体操作和“现实性效果”的影响上。比如我们可能只会听到声音，而无法感知到对方的身体动作（丢失一些信息）；远程来访者也许没有一个躺椅，这可能会影响自由联想的进行；工作过程中可能会有新的干扰（技术层面上的，或是因为远程来访者那一边的环境控制不当造成的）；没有办法做出声音信息之外的回应或干预（可以想象在语音工作的末尾说“再见”时想要传递一个表情或眼神是多么困难），等等。

在这个假定之下，很多问题都是“量”上的，看起来没有太大的实质性影响，似乎也能够通过另一些操作性的办法（比如更长期的工作跨度、更细致的工作设置）来有所弥补。但在一次工作中，一位远程来访

---

① 为了探讨精神分析的实质，拉康于1964年以“精神分析的四个基本概念”为主题展开了他的第十一个讨论班（英文版 *The Seminar. Book XI. The Four Fundamental Concepts of Psychoanalysis*, trans. Alan Sheridan, London: Hogarth Press and the Institute of Psycho-Analysis, 1977）。

者对我说，在她的一个梦里，当她梦到自己需要走回一个让她有些不安的地方时，她感觉到一个不知道具体从哪里来的声音一直在和她说话。这一天的工作让我第一次想到一种可能性：这样的远程工作形式，不仅仅是削弱了那种在经典精神分析场景中所具有的“在场”（这种削弱至少看起来是有办法弥补和调整的），更关键的差异在于，它引入了一种新的“在场”，一个寄居在听筒、耳机或是音箱等技术设备之中的“幽冥之声”的在场，或者说，“技术手段”本身借着“声音”的形式，使其自身在场。

尽管在意识里，这位远程来访者“很清楚”（她有一个类似的表达）这个声音来自这些设备另一端的一个活生生的彼者，但在无意识的运作中，这个声音却似乎成了一种具有实在性（或者也具有创伤性？）的东西弥散在四周，在这里我们大概能看到“远程”二字不仅意味着两者的“分隔”，同时也意味着第三者的“插入”，一方面我们通过技术手段，在想象的维度上补全了空间的断裂感，使整个工作场景再度显示出一种连续而完整的样貌，但这个第三者按我们的设想去执行这种想象功能的同时，它是否也就以“超越限制”或“无所不在”为名，登录在了无意识之中？

那么对于那个梦来说，下列哪种情况更为可能呢：是当她的梦（无意识）运作中出现焦虑的时候，一个无所不在的东西成为了防御或支撑；或者，正是这个具有实在性的无所不在者的闯入，给她带来了新的焦虑？

无论是哪一种可能性（当然也许还有别的假设），都显然超出了我之前的假定。当“技术”这个第三者以这种形式悄然（讽刺的是，它似乎又绝不安静！）在场的时候，它已经不仅仅是在“量”上起到了影响，而且很可能也会对远程来访者（或者双方）的无意识运作方式和整个临床工作场景造成“质”的改变。

转移

“远程接待”中的转移，其建立、运作方式和地面工作中的转移有着什么样的差异，有没有本质区别？我个人认为这是讨论“远程接待”在多大程度上能够作为精神分析的一种形式来有临床效果的关键所在。很遗憾我自己的临床经验还远远不足以得出结论，但其中的一个点是我在此愿意分享的。回顾一下“远程接待”最基本的特点：身体的不在场。首先，此差异使得远程来访者很大程度上与我们没有实在性的联结——这是一个逆否假设的推论①——因为当前的技术设备大多只允许我们用声音和图像这两类通道来传递信息，而这两类通道似乎更多是涉及到想象和符号，因此，即使临床工作中的双方通过技术设备所传递的内容，感受到了一些实在性的东西，这种实在性也很可能更多是来自技术本身，而不是来自设备另一端的彼者；其次，在“远程接待”的工作场景中，受限于技术设备的功能阈限，双方的各类感知觉都是遭遇了一定削弱甚至剥夺的，因此，依赖于这些感知觉建立起来的想象和符号性的内容也可能受到限制。

这两类缺失和削弱也许会给转移带来很多后果，我仅举出我自己体会和反思到的两个方面：最初的体验是，由于双方在各个层面上的联结的松散或断裂，使得转移结构的强度（或者说稳定性？）相对来说是较弱的，一位远程来访者有段时间曾经谈到，在我们每次工作结束时她都会感觉到一种“悲伤”，她的原话是“仅仅点一下鼠标，你就消失了”。我所听到的是，在她看来，我们的联结就如一根网线一样容易断裂，而再进一步来探讨的时候，我也问自己，是否也可能是我自己感受到并担心着“断裂”的可能，才让我得出了这个结论？再经过一段时间以后，这个想法又把我引向更进一步的考虑：这些猜测是否只是我的某种幻想，是否正是这种“远程接待”的工作方式，让双方都有了比地面工作时明

① 可能这样的假设和推论并不足够严谨，做出这样的“绕行”更多是为了避开深入讨论过于复杂的、关于“实在”传递的问题。

显更多的幻想制作？幻想，当然绝非是不该出现的东西，甚至很多时候精神分析的工作正是需要以分析者在言说中对幻想的呈现作为前提。但是，是否会因为“远程接待”的特点，处在其中的双方有过多的幻想制作，以至于超过某种临界状态，进入一种“层出不穷”的爆发？虽然我自己在临床工作中暂时没有遇到这样的失控状况，但我隐隐觉得这个担心不无道理，也许转移结构的脆弱和单薄还会引起其它一些后果，但我目前感到最重要的仍然是其对于幻想制作的影响。

冲动和重复

冲动，无疑是和身体有很深关联的。自己的身体，彼者的身体，实在的身体，想象的身体，符号化了的身体，冲动在这些身体之内/之间穿梭往来，遵循着它那循环往复却又千变万化的路径，流动着描绘出欲望的形、状、势、态。而在“远程接待”的场景下，这种纷繁复杂的图景似乎很难展开，在自己与彼者的身体之间，实在的联结因时空分隔而变得若隐若现，想象的联结经过了设备的扭曲变形，符号的通路有第三者“技术”的插入中转，似乎很难想象有一种顺畅的流动能够在两者之间进行。身体之内的情况是否好一些呢？我还没有足够多的临床经验来形成一种理论描述。但我有一些假设性的疑问，当远程来访者面对一个屏幕、一对音箱、一只麦克风来言说的时候，他会有表情吗？他会有动作吗？他会因愤怒而抽搐或握紧拳头吗？他会因情欲而躁动吗？当他处在“远程接待”这样一种很特别的看与被看/听与说/爱与恨的场景中时，当他感觉到“自己只是一个人坐在这里说话”的时候，他会不会因为想要在“理智”上避免一种荒唐感，而在言说时脱离/压抑了他的身体？如若果真如此，那这样的趋势会不会给他带来一种破碎、分裂的感觉？再进一步，当冲动在多个层面上都遭遇了这种阻碍的时候，是不是必然会引起另一些形式的重复，而这些新的重复会造成什么后果，我们能否在这种临床场景下处理它们？

有关冲动和重复的问题，似乎必须被放在一个更长的时间尺度下来做讨论，但我所进行的“远程接待”还很有限，不能通过其中的经验支撑起进一步的讨论和假设，但我想这个方面的问题也许是每一个采用“远程接待”方式工作的人需要准备好面对的。

以上种种，是从我自己的直接经验引出的一些粗浅思考，但也许会给人一种感觉，似乎它们全都是在指出“远程接待”这种工作形式的欠缺和局限，乃致有一些危言耸听的嫌疑。究其原因，是在于我感到很多时候我们都是以“远程接待可以起到精神分析的效果”为前提而开始采用这种工作方式的。和很多人一样，我自己的临床经验也有一些是印证了这个前提的，我们能在临床工作的过程中发现远程来访者有情绪性的变化、有压抑的解除、有症状的转化或消失，甚至感觉到他们在某些时刻的确与自己欲望的真相有一个相遇。但所有这些“正面”的临床经验，似乎大多可以沿用已有的精神分析理论来解释。而相反，很多阻碍这种“远程接待”发挥精神分析效果的东西，或者说阻碍我们在其中起到“分析家的功能”的东西，却是具有独特性的。因此，我认为一个能够适用于这种临床工作的理论，应当是在原有精神分析理论上的一种“否定式”的添加，故而我在此强调了这些差异、局限和欠缺。也许到了某个关键的分叉点，我们必须在一定程度上把这种“远程接待”看作是“另一种”临床，才能继续下去。

当然，经过这样一个小小的归纳，似乎又带来一个新的问题，那么在现有的理论之下，我们究竟能不能以这样的“远程接待”来开展一个精神分析呢？确切的答案也许依然是一种神秘而暧昧的“分析家自有他的决定”，但我也做出一个小小的补充来说明这个问题：

2　“不得已”？也许是一个陷阱……

“为什么想到要用远程的方式来做一个分析？”这基本上总是我向“远程来访者们”提出的第一个问题，而大多数时候得到的答案往往都围绕着一种“不得已”在展开，也许是因为所在城市没有分析家；也许是因为时间太紧，不够用于往来于分析室的行程；也许是经本地的朋友介绍来寻求帮助，但他自己不在本地，等等。

同样常见的情况是，在工作一段时间之后，其它一些逐渐被说出的无意识动机也许能更好地解释这种“远程来访”的请求。我的一位远程来访者提到了她不愿意和一个陌生人见面并言说自己的情况，这让她感到难以启齿；另一位远程来访者则在和我工作了一段时间后说起，当她把自己的美貌展露在别人面前时，她会感到不安和恐惧。

对于这样的事情，我们并不会感到特别惊讶。毕竟，对地面分析中的分析者来说，也可能会有一些无意识的动机支撑起他们分析的愿望或请求，这些无意识动机也不会在一开始就被说出。但真正让我认为值得反思的是，当我同意开展一个远程接待工作的时候，当我自己也告诉自己说“我只能以远程的方式来接待这个来访者，因为……”（同样归属到一种“不得已”）的时候，我自己的无意识运作是否也应该被特别地加以注意？

在我们自己对于某一段“远程接待”的那些看似理所应当的解释之下，有没有可能也包含着许多其它的无意识动机？或许我也不愿意见这位分析者，或是不愿让他时常见到我？或许我无法与这位分析者分离，以至于当他提出无法再来做地面分析时（也许这是他在以自己的方式做一个分离）我却依然想用这种远程接待的方式留住他？或许出于经济的原因，我想要多增加一份分析费收入，所以才接受了这个工作请求？再者，或许我只把这样的远程接待当成一种不受严格限制的“练习”，想要在其中更大胆地尝试一些在地面工作时没有尝试过的干预或诠释方法？抑或，这个来访者让我感到他具有某种无法令人接受的攻击性，但出于对自恋的维护，所以我不愿拒绝他并承认自己的无能？

自我反思或是控制分析在此显出特别的重要性，之所以说特别，是因为我们很可能面临着一个陷阱：我们有可能把“远程接待”只当成了工作形式的转变，而忽视了整个工作场景的不同以及我们自身位置的明显滑动——既然我们已经深切地察觉到，分析者是否来到分析室，给“远程接待”和“地面接待”带来了明显的区别（即便我们多半还只能做经验性的描述，而没有充分论证这种区别会必然导致什么结果），那么我们显然有必要承认，当我们开始一个远程接待的工作时，我们无疑已经从“分析家的位置”移动到了“不那么确定是不是分析家的位置”。那么，支撑起这种移动的无意识动机是否必须得到我们的认识？我认为答案是肯定的，因为在我看来，只有对这类可能存在的关于“远程接待”的无意识动机有足够的认识，才有可能理清一个重要的问题：这类新出现的无意识动机，是否能够和我们自己原本的有关“分析家的欲望”的无意识内容相协调？无论新的无意识动机是什么，如果它可以被整合（或者它只是一种适当的衍生），那么一个“远程接待”才**有可能**的确是一个“远程精神分析”。这种协调是一种“必要的”——尽管还不是“充分的”——前提，否则这些新出现的无意识动机很可能在这样的“远程接待”中成为一种具有干扰性甚至破坏性的东西，使得我们以为理所应当是“远程精神分析”的东西成为一种技术掩护下的“假装”，或是滥用，成为一种享乐的工具。

无论如何，希望沿着经验与理论研究并行的道路，我们终究有一天能够以一套更加清楚的理论来说明“远程接待”的临床实践，使得我们能够更笃定地继续，或是停止进行这种“身体不在场”的临床。

目光的“固恋”
——重读狼人梦中的目光

谭淼 / 著

【内容提要】本文从弗洛伊德狼人个案入手，分析了目光对于狼人的影响。作者阐释了缘何弗洛伊德将狼的目光解读为狼人自己窥视原初场景的目光。狼人的一生，从原初场景开始，到晚年的妄想，似乎都躲不开一个“目光”：从最初的原初场景的偷窥发展到渴望将自己暴露给他者，这个目光的主体性发生了转变，他已从目光的主体变成了其客体，他更加热衷于追逐他者的目光，并以此作为他终身的陪伴。

【关键词】目光　原初场景　偷窥欲望

当我看向它的那一刻，
不能呼吸，窗外，
我沦陷在他的目光之中，
我不清楚，那是目光，还是月光？

“我是最著名的案例，所以他必须观察我，直到我生命的最后一分钟”，这是被称为“狼人”的谢尔盖·康斯坦丁诺维奇·潘克耶夫在1970年接受采访时所说过的话，距离弗洛伊德结束对狼人的治疗已有55年，距离弗洛伊德逝世也有31年之久。[①] 话语中的“他”是指弗洛伊

---

① 艾琳·马西斯:《弗洛伊德的躺椅》，上海社会科学院出版社，第168页。

德，或许也指以弗洛伊德为首的精神分析师们。

在弗洛伊德结束与狼人的治疗之后，在后续的分析及媒体跟踪报道中，我们发现狼人有数次的妄想发作，而我们从上面这句话中，也可以看出他妄想的一部分。“我是最著名的案例”，他对于自己与弗洛伊德的关系，有明显夸大的性质，然而本文要深入讨论的是另一方面，“他必须观察我，直到我生命的最后一分钟”，弗洛伊德已逝世31年，那么，谁必须观察他呢？

这让我们不得不想起，兰克在1926年曾公开表示，那个著名的狼梦并非病人童年所做，而是分析后的产物，梦中那六、七只盯着小男孩的狼，不过是弗洛伊德分析室里的一幅照片的隐喻，照片中的人物是弗洛伊德和他最重要的精神分析伙伴，照片中刚好有六个人。弗洛伊德极力反对这种说法，他甚至为此在治疗后给狼人写信求证那个梦是否真的是童年所做，而狼人回信力挺了弗洛伊德，并在信中写道：“如果这些信息对你有帮助的话，我将十分高兴。”但不久后狼人妄想发作，他在后来的回忆中曾说，他的妄想发作或许与弗洛伊德教授的问题不无关系。①

说到观察与目光，我们当然不会忘记原初场景②及那个著名的狼梦。狼人的一生，从原初场景开始，到晚年对于观察的妄想，似乎都躲不开一个“目光”，这个目光到底属于谁？它又给病人带来了怎样的影响？

狼人的恐惧症源于四岁那年圣诞节晚上的一个梦。我们就从这个梦着手来一探究竟：一个仅有三、四岁的小男孩躺在床上，而窗外的树上，有六、七只大尾巴的白色的狼，竖着耳朵，专注地观察着床上的小男孩，那样子就像是在专心看护什么东西的狗一样，看起来似乎想要吃掉他。③

---

① 艾琳·马西斯：《弗洛伊德的躺椅》，上海社会科学院出版社，第203页。

② 原初场景：弗洛伊德从狼人的案例开始，发现一些孩子保留了窥视到父母性交场景的记忆。弗洛伊德把它归于幻想，如同他的女分析者报告童年被成人性诱惑的经验一样。而原初场景是原初幻想之一。

③ 西格蒙德·弗洛伊德：《弗洛伊德五大心理治疗案例》，上海社会科学院出版社，第214页。

在这个促使狼人发病的梦中，没有出现他被狼追赶、撕咬的悲惨场景，他只是被狼给盯上了，他害怕的是狼的目光，在这个目光下，一场追赶撕咬的场景似乎是接下来必然发生的，但这一幕并没有在梦中发生，而只是在狼人想象的剧场中上演。

梦为何仅仅在他被监视的场景中就停止了，而没有发展到撕咬那一幕呢？弗洛伊德在谈到梦时，曾说过，“我们把梦比作睡眠的看守人和监护者，他试图保护我们的睡眠免受干扰，这个看守人在他感到他的力量不足以单独抵抗干扰物或危险时，也可以唤醒睡者。”[①]

往往在焦虑梦中，当稽查作用抵御不住入侵者时，梦的守护睡眠的功能就会拉响警报，让梦者醒来，使梦中断，这是最适宜的保护措施。

焦虑梦选择在哪个地方停，与各人的稽查作用紧密相关。那么焦虑梦停止的地方，本身就隐藏着极大的冲突，对于精神分析来说，是梦的内容中极富价值的一部分。

我们可以认为，对于狼人，目光带给他极大的恐惧——尽管这个恐惧是想象的，它与可能产生的伤害相联。恐惧的内容全部被附着于“目光”这个表象上，并凝固于此。因此，尽管追赶与撕咬并没有发生，但与其相关的恐惧已经全部集结在目光之中。目光成了一个恐惧的代表，一个恐惧的能指，至于在目光的背后还铆定了怎样的所指，弗洛伊德当然没有放过这个部分。

通过病人的自由联想，弗洛伊德将这个目光归结于原初场景，狼人自述在其一岁半时曾窥视过父母性交，这个场景带来的震撼构成了狼人的诸多症状，弗洛伊德认为梦中狼的目光是狼人自己的目光的颠倒。这样说来，狼人所恐惧的，其实是自己的目光。

这样的诠释让人费解，颠倒是怎样发生的？目光又是怎样变成恐惧的对象的？弗洛伊德对此并没有详细说明。

为了更清楚地理解这个过程，我们借用萨特的说法。“让我们想象

---

① 西格蒙德·弗洛伊德:《精神分析导论》，九州出版社，第 178 页。

我出于嫉妒、好奇心、怪癖而无意中把耳朵贴在门上，通过锁孔向里窥视……这意味着，在这扇门的背后，有一个场面被表明是要看的，一场谈话是要听的……我被我想要看到听到的事物所吸引，此时我不能认识自己，我的存在脱离了我……然而，当我听到走廊里的脚步声，这意味着我在存在中突然被触及了。”①

我可能会马上逃离现场，尽管我并没有看到发出脚步声的那个人，我也不确定他是不是瞎子，或他是否会注意到我或我的行为。但当脚步声传来的那一刻，我通过意识到他者的在场，知觉到了自己的存在，知觉到自己的目光，及目光中的欲望。

萨特认为，“我看见自己是因为有人看见了我”。这个看见，与眼睛没有什么关系，是一个知觉，假设我的行为暴露在他人的目光中。

放在狼人身上，可以理解为，“我看见自己在偷窥是因为有人看见了我在偷窥”。这个结论并不是在偷窥现场那个时刻发生的，而是经历了一个漫长的回溯理解的过程。当他看到父母性交的场景时，他看到的内容无疑是充满视觉震撼的，以至于让他无法停止窥视。但却是他那时所不能理解的，他也不会因此产生恐惧或羞耻感。

但他却始终受到那个画面的诱惑，以至于当他喜欢的保姆克鲁莎跪在地上擦地板时，他情不自禁地模仿起父亲的姿势接近女仆的臀部，然而换来的是克鲁莎的阉割的恫吓，他被恐吓，如果再这样做的话，小鸡鸡将不保。②

这件事过后，他对于蝴蝶的恐惧充分地证明了，克鲁莎的阉割的恫吓收到了效果。他害怕蝴蝶，是因为蝴蝶的翅膀的形状，让他联想到了克鲁莎跪在地上的腿部的形状，他对于蝴蝶的恐惧其实是来自于对阉割的恐惧。

这一恐惧使他明白，他所窥视到的场景，即父母的性爱的姿势，是

① 萨特：《存在与虚无》，三联书店，第 336–337 页。
② 西格蒙德·弗洛伊德：《弗洛伊德五大心理治疗案例》，上海社会科学院出版社，第 271 页。

他不能模仿或完成的，否则的话，就可能有遭到阉割的危险。

他意识到他看到了不该看到的内容，而克鲁莎或其他威胁要阉割他的人，仿佛见证了他的偷窥，成了他偷窥的目击证人。

他者带来的威胁越大，所产生的恐惧也会越大，就如同你偷窥到杀人现场时，一转身，发现杀人犯的同伙发现了你的偷窥。那一刻的惊悚不言而喻，你恨不得自己什么也没有看见。你意识到自己的“看见”是一桩多么恐怖的事情。

这样，便不难理解弗洛伊德将狼的目光解读为狼人自己窥视原初场景的目光，而这个自己的目光，却引起了他的恐惧。偷窥者的目光，因发现了窥视他的他者的目光而恐惧。那么令他恐惧的狼的目光，自然是结合了这二者的目光，若只有其一，并无恐惧可言。

尽管原初场景和目光带给他极大的恐惧，但他总是情不自禁地渴望重复那样的场景，特别是在幻想中。从狼人的经历来看，从父亲到弗洛伊德到精神分析的后继者们，他似乎一生都在这些他者的身上不断地召回那个令他恐惧的目光。重复并非是因为恐惧，背后还隐藏着其它的享乐，而重复本身也是一种享乐。

最初给他的目光带来震撼的是原初场景，原初场景也是性的场景，弗洛伊德本身是支持幼儿性欲一说的，即使小狼人并不能理解他看到的那个场景，但兴奋还是产生了，但此时的兴奋并不是来自于生殖区，而是来自于眼睛的局部冲动，即被称为组元冲动的视界冲动，并因而产生了看的快感。[①]

弗洛伊德认为，正常人到了青春期，组元冲动应让位于生殖区的主宰，并臣服于生殖区的主导。他认为狼人之所以无法建立稳定的性格，是因为其性发展的不同阶段之间并没有实现完全的覆盖，导致不同阶段的观念都保存下来，这就让他不断地陷入游移不定的状态，并因而无法

① 组元冲动：又译局部本能，指由局部冲动引起的行为，如吸吮、抓取、咬嚼等。弗洛伊德认为，“诸如窥视、裸露及残酷的冲动，是以独立于快感区的形态出现的。这些冲动虽到以后才与性生活关系紧密，在儿童期它不同于性欲的性活动，而是作为独立的冲动表现出来。”

建立稳定的性格。[①]

起源于眼睛的冲动，显然被保存下来了。因此，在他与弗洛伊德的关系中，他一方面渴望与其重现原初场景，如在接受分析之初，他就向弗洛伊德承认，他宁愿从后面插入这个犹太骗子的肛门，并且在他头上大便。[②]他对于肛交的偏爱，也是得益于原初场景，因为记忆中父母采用的是这样的姿势。另一方面，他对弗洛伊德产生了妄想，他既害怕被观察又享受着被观察，享乐与恐惧并存。

从他最初的偷窥发展到渴望将自己暴露给他者观察，这个目光的主体发生了转变，弗洛伊德把这个过程分成了三个发展阶段：（1）看是作为一种指向外在对象的行为的看；（2）放弃外在对象，将窥视冲动转向自己身体的一部分，于是，在转向被动的同时建立了新目的——被别人看；（3）引进新主体，展示自己以便让他看。[③]

从自己的目光到他者的目光，从看到被看，在童年的那个梦中，就已经出现了这种交替。而在后期，我们从有限的资料中看到的，他似乎更热衷于追逐他者的目光。

妄想是一种自救，尽管狼人对目光充满恐惧，但又似乎需要这样一个目光的陪伴，来避免孤独。

我们看到，从原初场景中病人自己的目光，到梦中狼的目光……再到弗洛伊德的目光，在他的一生中，每一个目光都撼动了他的精神世界，他惧怕它，但又痴迷于它。他活跃于媒体，并努力吸引他们的注意力，因为他们满足了他对于目光的更大的追逐，使他暴露在更多人的目光之下。

目光早已从主体变成了客体，而目光的发出者也如流水般地不断更替，但目光始终存在，它将终身陪伴着他，直到生命的最后一刻！

① 西格蒙德·弗洛伊德：《弗洛伊德五大心理治疗案例》，上海社会科学院出版社，第212页。

② 艾琳·马西斯：《弗洛伊德的躺椅》，上海社会科学院出版社，第204页。

③ 西格蒙德·弗洛伊德：《爱情心理学》，九州出版社，第206页。

作为疾病的爱
——对一例造字之梦的分析

杨立力 / 著

【内容提要】从一个造字的梦出发，分析者L通过“lia”这一能指，串起了其生命中至关重要的多场疾病以及与其母亲纠葛的爱恋关系。这个最初的能指正如一声声呼唤，将L放置于一种“固着”与“解放”的重复之中。正是经由这种重复的话语，L逐渐明白了其作为一个主体的基本结构：拉回－推出。这一结构决定了其生命中的诸多选择，通过对照《独角兽之梦》与造字之梦，主体重新呈现了这一结构，至此，L得以逼近其命运的真相。

【关键词】梦　母亲　结构　身体形象

一位三十岁的男性分析者L在分析中报告了如下梦例：

我发现左小腿内侧出现了一个指尖大小的血洞。我去求助于一位中医，他持一把滚烫的铁钳试图直接处理伤口。我被这种野蛮的疗法吓跑，去大医院求助西医。医生看过后说：情况危急，应立即手术。手术第一阶段在我的观察下进行：血洞所对应的小腿外侧出现一形似青春痘的突起，它被针线反复穿过，缝合，形成了一个男孩小鸡鸡似的凸起物。此时被缝合处有强烈的勒紧感且凸起物给我恶心与肉麻的感觉。接着医生施以麻醉，我失去知觉。醒后发现左小腿被两根铁签垂直穿过、固定。伴随明显的疼痛和紧张感，左脚食趾亦被一根铁签穿过。我惊讶地发现母亲躺在左边病床上，小腿上以与我相同的方式插着铁签。我向母亲诉说了之前求医与手术的完整过程和细节，并询问母亲我的病的名称。母亲说：你腿上长的东西叫作“lia”。我说：我从未听说过这种病，字怎么写？母亲说：病字头，下面一个恋爱的恋。我重复了母亲的话并说：这个字很有趣，我要写下来。我找到一根牙签，沾上口水，想把字写到床头桌的下沿，却惊讶地发现这个字已经被刻在了那里。我想这一定是之前患同样病的患者写下的。

梦剧本的医疗主题直接唤起L经历过的几个有关医院的记忆：

L六岁时患上一种皮肤病，双腿及背部成片出现鸡皮疙瘩状突起。久治未愈的L被父母带至一家皮肤病诊所求诊。医生看了一眼便说：这是XX癣！病的名称即刻减轻了L（或父母）的焦虑。医生随后开药。药水具有强烈刺激性而疗效甚微。几年后皮肤病自愈。

L十八岁时在父母的强烈建议下接受了包皮环切术。记忆中凸显的是强烈的疼痛和看见自己被缝合的器官时的肉麻感。

在此梦的四年前L接受了痔疮切除术，术后的强烈疼痛使L彻夜不眠。在左旁陪伴的母亲因此同样无法入睡而发出了抱怨的声音。双重刺激下的L将怒火烧向了母亲却无法说出口。

梦的半年前L的母亲接受了一次让她接近死亡边缘的心脏手术。术后L看见母亲巨大的被缝合的伤口。几天的陪伴中L对母亲长久的怒火转变为一种温情。

利用这些很快浮现的记忆片段及所附着的情感，L根据弗洛伊德的公式：梦是愿望的达成，得到这样一个论断：

梦实现了母亲与我患同样病的愿望，因此她可以感受并理

> 解我的痛苦。同时也实现了我与母亲患同样病的愿望，我因此可感受并分担她的痛苦。

他的这一论断既是对其无意识的切割也是对其无意识的关闭。这个论断远不能令我们满意。除了对弗洛伊德公式的简单套用之外，梦的最核心之谜——“lia”字，连同大量细节还远未解开。我们必须从这一论断的封闭性中脱身出来，以便让其无意识继续流动。

联想将血洞指向女人皮肤上的红痣、手指甲旁的皮肤倒刺被撕扯后的红色创伤、脸上的青春痘被挤破后涌出的血点、毛桩被拔起后残留的红色斑点；它们变形为一个涌动着熔岩的火山口，一个隐藏着神秘的可怕之物的深渊。用铁钳插入这个火山口无异于搅动起那未知的危险。实施此野蛮行径的中医指向了L的父亲——一位西医。他拿着铁钳的形象、对中医的轻蔑，以及粗放的治疗风格都在L的童年记忆中留下痕迹。梦中西医之语对应于L母亲手术前初诊时医生对她说的话。穿过并固定小腿的铁签指向童年时母亲为L织毛衣用的毛线针、固定住骨折小腿骨的钢钉，以及一只被两根垂直竹签固定住的烧烤鹌鹑——梦前若干天L与一位女士共同进餐时的菜肴。下沿刻字的桌子将L带回中学时代的课桌。他与其他男孩们在课桌抽屉里写下下流的笑话，写下对女孩的肮脏愿望、对老师的咒骂，然后合上抽屉。抽屉里藏着他们的秘密，同时他们也能在那里发现课桌原拥有者的秘密……

联想序列在不同维度中展开、演化。这场海洋上的漂流将把我们的奥德修斯带往何方？应该暂时放弃在联想序列中建立动力学的努力，否则将导致另一个粗暴的论断。当意义被搁置，一个病字头的汉字序列得以浮现：癣－痘－疙－瘩－痔－痣……；这个标记着有关皮肤症状的汉字序列直接指向梦的谜面：“lia”。

反复读“lia”，L在其回音中听到了：“lia”——儿时父亲用以形容L与母亲亲密而不可分离的关系的词语。父亲带着诡异的嘲笑不断地重复这个词语，对于L来说这构成了某种带着羞耻感的诱惑；去掉“a”并重复，构成了母亲对L名字的呼唤（类同于L从母亲那里获得的对自己性器官的带有感情色彩的命名：“jiji”）。这种呼唤依照其语气，既是对亲密结合的呼唤，又是恐怖的阉割威胁。两种意义的呼唤凝结于同一个声音，它们在L的主体登录中从未真正地分开，也从未脱落而进入一种意义的深渊。母亲在源头上定义了一切，而父亲作为一个同谋者、作为母亲的一个附庸强化和守护着这两重意义的模糊和不可分离性。在这个回音中我们得到了窥视L无意识结构的一个透镜。

我们转向字形，“梦中出现的文字”的下部“恋”打开了L的恋爱史和性关系史之维度，在其中不断重复着的是“固着”与“解放”两种状态。当固着于一个性/爱对象时，L陷入一种被极端传统和保守的观念所统治的状态，性/爱对象作为一种“上帝”似的人物被崇拜、欲望和追求；同时在最强烈的幻想中，性/爱对象与L自己形成相互施受虐、相互融合、相互献祭的关系。在现实中，与被固着的性/爱对象的任何象征性的分离（毋宁说L在无意识中不停地创造着这些象征）都会将L带入抑郁或焦虑的顶点。在其猜疑、绝望和自卑中总有一个想象的、隐而不显的、实施分离的男性；这个男性在L童年经历的一个原始场景中被定位。在此场景中，形象被隐去，显现的只有一扇关闭的门、门后痛苦的呼喊，以及在门外被焦虑所捕获的男孩L。另一个相关场景显示童年L在深夜等待未在约定时间归家的母亲，在其恐惧和焦虑的想象中，母亲因被男人残忍地对待而发生了不幸。这两个场景奠定了固着状态中的L（想象地）与性/爱对象相处的模式：一种注定绝望的等待，和在这种等待背后发生在一个可以定位却又是隐秘之所的某种淫荡的狂欢或是酷刑。这种想象总是与现实耦合共生：一方面，L无意识地选择为固着关系（或者说，L在不断地解释和创造着具有这种气味的“现实”）的总是符合其想象模式的，即具有“绝望”气味并且背后隐藏着某男性的性/爱关系（或对象）；另一方面，现实中每一个被固着的关系总会在其绝望的期待和想象中走向终结。被分析所聚拢的回忆显示每一段固着关系中总出现一扇关闭的门和门外被焦虑捕获的L——原始场景之复制。

随着固着状态之终结、冷却（在时间上这并不是一个短期和显明的过程），“解放”状态取而代之成为L性/爱的现实/想象之显性状态。解放状态为L带来的是整个生活和思想的放松、愉悦与自由。解除对具体对象之固着后，L从统治他的极端保守观念中解脱出来，在性/爱关系中重新回到一种自由状态，转而奉行和代言某种激进的自由主义。然而，显性的解放状态背后所蕴含的对固着的渴求却如同黑洞般始终试图将其拉回再次固着的陷阱：在对肉体的强迫追寻中，在对职业或前途起关键作用的事务如同程序死机般的拖延中，由金钱的消耗殆尽作为代表的债务逐渐弥漫至整个主体存在的意义领域；这种累积而不可消除的债务经过发展，使某个具有“绝望”气质的性/爱对象重新进入L的生活并逐渐成为固着对象，再次整个地将L拖入固着状态。

此二种状态的交替构成了L的症状核心。跳出性/爱维度可更清晰地看到症状之结构。每当接近毕业、重要考试、选择工作、选择婚姻等转折点时，L总会确定固着对象、进入固着状态，此时整个思想世界和现实生活显现出一种收缩和坍塌。艰难地跨越转折点后，在解放状态带来的雨季之生机中，一切又在为进入收缩和坍塌做着准备。一个记忆构成两种状态的凝炼映像：小学时的一次作文考试，题目为“我的一次失败”；面对这个题目L陷入死机状态，最后一字未写交了白卷。在这里L被“失败”的诱惑所捕获——直接用行动而非文字来书写失败，以委身于这个诱惑。这种拖延症构成了L每次面对重要考试或选择时的模式：去投身于失败。另一个记忆中，母亲对童年L讲述了一个故事：一个探险家，抛弃自己的妻子、儿女和父母，孤身一人进入戈壁荒漠，历尽苦难，最后死于荒漠。探险家及其抛妻弃子和为事业献身的行为（连同被省略了的、故事中所带有的情欲细节），作为一种被母亲所欲望和呼唤的一个男性及其行动，为一种悲壮/忧伤的失败赋予了极大的诱惑性，在L的幻想生活中占据着重要地位。对奥德修斯神话的痴迷正是L对探险家故事的回应；L沉迷于做出奥德修斯式的行动：每当来到陌生的地方，L总在一种诱惑中去探索这一地域的边界，L想象自己正在被放逐，在漂泊的远方总有一个失落了的故乡；在探索中，L 像在追逐着一个肉体，或如同就是在一个肉体的表面好奇地行进着。

这种悲壮 / 忧伤的失败，是对一些远古的呼唤“lia”、“lili”的回应，亦或是其意义之表达。失败，不管是作为母亲带有欲望的腔调所讲述的男性探险家的结局，还是作为一个让男孩 L 永远停留在考试中的词语和行动，都意味着和一个彼者的结合与不可分离的诱惑；与此同时，失败，作为探险家融入荒漠这个情欲化的肉体以及以违反禁律的方式停留在考试中的惩罚，将主体的命运带向了死亡。在其源头，母亲的呼唤“lili”连同父亲加强这种呼唤的“lia”，作为将主体命运诱入死亡的天籁之音，整合了固着与解放的交替；此二状态作为对源头之音的回应，互为支撑，从未分离，为主体不论与对象还是与自身的关系染上了注定的悲剧性、绝望和美，主体被这塞壬的歌声带入偶尔停留却永久漂泊的海洋。

长久以来 L 喜欢在镜子前凝视自己。在凝视中，一个童年时期的幻想浮现出来：自己一时变为一条会喷火和飞翔的龙，具有发达的肌肉和美丽的翅膀，在宇宙间穿梭，具有强大的超能力；一时龙又回到地球上的现实生活，变成一个穿着时髦衣服的漂亮男孩。这是分析所达到的一个最接近基本幻想的幻想。两种形象对应于 L 的两个理想自我：龙是一个强有力的男人，可放弃一切世俗享乐将自己奉献给事业；漂亮男孩被母亲所打扮、所喂养、所爱恋，在母亲诱惑的夸赞和目光里沉湎于自己的身体。这个幻想定义了 L 实现自己人生的一个基本矛盾：是追求世俗的享受——美丽的女人、物质生活、成功与目光，还是追求出世的清静无为？为一者而舍弃另一者并不构成矛盾，困难在于在 L 那里二者相互浸泡彼此渗透：一方面，龙的美丽身体构成幻想的核心，因此任何对事业成功的追求或是超越和舍弃仍是对自己身体形象的追求与享乐（在对自己成功的具体幻想中，身体形象以及因形象而获得的目光占据中心地位），并不异于对那个漂亮男孩形象的固着。因而探险家 L 舍弃家庭，在其归隐和出世的梦想中，仍是为了追寻另一个身体——荒漠。另一方面，当以“L”为开头的呼唤响彻整个荒漠并在其上空回荡之时，回响始终把L拉回一个身体；同时回响带给L的羞耻与窒息再次将其逼上响彻着同一个呼唤的流浪之路。

正是在这样的回响中，L个人历史上的固着与解放的交替开启了：固着于一个既是欲望客体亦是主体自身的身体形象，一种收缩发生了——一种观念的收缩、统治着主体的意识形态的收缩，伴随着焦虑、忧郁、防御的蔓延和现实的停滞不前。固着的解除伴随着一种表达，这是对回响将主体推离那个乱伦的身体的回应；这种表达是虚无主义的、悲剧的、出世的与归隐的；这种表达为L营造了学业或事业取得进展、思想得以收获的宜人气候，然而也在其死亡的悲剧中谋划着朝向身体的再次坠落。

重复的话语节奏在分析中变得越来越清晰，让L构建和解释着个人历史的节律。当一切的悲剧、忧伤和美被超越，L收获了一个基本结构：拉回－推出。此结构的运动特征对应着基本幻想中由宇宙到地球变回男孩与由男孩到宇宙变为龙的运动，也对应着固着-解放的交替节律，同时也结构化了朝向考试终点的拖延与走向荒漠的行动。让我们在此返回对梦的解析。梦表面的造字游戏来源于L所处精神分析团体对汉字意义－结构解析的重视；分析家或译者之名引出一篇文本：勒克莱尔的《独角兽之梦》。[①] L在梦前数月初阅此文本，深感震惊和困惑，后又反复阅读。我们可以很容易地注意到梦者菲利普与L、独角兽之梦与造字之梦的诸多关联：同是一个被母亲欲望所填满和窒息的男孩；同一个名字"Lily(i)"连同充满欲望的女性的呼喊；呼喊"lia"与"我渴"共同具有的诱惑、嘲笑与同谋者之意义；同在脚或小腿上实施的手术或伤痕；菲利普对于阉割的呼唤、L对于推出/解放的渴望；被放逐到充满乡愁的天堂的菲利普与流浪于荒漠中的探险家；菲利普在身体腾空翻转中、L在地球与宇宙间的推出－拉回中得到的关于自己身体的狂喜……

不妨将造字之梦看作是以《独角兽之梦》为蓝本的制作。在造字之

① 至此以下的分析建议读者熟悉勒克莱尔《独角兽之梦》的内容。

梦中，L依照“无意识像汉字那样构成”之格言，以及勒克莱尔/菲利普在《独角兽之梦》中的游戏文字之把戏，造出了“病字头加恋字”的字。“病字头加恋字”字命名了梦中L腿上的疾病，并通过其在分析过程中使用的拆字法，直陈L症状之本质：一种作为疾病的爱恋。同时呈现一系列认同关系：L对勒克莱尔/菲利普/译者/分析家的认同。一个值得注意的事实是：在长期的分析进程中L在大量的梦中将自己的外公与分析家混合为一个人物，向其述说自己的“梦中之梦”；而与外公度过的童年时光、外公的死亡对于L来说都是极其重要的事件。最重要的是，外公是给予L名字的人。

分析行进至此，L解释道：

> 在梦中我像一个分析家一样造出了一个凝缩了大量意义的生字，可以说利用这个梦我实现了成为分析家的欲望。我的疾病通过母亲传递，且这个生字通过母亲之口说出来以命名我的疾病、解答我对于自身的疑惑，意味着我呼唤从母亲那里得到一个疾病（或自己）的命名，呼唤母亲作我的分析家（或医生），呼唤母亲把我彻底“推出”；反过来，我也从沉默的分析家那里呼唤一种母性。

梦中母亲说出疾病之名时L获得的放松感、母亲说完字的写法后L想将之写下来的跃跃欲试，以及发现字已被人写下后的失落及解脱之情绪，都表明L以上做出的拉康味的解释，不只是对其获得的理论和听到过的众多分析家的只言片语的模仿和套用——就像L对梦做的第一个解释那样——解释有着实在之支撑。

L在母亲接受心脏手术半年后做了造字之梦，而且在梦前若干周经历了一次地震。地震后L经常在睡眠中惊醒，伴随心脏剧烈跳动引起的身体震颤，以及听见心脏在身体内发出的巨大回响。他惊恐地想象母亲的心脏病灶已经生发于自己身上。这个症状将L直接带回到两个记忆：其一，L童年时居住的城市位于地震带，母亲曾向童年L描述过震前的地光、巨响等恐怖景象，某夜L在睡眠中被一声巨雷惊醒，于是陷入地震即将来到的恐惧并听见了心脏剧烈的跳动；其二，半年前看见母亲被推进手术室时，L想象一个男人将以极残忍的方式对待和侵入母亲的身体，这使L产生难以忍受的嫉妒，在一种混合了恐惧和极端快乐的情绪中，他想象自己代替母亲去接受这个手术/屠戮。

这里出现一个领域，以自己－母亲－大地－荒漠－海洋－故乡－地球/宇宙－性/爱对象－考试－医院－理想－理论/理论家等能指为路标，指示主体在其上进行享乐的地点或客体——一个情欲化的身体；而在这身体或大地之上，永恒回荡着一个声音——它们是“lia”，是“lili”，是地震的巨响，是心脏的跳动；这里还出现了一个目光——母亲将主体带到镜子前所给予主体的诱惑的，而又令主体感到羞耻的目光。声音与目光，共同给这个情欲的身体漆上了色彩、染上了气味——对这个身体羞耻而罪恶地沉湎，呼唤着对它孤独而悲伤地离开，但放逐却是在同一个诱惑的呼唤中朝向同一个身体的回归。

这里同时出现一个疑问：梦的制作与解释的制作，以至整个分析的进程是否遵循同一个结构？

让我们将历史极大地简化为如下叙事：母亲在遥远的源头用一个呼唤定义了主体，呼唤开启了后来被主体命名为拉回－推出的结构；结构的运转造就了主体的症状、历史与现实，造就了主体固着与解放状态之交替，在其中主体得以与精神分析相遇，获得了精神分析的话语、理论和一个文本；依照这个文本，主体做了一个梦；梦后，主体依照同样的文本、话语和理论，对梦做了一个解释；这个解释首先过滤和筛选出一个回音，然后制作了结构“拉回－推出”，并把梦的制作、症状、个人历史尤其是过滤和筛选机制纳入这个结构，反过来解释这一切。

从直接来自于范畴论的术语“拉回－推出”出发，通过“数学基础－数理逻辑－集合论－哥德尔定理－力迫法－选择公理（AC）－连续统假设（CH）－科恩（P. Cohen）－……”的能指网可以张起L的整个思想历程，并且可直接上溯至L十岁左右在一本书上看到“哥德尔”、“科恩”、“AC”、“CH”等词的时刻——伴随涌出的探险家故事带来的被抛弃之感，童年L此时感受到了自己思想上的奥德修斯旅程的起点。另一方面这个能指网通过联结到“拓扑学－邻域－谓词逻辑－射影平面－莫比乌斯带－波罗米结－……”以及若干分析家之名，将主体带到了拉康、弗洛伊德，带回到了释梦，带回到了勒克莱尔及《独角兽之梦》，最终带回到了“拉回－推出”。支撑L思想历程的能指网中所涉理论领域对于主体来说都是抽离的、超越的，具有深达世界本质的力量，主体亦是在自己的若干解放阶段选择和投入这些理论；它们是“推出”作用的结果，而主体投入它们的方式却是将它们当作一个身体去返回。理论就是探险家的荒漠，梦的解释、个人分析同样如此。L在一个固着过程进入分析，固着逐渐解除，历经一个解放过程后，在分析看似接近结束时又经历一个固着过程。造字之梦连同其后解释的制作，发生于分析中段的解放时期，这正好呼应了梦中的“推出”欲望。造字之梦是主体历史海洋中“推出”之潮头上涌起的一朵浪花，却又因与母亲身体的深刻联系而被涂满了“拉回”之色彩。

一种“同构”（isomorphism）彰显于造字之梦、梦的解释、分析进程，以及主体的历史之间，它使得那无所不在的声音和节奏始终在各个尺度的症状、叙述和历史中搏动。需要澄清的是：这是一种被制作、被表达的叙述结构，而制作与表达的材料却又来自于被同一种结构所选择的话语或理论；这一切不可避免地染上了哥德尔定理式的自谓意味，又在形式上回应着《独角兽之梦》的文本。在分析中我们又（通过精神分析式的能指链的游戏）将其归结到最广义的结构。一旦要表达这个结构，一切又将运转。如何超越这个封闭性（为何要超越以及什么是封闭性）？——遗弃解释、结构和理论，而让话语继续在联想中漂流，让分析继续。新的结构将在自由流动中浮现。新结构的浮现是否意味着联想序列仍受制于远古的某个被遗忘的起源？表达这个结构，需要某个已经被说出的话语；所听到的这个表达，它的出现本身就是对远古起源的揭示同时也是遮蔽。

只要一开始表达，L 就遇到永远逃不出的一个循环。表达无处不在：言语、身体、此处或彼处的叙述、历史、任何一个痕迹……。L 用身体来说一切，所说一切又关乎身体。所有的表述即 L 之身，而其缘起却是那身外之声。身外之声唤起对身的返回，并衍生出若干分身 / 声，在其上才可以找到一个暂时的返回。

L 在结构边缘之内看到的一切正是其外的一切，看到这个结构在一切尺度上的流动即是在表达和言语之外看到其偶然性和其解体。总是要来到边缘——在这个意义上，驻留只是暂时的，奥德修斯注定会永久漂泊。

身体的症状与父母的关系
——浅谈儿童的分析与父母的分析

叶利鹏 / 著

【内容提要】本文记述了与一位被诊断为抽动症的小男孩及其母亲工作的经历。在同孩子的工作中，母亲的欲望，以及整个家庭中的秘密与冲突逐渐呈现了出来。在这种复杂且困难的情况下，分析家一方面要守住分析的设置，另一方面又要尝试让孩子的父母认识到其自身的症状，进而推进分析工作的进展，打开工作的空间。

【关键词】儿童工作　父母症状　设置

我接待的一个小男孩因为被诊断为抽动症，被妈妈带来见我。他今年八岁了，他妈妈告诉我两年前他开始出现眨眼睛、嘴角抽动的情况，当时没太在意，后来越来越严重，最近一段时间他的头会不断地左右抽动。他妈妈说也带他去医院看过，医生诊断为抽动症，并且给他开了药，似乎有点效果，但是好像又没什么作用，他还是抽动。

他妈妈给我讲他出生时得了溶血症，照了十来天蓝光，后来经常生病。她担心他现在这样智力会不会有问题或者会不会是得了脑瘫。在他出生前，妈妈身上出了疹子，怕影响他就不敢吃药，生完他后身上出了很多疹子，特别痒。他妈妈这一两年有甲亢，治好了。

他妈妈不敢在他面前说抽动症这个词，只是用口型告诉我，她说担心会对孩子有影响。在他妈妈讲述的过程中，他在旁边画画，时不时地头会抽动一下。当我问到孩子爸爸的情况时，妈妈眼睛红了，似乎有什么难言之隐，并且她示意我不想当着孩子的面讲。我问她有什么是不能在孩子面前说的，孩子需要对自己的家庭和环境有个理解，如果有些不能说的、被保守的秘密，这会让孩子感到被封闭、沉重，反而会影响到孩子。他妈妈说理解了我的意思，想单独和我说。我告诉她如果孩子同意，是可以的。如果她愿意也可以当着孩子的面说，当然需要她准备好了再讲。有些时候父母准备好了更好，并不是孩子没准备好，是父母担心孩子接受不了或者受到伤害。他妈妈说她还需要回去考虑一下。

孩子第二次过来工作的时候，整个过程我发现他不抽动了，这让我很惊奇，我不知道发生了什么？但是我觉得也许工作才刚刚开始。

在和他的工作中，他比较喜欢用沙盘，我发现在他的沙盘里面，他很喜欢放一些恐龙和狮子、老虎等等动物，恐龙经常会用嘴巴咬死一些小动物。工作继续下去，他的沙盘里面开始出现一个狙击手，狙击手会躲在一个地方打死很多人和动物。再往后，他开始对一些女性小玩偶感兴趣，他会把她们的裙子掀开，去看她们的屁股，并且还会朝我笑，边笑边把两个屁股相互撞击。

后来有一次工作结束以后，他去等待区找他妈妈，他妈妈在上厕所，这个时候，他一边扭厕所的门，一边喊妈妈，门被打开了，妈妈没有锁门，妈妈看到他以后着急地呵斥他把门关上。

在下一次工作中，他在玩的过程中会不自觉的摸自己的小鸡鸡几下，我看到以后问他，他说那里痒，当我问他是不是想和我谈谈和小鸡鸡有关的事情，他说："你说脏话。"我问他："什么是脏话。"他说："你刚才说小鸡鸡。"我说："为什么说小鸡鸡就是脏话呢？"他说："妈妈不让说小鸡鸡这些地方，说这是脏的，不能说的。"后来他继续玩沙盘，玩了一会后，他说想上厕所，我告诉他在工作中我们是不能去厕所的，如果要去，我们的工作就只能停在这里，下次继续工作。他听到我的话后想了一会，然后说那他不去了。后来直到工作结束及离开，他都没有去厕所。

后来的某次工作开始之前，他妈妈说想进来和我说点事，我告诉她这个需要孩子的允许，当他听到我们的对话后，他说可以，并且说让妈妈单独和我说，我说你还是需要在场的。他妈妈进来以后告诉我，他两年前刚上一年级的时候，上课经常会想要上厕所，搞得老师很不喜欢，后来带他去医院做检查，医生说是包皮过长，需要做个小手术，后来他妈妈就带他做了包皮手术。但是做完手术后他上课时还是会紧张，想要上厕所，并且从那以后慢慢开始出现眨眼睛、抽动嘴角的情况，慢慢地，还发展出头部抽动的症状。

我问他妈妈他现在是怎么睡的，他妈妈犹豫了一下，说还是和她睡在一起，我问还没有分床吗，他妈妈说一直想分床，但是他一直说害怕，想要和妈妈睡在一起。这个时候我问爸爸呢，他妈妈才说起孩子父亲的情况。她和老公几年前就离婚了，一直没告诉孩子，怕影响到孩子，她说她老公以前出轨过，并且两个人感情很不好，后来就离婚了。我问她孩子爸爸多久会见到孩子一次，她说他爸爸在外地，很难回来，她说也经常给孩子爸爸说让他给孩子打电话，并且偶尔会邀请爸爸回来，陪孩子一两天，但是爸爸总是说太远了，不方便回来，最近工作也不好，没什么钱，她说她出钱，孩子爸爸一般也就过年会和她们聚一两天。

我说当着孩子的面说孩子的父亲对于一个男孩的成长是很重要的，不管你和他爸爸是否离婚，是否在一起，孩子的爸爸都是孩子的父亲。他妈妈说是的，最近她也在想这些，但是不知道怎么做。我问她孩子来我这里工作，孩子的父亲是否知道？她说含糊地和他爸爸说过，但是没明说是过来做分析，因为她说她了解孩子爸爸这个人，如果和他说了做分析，他爸爸肯定会不同意，还会说这是没用的，是骗人的。

我告诉她孩子来我这里工作要让他爸爸知道，并且要得到他爸爸的授权。不管他爸爸是否像她所想的那样，是否对于我们的工作有质疑或者否定，他都需要知道。而且我告诉她，如果可以的话，希望她帮助我给孩子爸爸发出一个邀请，邀请他爸爸能够至少来一次，来见见我，能够谈谈他对于儿子的情况有什么想法，有什么想说的。她说她试试吧。

后面的工作中，他妈妈谈到对于接下来孩子上三年级她有很多担心，担心他无法适应学校的生活，而且说他不会交朋友。就像是回应她的担心，他在上学以后确实很恼火，会经常在上课的时候想要上厕所，坐不下来，不遵守纪律，这个时候学校的老师请她过去，说孩子的情况，并且说如果继续下去的话，只能劝退或者办理休学了。他妈妈很焦虑孩子的情况，并且向我询问怎么办。我问她是怎么想的，她说如果实在不行想让他留一级，再读一年二年级，下一年再读三年级会好些，但是她也担心这样会不会对孩子有影响，担心会让他更加自卑。她说现在办理留级很难，她也考虑过转学，我告诉她需要先稳一稳，孩子现在出现的困难是很恼火，但是不要急着下决定，我们可以先和老师交流下孩子的情况，希望老师能够更加理解孩子的困难，能够给一些包容和接纳。

出乎我意料的是，在下一次的工作中，她说她已经给孩子办了休学，现在她在家带孩子，也给他报了很多补习班和兴趣班。我感觉到这个妈妈在这里遇到了很大的困难，她也需要被接待，她自身的痛苦和无意识的冲突已经影响到我们的工作和孩子的发展。

我很清楚我接待的对象是孩子，我是不能够给孩子的妈妈做分析的，所以我开始考虑如何请这位母亲自己去寻找一个分析家。但是这个想法要付诸实施是需要很慎重的，我也在思考该如何与她去谈论这一部分。

机会出现在一次工作刚开始时，她告诉我今天迟到了一会，是因为去诊所包扎她的手。在她带孩子来的路上，她们坐在公交车上，孩子在玩手机，她问孩子吃不吃零食，孩子当时没反应，她就自己吃了。后来孩子玩完手机，发现妈妈吃掉了零食，于是拿签子轻轻的去碰了一下妈妈的脸，妈妈当时一下把签子夺过来，狠狠的扎在自己手上。孩子当时吓哭了，因为她的手流了很多血，后来她就先带孩子去诊所包扎自己的手，然后再带孩子来见我。她说她当时完全是蒙的，很愤怒，但是又知道不能去扎孩子，就往自己手上扎。她说的时候眼睛有点湿了，孩子看到以后对她说妈妈不要哭，她听到以后就说在家里她有时会当着孩子的面哭，想让他听话些，她有一次愤怒的时候，一边哭一边说你是不是想我死！

我当着孩子的面说你那样子做对孩子来说太暴力了，他只是个孩子，当你用哭来控制孩子的时候，孩子内心的罪责和内疚感对他来说太沉重了，这不是他应该来承担的。当然，你也受困于你的痛苦，你内心也有很多东西是需要被接待和理解的，这一部分也许你可以去找一个分析家，去谈论关于你自己的这一部分，当你内心的冲突能够有一个梳理和厘清的时候，也许你和孩子的关系会更融洽些。

与这个孩子的工作，从一开始我就没有把重心放在对症状的消除上，我想如果我们只是针对症状工作，也许就会落入圈套当中。症状都是有意义的，症状是在言说，我们需要去听，去理解与症状相关的个人的历史、家庭的结构、内部的动力。

我们能够看到，这个孩子之所以从最初出现眨眼睛、嘴角抽动，发展到头部抽动，成因是很复杂的，也是多种因素共同作用的结果。我也一直在思考，为什么是那个时候？为什么是以那样的方式在表达？眨眼睛和摆头在说什么呢？他是害怕看到什么，还是想看到什么？是他实际生活中看到了什么吗？他妈妈提到的他的包皮手术对他的影响又是什么呢？他是否感到了实在的阉割，这个激发了他的阉割焦虑？他在工作中呈现的一些诸如“咬死”的场景，是否是他的口腔施虐幻想？当他摸小鸡鸡的时候，他又在想什么呢？是否在向我呈现他的自慰冲动？当他用手去摸女性玩偶的生殖器时，他在表达他对于性、性别的好奇吗？当他拿两个光屁股的玩偶互相碰撞时，他的那种快感是在表达原初场景对他的冲击和唤起吗？

对于这些，我有太多的不知道，太多的疑问，也许时间太短，还需要继续工作下去，继续的展开，才能够让他自己和我们有更多的理解。我们的工作总是这样的，我们总是带着疑问和思考工作下去，我们需要对无意识保持足够的敬畏，因为我们永远不是真的知道，永远需要跟随我们的分析者的无意识的运作，这样，也许某一天，我们才能够更加地接近无意识的真相。

与这个孩子的工作是困难的，这个困难不仅在于对孩子本身的接待，而且涉及到如何在接待孩子的同时，厘清父母的痛苦和欲望对于他的影响。我们的临床接待能做到什么程度？我们如何在守住设置的同时，去把握接待的分寸？

对于一般的儿童接待，我们除了在预备性谈话的时候接待父母之外，一般在后面都是单独与孩子工作，父母一般也就不再参与进来。但是我们的临床也会遇到一些特殊的情况，有时是孩子请求，有时是父母自己要求参与进来，这个时候情况就会变得复杂很多。

我们是否要回应这些请求，又该如何回应？如果我们回应，那么它对于我们以后的分析工作又会产生什么影响？也许我们能做的是先请孩子谈谈是什么让他们在这个时刻想要父母参与进来，他们感觉到了什么？他们无意识地感觉到了也许父母的症状和痛苦已经侵入到他们的精神世界？还是说他们感觉到不是自己的问题？有些孩子甚至会觉得是父母需要被接待，而不是他们！还是说他们理解到自己的身体症状是与父母的困难有关的？他们之所以创造出一个症状是为了对抗一些东西？当然，有些孩子在和我们工作以后会理解到他是在用这些症状来求救，用症状来呼唤父性的功能。

如果我们接待孩子的时候，通过和他的工作，发现父母也需要一个分析，但是父母自己不愿意去单独做一个分析，这个时候怎么办呢？我们当然是不能同时做孩子与父母的分析家的。但是我们又发现父母的困难严重影响到我们的工作，如果继续这样下去，孩子是很难康复的，这个时候怎么办呢？

也许我们就要冒个险，我们就需要接待一下父母，当然这里的接待不是给父母做分析，不是成为他的分析家，而是征得孩子同意后，一起接待他们，请父母谈论对于孩子的困难，他们是怎么想的，他们和自己的父母的关系，他们与妻子或者丈夫的关系，他们的家族历史，请他们讲这些是为了帮助孩子也帮助他们去理解他们的困难，同时让孩子理解到父母也受困于自己的痛苦，这里面有些不是他的错，不是该由他来承担的。这些是需要父母自己去处理和厘清的。这就让孩子与父母的困难拉开了一个距离，也让他有可能能够从父母的欲望和冲突中找到出路。

当做了这些工作以后，在某个适当的机会，也许我们再去请父母找一个自己的分析家，就相对容易一些了。当然，有些父母会去，有些父母依然不会，这也是我们没办法决定的，但是我们至少做了一点什么，至少往前推了几步，我们需要承认我们的工作是有局限的，我们也只能做到某种程度。

让我感到欣慰的是，某一天我们会听到，有一些父母虽然当时没去找自己的分析家，但是一段时间以后或者几年以后，他们在某个时刻为自己找了一个分析家！

后记：这一年多来，我一直在思考孩子的接待与父母的接待，在这个过程中，我们如何坐稳我们的位子，我们如何守住设置，如何在一些复杂的情势下去打开一个工作的空间。我在尝试的过程中，出现过很多的问题。有些时候我以为可以很好地把握住边界，但是有时还是会犯一些错，然后我又退回来一点。有时我也在思考，是不是唯有这样的去尝试，去调整，去犯错，才能够去理解一些基本的东西。如何让我们的工作更有创造性，更加的自由，也许还有很长的路要走。感谢我们的分析者和他们的父母，能够给我们犯错的机会，能够在我们做的不那么好时也能够继续坚持带孩子过来。

拉康、儿童与俄狄浦斯情结专题

导论：拉康的《第三个讨论班：论精神病》与《第二十三个讨论班：论圣状》之间的关系[①]

劳尔·蒙卡约[②]/ 著
于洋 / 译

尽管两个讨论班相隔 20 年之久，但无意识、拒斥、存在问题、实在界中的能指，所有这些术语都以这样或那样的方式出现在两个讨论班中。

在第三个讨论班（1955–1956）中，拉康认为，精神病主体一定拥有无意识，这与一般的精神分析观念是针锋相对的。一般的精神分析观念认为，对精神病主体而言，并不存在压抑，无意识已经完全显露出来或者处于支配地位了。因此，在精神病中找不到压抑和现实自我，让继发过程与内在统一的言语（cohesive speech）成为可能。在神经症中，无意识是通过压抑创造出来的，但在精神病中，压抑失效了。然而，在拉康看来，虽然不存在原初压抑，精神病中依然有另外一种防御在发挥作用。在精神病中，无意识是通过拒斥创造出来的。

拒斥的概念来源于弗洛伊德的一个观点：精神病患者拒绝现实并且试图取而代之。在施雷伯案例中，弗洛伊德（1911c）使用不同的术语指称精神病中的防御，包括取消（verwerfung）和拒斥（foreclosure）。原

---

① 节译自：Raul Moncayo, *Lalangue, Sinthome, Jouissance, and Nomination: A Reading Companion and Commentary on Lacan's Seminar XXIII on the Sinthome* (London: Karnac Books Ltd, 2017) 绪论部分。

② 劳尔·蒙卡约：旧金山湾区精神分析拉康学院（LSP）创始人，精神分析师，督导分析师。

发与继发过程、无意识、前意识以及意识是在原初压抑或者拒斥的防御作用下建构起来的或者是与意义的表达产生脱节的。

在拉康看来，阻止原初压抑建立的是（主体）对于父名的拒斥（被扔出了象征领域）。在被称作是拒斥的防御中，作为原初压抑的来源，父名不只是受到了压抑。在神经症中，压抑之下的无意识通过暗喻和转喻构建了对内部和外部世界的认知，也建立起了形象和语言的关系。在精神病中，我们在拉康所称的实在界的无意识中发现了受到拒斥的父名。实在界无意识本身包含两个方面：（1）实在界无意识指的是从未意指化的、没有被感知的、未知的或者不可知的内部和外部世界；（2）实在界无意识包含父名被拒斥的能指 / 所指，这个能指 / 所指从外部世界的未被标记的维度中返回（例如，海洋波浪的声音，它向精神病主体发出要求并且言说着）。

	被压抑的无意识	实在界无意识
通过暗喻和转喻、词与形象来构建对内部和外部世界之感知的被压抑的 / 压抑的无意识	从来未被意指化的、无法被感知的、未知的或者不可知的内部和外部世界	从对外部世界的未被标记的感知维度中返回的被拒斥的内在所指

父名的拒斥在精神病的认知范围中留下了一个空洞或盲点。在第二十三个讨论班中，这个空洞必须通过圣状的补充和命名才能修复。

在精神病的无意识中，表达语言与认知关系的程序 / 扭结失效了。根据弗洛伊德（1894a），精神病的无意识是在认知而不是在思想、愿望、或者宣泄（如神经症或倒错症）中被发现的。

父名可以帮助神经症主体预防妄想症或精神病。例如，父亲可以对儿子说："你的眼睛要始终关注着这个世界。我带你来到的这个世界并不是我创造的。"父亲在他没有创造的世界里种下玫瑰，儿子则对玫瑰心存敬畏。父亲的凝视调节着儿子看待世界的方式，让这个世界变成一个更加安全，更少迫害的地方。父亲又告诉儿子带他来到的这个世界并非自己所创。这个二次声明将父亲摆在与象征世界的关系之中，这个世界是先于父亲而存在的。就这样，父亲让儿子知道自己并非无所不能。经由父亲的居中调节，儿子对世界产生了敬畏之心。

但在精神病中，父名是这样从实在界中返回的：主体认为自己被选中要遭受迫害，同时也因此觉得自己卓尔不群。迫害是否定的一种想象形式，这种否定原本就与遭受拒斥的父名紧密相关。因为存在拒斥，所以在精神病中没有暗喻而只有一个具体的替换。那里没有父名的慷慨保护可躲避迫害；相反，主体暴露于大他者的最原始的、带有亵渎之意的菲勒斯特征和母亲欲望之中。在临床上，我们可以从患者身上看到这一点：他们感到自己被选定去遭受一个强大的野蛮的大他者的迫害。这个大他者想要伤害他们或者想要将他们当作自己享乐的对象。

为了解释精神病，拉康给出了一个前提：在言语表达过程的背后存在着一种原始的肯定（Bejahung），一种对象征界的接纳，但在精神病中却找不到这种肯定或接纳。在这里，拉康追随弗洛伊德，将精神病理学看作了解心理结构的一种方式而不仅仅看重精神病理学的具体表现。这个方法是拉康对精神病的研究的关注点之一。

> 可能发生的情况是，主体拒绝进入自己的象征世界，而是进入他以往经历的某种东西之中。在这种情况下，这种东西不是别的，就是阉割的威胁（拉康，1955–1956，第 12 页）。
>
> ……存在着这样一个阶段，在这个阶段，有一部分象征化没有发生。因此，关于主体存在（注意这里涉及到存在）的某种原始的东西就没能进入象征化，也没有遭受压抑，而是被拒绝了（拉康，1955–1956，第 81 页）。

在象征化基础上的肯定（affirmation）将父名看作是一种原初的能指。想必这种肯定在精神病那里无论在结构上还是发展过程中都没有发生，但是，作为建构精神 / 心理主体结构的一个必不可少的发展环节，它确实按部就班地在“正常的”神经症那里发生了。父名的肯定指的是父亲在场的象征化 / 再现，也就是指父亲在母亲心中的在场。但也许更重要的是，它指的是母亲缺席的象征化（坏了的乳房）以及父母在语言的发展和象征秩序中的功能。

在《自我与本我》中弗洛伊德（1923b）认为，与拥有个人史前史的父亲的“同一”发生在客体关系之前，并且更为根本。父亲隐喻先于与母亲的客体关系而存在，它在弗洛伊德的概念里指的是与个人史前史的父亲的原初同一。但是，在弗洛伊德那里，这个概念是以口盟的原始形式或者以吃掉原初父亲的形式与同一联系在一起的，后者作为一种神话般的动物性遗传是从杀死并吃掉父亲的原始部落那里遗留下来的。当孩子接触到母亲的乳房，吸吮奶水的时候，并且在乳房作为客体小 a 在母亲心中可以代替父亲菲勒斯的条件下，孩子吸纳的不仅仅是乳房，还有原初的父亲或者母亲的父亲。这可能是我们理解与个人史前史父亲同一的一个方式。然而，弗洛伊德也认为，这种同一发生在任何客体关系之前，并且我们在这个例子中可以看到，与父亲的同一发生在与乳房的关系中，它甚至出现在主客体的区分之前。

因此，拉康认为父名是象征化基础上的原初能指，这似乎是一种理解与个人史前史的父亲同一的更好方式。孩子的父亲已经被象征化了或者已经不在母亲心中。除此之外，孩子在现实的父亲形象或母亲的内心中发现了第三种在场。它就是父名。父名是父亲在孩子的生活和心灵中在场的隐喻，它也象征化了乳房的缺席。它是幻象客体缺失的占位符，对孩子而言，它代表作为幻象客体的母亲（乳房－客体小 a）；对母亲而言，它代表作为幻象客体的孩子（想象的菲勒斯）。

父名肯定与母亲的缺席以及接受（某个必要的）否定密切相关。因此，拉康将父名肯定与象征性阉割的接受联系在一起。反过来，也可以否定父名的肯定和母亲的缺席。我们要在这样的关联中理解对父亲的爱和父亲的功能，而不只是让父亲代表另一个母亲、依附对象或者照料者。

这样一来，父名和母亲的缺席成为了否定以及阉割的菲勒斯功能的代表。并不是主体受到了阉割的威胁，而是阉割代表了主体——在父名在场和对象缺席的关系中——会经历到的那些想象性的情感、声音和观念。父名象征性地阉割 / 否定了主体作为一个母亲的想象性菲勒斯，并且阉割了母亲的想象性菲勒斯（这由孩子所代表）。

父名作为一种原初肯定同时也是一种否定。因此，承认（admission）是一个更好地表达接纳父名的术语。承认也是对母亲的欲望和客体的肯定，同时它也代表着对象征性阉割或客体缺失的承认。父名是否定的肯定性标志，这也使得父名成为象征系统赖以建立的一种一元迹线（a unary trace）。父名是一个肯定性术语，同时也是一种一元形式的否定，它让否定的对象处于未被标记的状态之中。一元迹线是拉康从数学中借来的术语，它相当于弗洛伊德在解释一种同一的时候所使用的单一特征（the unary trait）。

一元数系是代表自然数的最简单的计数系统。为了表达数的概念，某种任意的切口，一划，特点，轨迹，竖杠，或者一个写作成“｜”或“／”的计数符号可以重复 N 遍。例如，使用计数符号“｜”，数字 4 就被写成“｜｜｜｜”（蒙卡约和罗曼诺维奇，2015 年，第 105 页）。

一元迹线建立以后，它就成了一种非区分性标记的系统，这些标记还不是整数。在物种的历史中，一元迹线是作为一种肯定性标记而出现的，人们用它去标明缺少或杀死了一个动物，或者标明女子的月经，说明这个女子没有怀孕。这两件事都与生存、繁衍和缺失联系在一起。生命的缺席带来生命，也带来有关生命的各种枚举和计数。各种形式的生命、动物及人类的出生和死亡从此可以计数了。在用一元标记或迹线计数出生和死亡之前没有标记或对象，因此，存在着一种象征之外的实在界。随着一元迹线的出现，实在界进入到出生和死亡之中并且开始在一个标记系统中被计数并受其引导。

父名作为一元迹线会引导新生的主体进入意义的领域。主体在大他者的领域里被能指的一元迹线标记。一元迹线能够引导自身在一条无限延长的直线上与其它一些特征建立联系。这些特征后来（随着零的出现）

成为了数和能指。一元迹线是所有能指共有的东西。零首先是一种标明踪迹的行为，它不仅标示出缺少了一个标记，也标示出在这个标记被做出（分别是空集和零集）之前缺少的那些标记。在这一点上零还不是一个离散概念。

一元迹线既是实在界的一元否定，也是象征缺席或未标记物缺席的一元否定，同时它也代表实在界的某种东西。标记之前的实在界是事物的神秘的、动物性的原初状态，体验世界不需要概念或标记。否定的一元形式显现为一种肯定性标记的特点，但与此同时，被否定的东西并没有被标记出来或者说并没有对象（那个否定未被标记之物的一元标记现在被标记出来）。

在父名成为一元迹线的情况下，实在界代表着外在的象征、母亲的欲望以及母亲欲望的客体。父名否定了实在界或无标记的状态。它生成界限，在这个界限之外实在界被呈现出来，并且象征着母亲的欲望从那时起成为了父名所否认的东西的转喻性所指。父名所否定 / 代表的是实在界和母亲欲望的客体，因此是两种不同形式的实在界（分别与拉康在早期和晚期对实在界的两种定义相对应）。

作为一元迹线，父名首先代表着在概念形成之前，我们已经先行丧失了无限或不朽的生命，后来它代表着我们丧失了与母亲合于一体的状态，也丧失了表征这一状态的对象。

准确地说，对我们而言，与大他者的关系就是为我们指出由薄片所代表之物的那个……在活着的主体和他为了繁衍而不得不穿越性循环而损失之物之间的关系（拉康:《第十一个讨论班》，1964 年，第 199 页）。

这就是力比多，它是纯粹的生命本能，也就是说，不朽的生命……。这恰恰就是从活着的存在中减去的东西，因为它必须服从性繁衍的循环。正是因为这一点，客体小 a 的所有可被枚举的形式都是象征物、对等物。胎盘……也许就象征着最深刻的客体的丧失（同上，第 198 页）。

不朽的生命和它的丧失是由大他者中的缺乏或者能指领域中的父名来代表的。在身体里，这个缺乏由胎盘代表，而胎盘本身也将丧失自身。

与此同时，这一丧失将会生成对作为客体小 a 的乳房、对母亲的部分客体（part object）以及对母亲之欲望的愿望。

在饥饿、温柔、繁衍和性欲之间做出区分是重要的。因为，例如，对乳房的需要也是一种饥饿，弗洛伊德最初将其理解为一种自我保存和生命存续的驱力。此外，弗洛伊德（1912d）也谈到，早期的母性温柔在他看来构成了一个非性驱力的单独显现。在客体关系学派中，温尼科特（1963 年 /2011 年，第 176 页）关注的是充足的环境和足够好的母亲，这里他指的是环境母亲的母性投入和照料行为。然后他谈到了客体母亲，也就是孩子如何作为母亲的幻象客体发挥作用，反之亦然。

相反，弗洛伊德是从母性温柔、拉康是从母亲欲望问题出发的。雷内·斯皮茨（1945）在对住院综合症（hospitalism）的研究中表明，对婴儿而言，充分的照料行为是必不可少的，但这还不够。温尼科特似乎没有说清母亲的欲望，尽管他后来确实提到了环境母亲具有为孩子提供情感的功能，但这个功能被描述为一种几乎是客观环境的特性。愿望和欲望似乎只是与客体母亲相关才显现出来。

在哺乳动物的进化过程中，母性温柔，母亲与孩子之间的亲近、结合与联系总是与母乳作为一种蛋白质营养和保护性液体的进化联系在一起。作为母性之爱的基础，母乳喂养加强了母亲－孩子的联系。此外，不断发育的胎盘作为母体中的一个器官可以保护胎儿不受侵害。必须获得一个新的基因才能形成一个新的器官，这个新器官会在母亲和孩子之间建立起一种新的有机结合的形式。这个新的基因是从一种病毒进化而来的，它能够抑制免疫系统。可以致病的东西也可能会为新器官的进化提供可能，既然免疫系统已经将胎儿当作入侵者对待。不断攻击繁殖细胞的病毒成为细胞核内部基因的一部分，在这个细胞核的外面形成了胎盘。这是进化中一个不可预测的跃迁。但是这样的变异是否真的是不可预测的？它是随机的，还是遵循着一种与神秘的生命驱力有关的构建性逻辑和决定论呢？

在他的驱力理论中，弗洛伊德使用“依附”（anaclisis）这个概念解释人类中的性驱力如何从生物性的自我保存本能中派生出来。这种驱力一旦在象征 / 心理秩序中建立起来就获得了一种重要的独立性。心理驱力的概念区别于生物本能，它是从满足经验的原型中发展起来的。在满足营养和成长的生物需要的过程中，婴儿那里出现了一种与满足本身相联系的原乐，这种原乐独立于生物组织的需要。此时这个满足与作为客体小 a 的他者紧密相关；作为想象和幻象的客体，客体小 a 被转变成为一种病毒存在于心理系统之中，并且认为其自身必将随着语言的习得而被转换到更高的思考层次上。对于母亲和婴儿情况都是如此。母亲可以让婴儿成为一个客体去满足自己的自恋，而不是给孩子提供营养或健康的东西。

被称作自我保存的自我驱力最初在母亲的照料下得到支持并成为可能，它引导动物习得独立捕猎的技巧（工具理性）。这种自我驱力是杀戮机器运作的基础，而杀戮机器本应是与母性关爱和保护背道而驰的。动物不仅仅因为饥饿或存活而捕杀，它们也会为了保护自己的领地和猎物而捕杀。人类也做着同样的事情，只是人类还会寻求保存生命之外的快感和目标。这就是病毒被重新引入生命保存的过程。

在人类和象征系统中，是父名和父亲的功能发挥着阻碍和禁止的作用，使这个在想象界、客体爱恋和性驱力中运作的“病毒”产生突变。当然，这样说并不否定语言需要一种特定形式的基因（FOXP2）和 DNA 字母（T），但它们影响的是脑神经网络的结构，而不是语言结构本身。反过来，欲望，作为在这个世界上行动的动机，将会在象征系统形成的参数集内发挥作用。正是父名，在与母亲欲望、母性关爱和投入的关系中压制着“病毒”在母亲和孩子的欲望客体中发挥作用。这个病毒，以想象性客体小 a 和菲勒斯的形式构成了原初压抑下的被压抑之物的一个隐喻。

在第二阶段驱力理论中，弗洛伊德（1920g）加强了作为客体关系的原初形式的温柔和自我驱力或自恋之间的联系。它们都被称为力比多（客体力比多和自我力比多），尽管弗洛伊德认为力比多不是心理能量而是具有性欲的性质。在弗洛伊德的第一阶段驱力理论中，他包含了一个非性欲性的驱力——自我驱力，并将其与温柔联系起来，后来（青春期之后）又与性欲驱力和生殖关系相融合。当成年人离开父母的家，转而与和自己有性生活的配偶变得亲近时，这两个驱力就融合在一起了。

在弗洛伊德的第二阶段驱力理论中，虽然有客体力比多的概念，但是我们并不清楚，温柔，作为父母之爱的一种非性欲形式，在早期阶段发生了什么。我们也不清楚，先于任何形式的自我而存在的客体力比多的原初形式是怎样成为一种自我驱力的。生命驱力的联系和连接功能似乎比自我保存的自我驱力更加根本。或者生命是一个更大的范畴，包含性欲驱力和自我驱力，或者生命驱力和自我驱力的每一种形式都派生于性欲驱力。后一种情况在人类中不太可能发生，因为性欲驱力，作为生物繁殖的一种显著形式，可以导致过早死亡、疾病和毁灭。在最后阶段的驱力理论中，弗洛伊德支持前一种情况，因为爱洛斯（Eros）包含生命保存驱力和性驱力。至此，构成主体的是爱洛斯或生命驱力，而不是自我驱力。自我或性欲驱力可以为生命或死亡驱力而工作。

这个问题也反映在升华理论中。在升华理论中，升华既是目标抑制的驱力，也是爱洛斯的直接满足和显现。在成年人的爱情中，例如，在即将为人父母的成年人的爱情中，性驱力和温柔的情感是融合在一起的，尽管他们原本有各自的作用。随着新生或新到的生命，这两种形式又再次分离了，之后又会重新融合，就这样循环往复。

这些因素指向了一个事实：母亲欲望和它的客体具有不止一个意义。孩子是温柔的客体，也是母亲欲望的一部分客体。那么，什么是这个温柔的客体呢？母亲和孩子的温柔如果不是来自于母亲的自恋又会来自于哪里？这就等于说，对母亲而言，孩子是一个幻象客体或者想象性菲勒斯。

自恋和性驱力是不能彼此分离的。这是弗洛伊德（1914c）在自恋研究中发现的，这也促使弗洛伊德修正了他的驱力理论。我们很难不得出这样的结论：存在着两种类型的融合，或者说，太一具有两种类型。一种是实在界中的融合或未区分状态，另一种是想象界中的融合，这种融合具有同质性，但彼此并不相同。想象界中的融合包含着母亲和孩子通过幻象客体形成的融合，也包含着将身体形象视为一种自恋和理想自我的整体形式。在想象的太一中，实在界被想象界取代或接管。空虚的镜子被替代，或者由镜子所反射的形象所代表。这里1即是0或者第一个数，而0与1是有区别的，甚至0与零都是有区别的，因为零是与自身相矛盾的数。作为意指元素的缺席而呈现出来的实在界被形象的整体性所取代。实在界和想象界共同承担了这种意指元素的缺席，这体现在词由作为意指单位的字符所构成，但形象所拥有的客体必须被转化为词，只有这样才能到达作为意指元素的客体那里。在语言之外，形象自身没有意指元素。在象征界之内，实在界或者呈现为其自身的能指的缺乏，或者呈现为语言中的缺乏的能指，因为在语言之中，能指的含义或另一个起所指作用的能指被压抑在无意识之中。当一个被压抑的能指扰乱了陈述的意识含义（the conscious meaning）时，语言中的裂隙就会将话语或者书写瓦解。然而，如果实在界被唤起，那么就赋予陈述以连贯性或关联性，或者，如果一个被压抑的能指被引入到叙述当中，那么，它会在句子中表达出一种新的、可能是更强悍的意义或者联系。[①] 能指包含零，但形象并不包含零，而实在界是一个满盈的存在（a plenum）或者一种涵义之外的在场。

对太一的两种形式的区分分别对应着母亲和孩子之间的温柔结合，

① 这一段的译稿与原书略有差异，在与译者的沟通过程中，作者希望用下面这段话替换原书中的相关内容：The Real and the Imaginary share the absence of signifying elements in that words are composed of letters as signifying units but the image has objects that have to be converted into words to arrive at objects as signifying elements. Images themselves don’t have signifying elements outside language. The Real appears within the Symbolic either as a lack of a signifier for the Real within the Symbolic, or as the Signifier of a lack within language where the meaning of the signifier or another signifier that functions as signified is repressed in the Unconscious. A gap within language disarticulates speech or writing as a repressed signifier disrupts the conscious meaning of a statement. But if the Real is evoked this can add consistency/articulation to the narrative or if a repressed signifier is brought back into a narrative then it can articulate a new and perhaps stronger signification/articulation for a sentence.——译者注

以及通过幻象客体所形成的孩子与母亲之间的融合。象征之外的实在界以神秘的温柔情感的形式（与生命之谜本身相关）继续存在于母亲的欲望之中。在意义的领域中，母亲的欲望将想象性菲勒斯当作父名能指的所指。在子宫中，太一的两种形式融合在一起，但出生以后，生命驱力分裂成温柔的神秘情感和与性驱力联系在一起的客体力比多。

最终，根据弗洛伊德的发展的观点，太一的这两种形式或者说生命本能会在所谓正常的生殖条件下再次融合。但是，正如"正常的"或一般的神经症所显示的那样，它们的关系很容易分裂成两种情况：没有性欲的温柔或没有温柔的性欲。这就解释了为何拉康说不存在性关系，而弗洛伊德（1912d）说，言说的生命很容易去欲求他们不爱或者不依赖的东西，而去爱或依赖那些他们不欲求的东西。这也解释了为何存在那么多不幸福的婚姻或结合，也解释了婚姻或夫妻生活中为何会出现出轨。应该注意到，具有反讽意味的是，为了避免正常神经症（或性格神经症）的危险，弗洛伊德（1912d）建议将倒错幻象（而不是倒错行为）当作正常现象对待。为了发挥性欲的功能，需要放下对于父母或兄弟姊妹的乱伦恐惧。

既然拉康也说客体小 a 是非性欲的，那么，称温柔的客体为客体小 a 是否准确呢？客体小 a 也代表着一种先在的缺失，在出生与死亡循环下的繁衍过程中，它最初代表的是无限或不朽生命的缺失。无限生命的某种东西以母子融合的方式传递到有限的生命中，先是肉体的融合，再是心灵的融合。

在子宫中，婴儿还不是一个主体，而是一种无性的客体形式或者说非客体。脐带和胎盘是部分无性客体的最初形式，婴儿终会失去了它们，它们也将成为失去无限生命的象征。现在，即便肉体上分开了，但根据客体小 a 的不同显现形式，母子之间仍会发生心理上的结合。客体小 a 是温柔的一个非性欲客体，与此同时，它也以想象性菲勒斯的形式存在。客体小 a 的想象层面和真实层面，分别是 S_0 和 S_1，或者是 S_1 的两种形式，一个与 S_0（非性欲的）一组，另一个与 S_2（父名－想象性菲勒斯）

一组。

同样地，作为父名之外的实在界的母亲欲望与作为父名的所指的母亲欲望是不同的，后者以想象性菲勒斯作为它的客体。母亲欲望的两种形式分别对应着父名的两个意义：作为来自于实在界一元迹线的父名和作为原初压抑来源的父名。温柔形式的母亲欲望与作为一元迹线的父名以及实在界中的客体小 a 联系在一起。而作为原初压抑来源的父名与想象性菲勒斯的所指联系在一起，它是母亲欲望和想象界中的客体小 a 的客体成因。与原初压抑和否定紧密相关的父名，和想象性菲勒斯以及想象界的客体小 a 一道，显现了死亡驱力和大他者原乐的各种分离效果和罪恶。在各种象征和想象形式（防御和愿望 / 恐惧）中存在的死亡驱力既不可避免又是必需的，同时也存在着问题。

作为父名所指的母亲欲望代表着意义之外的实在界和欲望的客体，由此它将否定来自于父名的否定。实在界将存于欲望之中而无从显现，但现在父名或者符号将会随着欲望的一个客体的出现而被替代，这种替代逆转了第一迹线（the first trace）表现客体缺席的方向（符号替代 / 否定一个客体，并且客体替代 / 否定了这个符号）。

相反地，父名的一元迹线将会继续出现在客体 / 乳房的失去剥夺中，在与母亲欲望的关系中，孩子已经与这一客体 / 乳房同一。现在，沮丧 / 剥夺 / 象征性阉割，这些与失去乳房相关的问题，正如梅兰妮 · 克莱因在她的理论中描述的那样，就会彻底暴露出来。根据拉康的理论，对于作为客体小 a 的乳房的矛盾情感（爱 / 恨），随着六个月左右断奶和镜像形象的出现，将会被稳固下来。

对镜中形象的命名或者发展作为理想自我的统一的身体形象，通过将身体的整体形象当作母亲欲望的客体成因来弥补部分母亲 / 乳房的丧失。这样一来，孩子将从母亲的欲望客体那里获得它自己的形象。然而，在这个形象中也会存在一种丧失，作为一个空白点或者空洞或者与这个形象相关的某种东西失去了。形象中失去的这个部分代表着这样的事实：孩子也许不是母亲欲望的唯一客体，她的欲望还朝向别处。终其一生，身体形象的获取都与身体形象内失去某种东西的感觉联系在一起，这种失去感将成为一种以身体为目标的自我批评能力的基础。

孩子与镜中形象的同一会弥补与父名及其所指相关的缺失，父名的所指以母亲欲望的幻象化的想象性菲勒斯客体的形式而存在。命名代表着一种馈赠，但它也因此成为在理想自我层面上的某种缺失的能指。在大他者显现为母亲欲望的客体时，这种缺失和它的能指化进而导致自我理想的形成。

但是，命名的弥补行为，虽然给了孩子一个身体上的身份，却弱化了早期缺失（乳房）和父名的早期形式之间的联系。在那时，父名是作为主体的史前史中的一元否定而存在的。而且，一旦一元否定被建立起来，它就会倒回去或变得无效，就像从未发生过一样。作为未标记之物的一元标记的父名就这样再一次成为未标记的存在了。在原初压抑之下，被压抑之物和压抑物都会消失，仅仅能从它们的效果上推断它们的存在，或者从基本的和直觉性的公理或解释性原理中将它们推断出来。这样的直觉性原理可能是反直觉的或者至少不是一般意义上的直觉。

对与父名相关的一元否定的否定不仅仅生成了一个新的欲望能指，而且将作为一元迹线的父名遣回到了欲望的实在界与象征之外的所指之中。但是，为了避免精神病的发生，父名不得不被用来获取一种统一的形象（大他者指向这个形象，对你说你是如此这般）。与父名的关系必须被建立起来，为的是留住实在界的不可测知的维度，这个维度超越在波罗米结中发挥作用的形象与言词（word）。

否定的第一个肯定性能指（父名）的所指伴随着各种令人迷惑的声音和情感母亲的纯粹欲望，以及母亲欲望的客体或者 φ（想象性客体小 a），这个 φ 在很多情况下很可能就是想象性菲勒斯。它们是发动身体的力比多和理想自我的驱力。在这些发展进程的背后，作为否定的一元迹线的父名隐而不见，也就是说，未被标记出来。

对拉康而言，精神病是一种语言紊乱，它由一个空洞或者匮乏构成。这种匮乏存在于能指的层面上，由父名的拒斥产生。这个空洞是网中撕裂的地方，而不是网眼本身。正如前文提到的那样，作为一元迹线的父名将新生的主体导向意义的领地。一元迹线就是所有能指共有的东西。一元迹线能够将自身引向与大他者领域中的其它特征相关的那条无限的直线上。这里，与语言领域相关的父名和能指的能量库有一个相似的功能，那就是零集。根据弗雷格（1903 年），在自然数的建构上，零集构成了一个根本性的基石（具体可参见蒙卡约和罗曼诺维茨，2015 年）。

> 零集一般被当作是“空集”的同义词。尽管围绕着这两个术语的概念仍存在着大量分歧，但对于我们的目的而言，思考这个概念的一个满意的方式是空集包括零集，因此，尽管空集没有元素，但集合仍然是一种事物，其中包含着“无－物”（no-thing）（第 126 页）。

另外一种思考零集（对于很多数学家而言，两者相同）和空集的区别的方式就是沿用一元迹线或者未标记之标记这样的线索。空集等同于零是第一个整数的概念。一元计数系统并没有零或数的概念，这可以由零集的符号（Ø）表示出来，在零的符号上有一个表示否定的一元划线（unary stroke）。一元迹线还不是一个概念，因为概念需要区分，而一元迹线同时包含着在场和缺席。零集是一个概念之外的概念，或者说，一个未标记的标记。没有数据或能指可以指称零集或一元迹线所代表的东西。

零集的概念性定义是由空集代表的。空集有它的所指和数据，因为空集意味着缺少了某种具体的东西（一个客体或者一个概念），或者一个没有元素的集合。零集就是不包含自身的空集，要不然，它就不是空的了。从这个意义上来说，空集不是真的空了。另一方面，如果零集没有表现为空集或者以空集的形式替换自身，那么，它就不能在意义的领域内或者自然数的秩序中发挥作用。

另外一个思考涉及语言的零集的方式是，能指与自身不同一，因为能指也属于一种不包含意指元素的空集。同样地，在主体性之内或神经症之内的父名不是真的空无一物，它是这个结构的基石，尽管这并不显而易见。因此，总是面临着否定、拒绝和失效。在那里，父名就是一种空无。但是，如果父名不是作为一元迹线出现在那里，那么，无论它是多么空无、非物质性、不可见或者抽象，按照拉康的观点，最终它都会在感觉或意义上造成紊乱，正如我们在精神病中发现的那样。

在神经症中，父名会导致母亲对孩子的自恋幻象的否定 / 原初压抑，而在精神病中，母亲的欲望和它的客体会导致对父名的拒斥或否定以及原初压抑的缺席。实在界和形象中客体的缺失没有实现象征化，统一的身体形象也没有产生出来。

就这一点，拉康问：

> 一个人是如何成为精神病的？主体是怎样让自己不在小他者那里产生异化，而是成为另一种存在，它从一切均无法被言说的领域，召唤所有的剩余，到一切都可以被言说的领域？（拉康，1955–1956，第 157 页）

精神病主体没有正常地再现母亲欲望和它的客体小 a，而这是在镜像阶段通常会发生的情况。恰恰相反，伴随着镜中孩子的镜像及父名的象征性认可，精神症主体与实在界之物相同一，这个同一发生在被幻想为一种想象的菲勒斯的母亲欲望之中。想象之物 / 想象性菲勒斯或者幻象调节着与对象世界和知觉中的能指的关系。镜中的理想自我或后来出现的与父亲 / 大他者有关的自我理想都需要父名和原初压抑先行内置其中。

此外，在第三个讨论班中拉康也研究了父名的拒斥在两性区别这个问题上的影响。他在弗洛伊德的施雷柏（作为精神病的例症）和朵拉（作为神经症的例证）的案例中考察了两性差别的问题。

> 在施雷柏院长的案例中，被拒斥的意义与原初的双性特征紧密相关。施雷柏院长从未整合任何类型的女性特征（拉康，1955–1956，第 85 页）。

原初双性特征是指男女两性在性别划分之前都有的与母亲的早期关系。因此，拉康说，施雷柏没有整合区别于自身的任何女性形式。恰恰相反，在他的幻觉中，他幻想自己是上帝的妻子并且生出一个新的种群。因为父名的拒斥，施雷柏留在了母亲的想象性菲勒斯的位置上，大他者中的缺乏并没有被象征化到施雷柏的母亲身上。因此，女性特征被留在了生育新种群的菲勒斯的位置上，父亲在上帝的形象中变得无所不能，而阉割被施雷柏以一种获取菲勒斯女性特征的方式拒绝了。在这个案例中，父名的拒斥是一个包含着两个因素的运作过程：母亲的欲望，以及被父子双方觉察并表达出的父亲的想象性的无所不能。众所周知，施雷柏的父亲是前纳粹时代的一个独裁者和严苛的教师。施雷柏父亲的无所不能被转移到上帝身上，这样就回避了本来在父亲身上实现的阉割的菲勒斯功能问题，或者在父亲身上实现大他者的缺乏的问题。

在神经症的案例中，

> 在朵拉发现自己在思忖“女人是什么？”的时候，她正在试图对女性器官本身进行符号化。对她来说，与男性，也就是菲勒斯的拥有者同一，在这种情况下成了她不断接近这个总要逃离她的定义的一个方式。她直截了当地将男根当作理解她无法符号化的东西的一种想象性工具（拉康，1955-1956，第 178 页）。

这里，拉康开始预见到，在菲勒斯秩序之外存在着女性实在界，或者除了作为想象性菲勒斯 / 工具，朵拉所无法符号化的东西。尽管实在界中的女性要求对父名先行内置化，但是拉康还是偶尔会根据精神病中的符号化的拒斥来思考实在界和女性特征。后来，当我们跟随第二十三个讨论班的分析进程，就会看到两者被区分开了。没有父名的拒斥，实在界和女性性征依然会显现出来。在这一点上颇为重要的是，言说的生命（不只是男性）在将女性器官仅仅符号化为等同于男性菲勒斯能指时存在着困难。

因此，为了理解作为一种语言紊乱的精神病，拉康开始分析语言的本质本身。

> 让我暂停一下，这样你们会理解去年我竭力让你们理解的语言学理论的各个范畴是多么必要。回忆一下，语言学中有能指和所指，能指被当作语言的物质载体。人万万不要掉入这样的陷阱和空洞：那就是相信所指就是客体，就是事物。所指是某种非常不同的东西——它是含义，我通过圣奥古斯丁的例子解释过，他和邦夫尼斯特先生一样，是一位语言学家，所指指向的总是含义，另一个含义。语言的系统，不管在哪一个点上你抓住了它，从来不止于手指直接指向的一点现实；被整个语言网络覆盖的是现实的整体。你永远不可以说这是被指定的含义，因为即便你成功了，你也永远不知道我指向的是这张桌子的什么——例如，颜色，厚度，作为物体的桌子，或者不管是什么东西（拉康，1955–1956，第 32 页）。
>
> 你需要词语去甄别这一点。和用手指相比，话语具有一种独特的特性。但是，这也不是我们要发现的语言的根本指涉所在的地方。我们是在寻找它在哪里终止吗？好吧，我来揭示答案，这个终止总是发生在我们称之为“存在”的这个颇有争议的用语的层面上。（拉康，1955–1956，第 137 页）
>
> 使得可以理解的句子和不可理解的句子相区别的是我们对含义的期待，这在精神病学中被称为目标导向的言语：“话语在本质上朝向我们必须称之为存在的某种东西”（拉康，1955–1956，第 138 页）。

“存在”的问题预示着实在界中能指的问题。在这个方向上，同时也是为了理解在语言中和在索绪尔的著作中，这一切是如何发生的，拉康给出了下面这个日常生活中的例子：

> 是什么将你的表达“傍晚的安宁”和你的经历连接起来？如果自问生物体……是否能将它区分于别的那些有可能解释时间现实的秩序，这并非是无稽之谈。它可能是一个惊恐的感觉，例如，你在那一刻从你的猫的行为中观察到一种对世界的焦躁不安，它好像在寻寻觅觅，寻找一种幽灵。或者，这也可能是一种焦虑，我们自己虽然对这种焦虑不甚了解，但我们认为原始人拥有它。当他们看到太阳落山时，他们害怕太阳再也不升起来了——这一点很容易想到。简而言之，这是一种不安的感觉，一种探寻的感觉。这里有某种东西，不是吗？这种东西使得一个问题完好地保存了下来，那就是，和其它秩序一样存在于我们生命体验中的存在的秩序和我们称之为傍晚的安宁还有它的言语表达之间到底有着怎样的联系。
>
> 这种存在，如果不是语言的存在，这个“傍晚的安宁”又有什么意思呢？恰恰因为我们如此接近它，却又没有意识到它，我们才通过这样的回声现象接收到它。这个现象就是通过我们最习以为常的言语表达“傍晚的安宁”形成的。我们就这样来到了语言的限度。在这个限度上，如果说话语朝向意义之外开放，那么，它是在朝向实在界的能指开放。我们将永远不知道，在能指栖居的完美的模糊性中，它从与话语的联姻中获得了什么（拉康，1955–1956，第 139 页）。

拉康区分了幻觉中出现的基本的无意识语言和所谓的正常语言，这是划分咿呀言语（lalangue）和语言的开始。

在拉康的整个著作中，隐含地包含着三个语言学范畴：含义（meaning）、涵义（signification）和意义（significance）(ISR)。有时，后两者会塌缩到一起，这方面很难翻译出来。格里格将涵义译作含义，将意义译作富有意义（meaningfulness）。芬克将意义译作“能指性”（signifierness）。含义是充分的、想象性的。涵义是象征性的并且指向能指，而意义是空洞的言语或者是不包含双重含义或过多含义的涵义。

我们看到，涵义和实词由此被区分开来，前者与空洞的形式意义相对，后者与惰性的鹦鹉学舌相对。在这一点上，空洞言语具有一种模棱两可的特性，它可以是惰性的鹦鹉学舌，也可以具有一种纯粹的形式意义，有时拉康称其为没有含义的涵义。在1953年的第一个讨论班（1953）中，拉康谈到了充分言语（full speech），认为它是关于欲望的真正言语。然而，在其最后的著作中（第二十四个讨论班）他推翻了以往确立的那些价值，充分言语成为想象性的含义，而原乐的实在界与空洞言语关系更加紧密地联系在一起。空洞的两种不同含义在这里得到处理，最后以拉康的两个空洞的理论（theory of the two holes）揭示出来。在第三个讨论班中，我们已经欣赏到了这些术语的暧昧之处和二价性，在后来的第二十四个讨论班中，拉康做出了如下的说明：

> 充分言语是一种充满了含义的言语。空洞言语是一种只有涵义的言语。言语充满含义是因为它肇始于双重性。正是因为一个词具有双重含义，所以它是S_2，也就是说，“含义”这个词包含了自身。当我言说真理的时候，我指的是含义。涵义则和一般人们认为的不同。它是一个空洞的词。它是但丁在给自己的诗歌提出限定条件，即说明何为情诗的时候阐述的东西。爱除了涵义一无所是。我们清晰地看到了但丁是如何刻画它的。对但丁而言，欲望有一个含义，但是爱——我在有关伦理学的讨论班上说过，就如宫廷爱情所体现出——爱是空洞的（1976–1977a，1977年3月15日讨论班，包含在“精神分析骗局”的部分）。

这些不同的语言维度和能指链曾经出现在欲望图中，也反映在拉康如何思考象征性语言、象征性无意识和描述性无意识的关系中，反映在像语言一样结构起来的弗洛伊德无意识和像密码一样结构起来的压抑的言语之间的关系中。象征性语言代表无意识的但没有被压抑的描述性无意识。在我们说话的时候，我们并没有意识到语言结构在我们内部发挥作用并且决定着我们对世界的体验。严格而论，弗洛伊德的无意识是一种压抑下的言语，或者说是在更普遍的语言无意识结构中的一种具体的语言。而咿呀言语是实在界的语言，我们在欲望语言（弗洛伊德的压抑下的无意识）和快感语言（拉康的实在界的无意识）之间发现了它。

在第三个讨论班中，拉康参考了他所称的索绪尔的双曲线图。拉康竭尽全力要说明能指的定义，也在努力尝试怎样才能在实在界中理解意义或能指。所指是如何同时呈现为不确定的云斑或者星云，一团感觉或观念，各种声音，呼唤，叹息，它们都充当了能指的所指。对索绪尔而言（1915），所指有两个轴：由空气和水（观念 / 声音 / 感觉）构成的纵轴和由其它能指构成的横轴。

双曲线图出现在《普通语言学教程》中“语言是组织在声音物质中的思想”部分（索绪尔，1915 年，第 111 页）。

没有词的思想不过是一团没有形状的、无法辨认的观念和声音，我们无法区分它们。只有语言才使得思想的区分和分离成为可能。

因此，我们可以把全部语言事实，即语言，设想为一系列相连接的小部分，同时画在模模糊糊的观念的无限平面（A）和声音的同样的不确定的平面（B）上面，大致如下图所示：

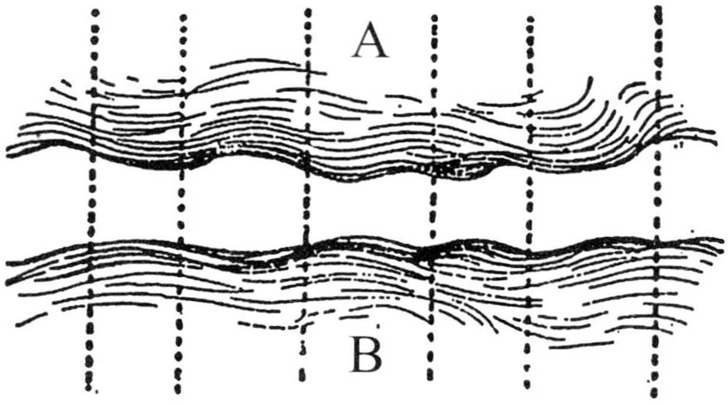

……语言是在这两个无定型的浑然之物间形成时制定它的单位的。我们试着设想空气和水面发生接触；如果大气的压力发生变化，水的表面就会分解成一系列的小区分，即波浪；这些波浪起伏将会使人想起思想和声音物质的结合，或者也可以说交配（索绪尔，1915 年，第 112 页）。

垂直的线条代表那些将观念联结到声音材料的词。

不但语言事实所联系的两个领域是模糊而不定形的，而且选择什么音段表示什么观念也是完全任意的（索绪尔，1915 年，第 113 页）。

对索绪尔而言，概念或词是那团感觉、声音和观念的对应物；另一方面，符号或能指与语言中其它相互依赖的符号 / 能指连在一起。因此，一个词可以被实在界中某种发挥着所指作用的东西替代，或者作为一个暗喻连接到同一个语言性质的能指链上。

对索绪尔来说，所指的重要性超过能指。所指是一团无定形的观念，而能指是一种声音－形象，由词和所有构成符号的东西的纵向运动命名。因此，每一个由词代表的符号单元都与其它单个的词相连。

对拉康来说，能指内在地与词、音素和字母联系在一起，观念和声音隐含在能指之中，而所指是另一个能指。对拉康而言，没有能指，声音和形象就无法构成自身；对索绪尔而言，声音－形象独立于能指而存在，只是人为地与词联系在一起，并与词共同构成能指。

为了理解精神病，拉康重新命名了思想的层次（plane of thought），称所指是一团由话语的流动承载的感性存在（一种感觉，一个声音，一个呼唤），而能指不是一个声音－形象，而是一个不连续的话语链和一串没有含义或涵义的词。

在主体和他者之间，言说和倾听之间，发送者和接收者之间，S_1 和 S_2 之间，共享着一个编码。当主体说出一个能指的时候，这个能指事实上是连接到此前说出的其它能指上的，这时，他者会听到/联系到同一个主体说过的其它能指（在相似的语境下）并随即体验到一团感觉和情感（愉快的和不快的富有能量的强烈感受/情感）。这两者（其它的能指或 S_2 和愉快的/不快的感受）共同充当着主体说出的能指的所指。

能指是编码与能指能量库中的名字、观念和声音之间的联姻。对于拉康，纵向线条是连接能指和所指的缝合点。对于索绪尔，纵向线条是将观念与声音相连接的词。词在纵轴上连接观念和声音，在横轴上连接其它的词。

从“游戏空间”到“心理空间”①

——儿童心理治疗适宜技术之游戏

蔡婷婷 / 著

【内容提要】游戏是儿童身心健康发展的必要条件。他们的世界与成年人不同，其经历、感受和体验往往通过做游戏的方式而非语言的方式被表达出来。其中，属于他们自己的独特而具体的现实内容可以通过游戏中的多元化要素和做游戏的过程本身得以体现。游戏治疗在心理治疗中是一种被广泛采用的方法，它适用于语言发展尚未成熟、语言发育进程相对落后的儿童；当涉及到以语言交流障碍为特征的自闭症时，游戏在心理治疗中的功能显得尤为重要。针对这部分儿童进行心理干预的目的，主要是通过游戏让他们的那些不能通过语言表达出来的东西转变为具有创造性的经验，从而使得当中支撑其行为的要素成为他们今后构建“自我”的外在框架和内在能量，促进由“游戏空间”最终向“心理空间”的内化。

【关键词】游戏　语言 – 心理空间　儿童精神分析

① 本文为四川省卫计委普及应用项目“幼儿孤独症的机构式心理治疗模式研究”（17PJ259）的阶段性成果。

一

既然本文的主题是心理治疗中的游戏，那么我们有必要首先明确心理治疗到底是什么样的一种治疗方式，它是如何起作用的。一般来说，心理治疗是一种以心理学理论为基础的治疗方法。不同的心理学流派总是以其特有的理论基础为指引进行临床实践，而对于治疗的目的虽然存在诸多差异，但大多都以缓解精神痛苦或与此相关的躯体痛苦等症状表现为主，或以此为前期目标。因而，心理治疗的对象是存在于心理上的问题或障碍，而不涉及解决现实生活中的实际困难，因为在后一位置上治疗师面对的将是过分卷入和边界不清等根本问题。心理治疗一般有以下几种形式：谈话－宣泄型、修复－支持型、教育－引领型。在临床实践中，治疗师需要根据实际情况进行判断，并针对不同的病人选取相应和适宜的形式。

那么，心理上的问题或障碍是如何产生的呢？一般来说，它们来源于个体内心中的冲突（存在于意识和无意识的层面）及由此产生的情绪或情感。而情感的表达方式和通道在不同的个体那里又会呈现极大的多样性，主要包括：言语通道，其中包括话语、表情、身体语言等；躯体通道，其中包括生理变化、身体不适、心身症状表现等；行为通道，一般分为一次性行为、重复性行为、过失性行为等；和艺术通道，如文学、音乐、游戏等。值得注意的是，情绪表达如果在某个通道上受阻，就会寻找其它的方式作为替代。因此如何让不良的情绪或情感得到合理的释放和疏通就存在着一个通道的选择问题，因为只有当它们通过特定通道得到充分的宣泄，那些过多的、具有破坏性的能量才不会另辟蹊径，寻求其它出口。只是，这种选择往往并非“我”的选择。在此，我们回到本文的主题，即将游戏作为以上通道之一，并且探讨它是如何发挥作用的。

二

那么，究竟什么是游戏呢？

一般来说，对于游戏的定义存在普遍的理解：“游戏是指在个体发展过程中逐渐被结构化的一种伴随着身体运动的精神活动；这项活动要求精神上的专注度，它根据内心的意愿把存在于外部现实中的事物和现象，转换成类似于梦境似的幻象，由此带来身心愉悦的体验和感受。”①

这一理解可归为以下几点：游戏首先是一种心与身相结合的活动；它要求精神上的专注力，也就是说它要求的是精神上有一定的集中性和指向性，并且能够加以保持的心理状态；其次，游戏中出现的要素大多是来自于外部现实中的事物和现象，它们可以根据个体内心的意愿而被转换成另外的样子，但在具体物件的使用问题上，游戏与幻想和想象存在根本的区别；最后，游戏对于孩子和成人来说，能同时在精神和躯体层面带来一定的愉悦感，这是在心理治疗中引入游戏的重要原因之一。

游戏主要体现在以下几个方面：游戏与现实的关系、游戏的表达性特征及符号化功能、游戏的安全框架。

首先，游戏与现实相区分而又不完全脱离现实。对弗洛伊德来说，游戏服从于两大精神运作原则之一的“快乐原则”，因此它的对立面并非其它，就是批判性思维以及现实的约束和限制。即使孩子大多习惯于在游戏中使用普遍存在于现实世界中的可见的、可触碰的物件，以此区别于纯粹停留在精神层面的“幻想”活动，情况仍然如此。②值得一提的是，随着年龄的增加，孩子会逐渐放弃使用这些具体的物件。

其次，游戏允许儿童通过具有象征意义的方式，将内心的感受和愿

① A. Mijolla, *Dictionnaire international de la psychanalyse*, Librairie Arthème Fayard, 2013, p.910.

② Sigmund Freud, «Formulations sur les deux principes du cours des événements psychiques», in *Résultats, Idées, problèmes*, P.U.F., 1984, p.135-143.

望在一定的范围内呈现出来，这些感受和愿望受到当时的特殊的现实情境的限制不能得到表达。此外，游戏还具有符号化的功能，它能将个体因自身外部条件的限制——主要由于语言发展水平——不能表达出来的东西呈现出来。举个经典的例子:《超越快乐原则》曾描述过一位儿童，男孩，1 岁半，由于母亲的离开而自己发明了一套游戏。在这个游戏当中，他通过不断地抛出和收回一条系着绳索的卷轴来“描述”不在场的母亲，这正是通过游戏来理解和内在化作为缺失的客体的母亲，并加以表象的过程。这是游戏符号化的功能，即以游戏的方式在我们的思维中去组织不在场的对象，后者的不在场是思维的基本要素和材料，而这一过程是个体语言和思维发展的前提和必经阶段。[①] 游戏的这一维度与“快乐原则”主导的感受和行为方式无关，它更多地与对象的“缺失”所带来的挫折、沮丧和失望的情感有关。在游戏建立起来的心理空间中，孩子对这些负性感受的承担和精神制作为其思维机构的建立奠定了基础，以此为其精神机构的发展和稳定提供了必要条件。[②]

再次，游戏是在安全的框架中展开的，这一框架包括基本的时间、空间、媒介等设置的限定。在游戏治疗，尤其是在以儿童为中心的游戏治疗中，治疗空间的设置本身就是治疗的关键要素之一。它不仅为治疗关系设立了一个基础性框架，并且在治疗过程中，可以保护个体的完整性，提升游戏参与者的主动性、自控力和责任心，有效提高治疗过程的一致性。[③] 值得一提的是，这一安全的框架在精神分析游戏治疗中更多指向的是治疗师自身，这呈现在一种向“内”的维度上，也就是说，治疗的限定在于治疗师如何去“使用”治疗者在（治疗师）自身中所唤起

① Sigmund Freud, «Au-delà du principe du plaisir», in *Essais de psychanalyse*, Payot, 1981, p.57-62.

② W. R. Bion, *Aux sources de l'expérience*, P.U.F., 1979, p.47-55.

③ 加利·兰德雷斯:《游戏治疗》，雷秀雅译，重庆大学出版社，2013 年，第 196–201 页。

的反移情，而这正是在治疗关系中真正发挥作用的内在边界。①

三

我们为什么要在心理治疗中引入游戏呢？

游戏以它特有的方式，以现实中实际存在的事物为中介，将个体内心中的幻想、欲望、经历和感受视觉化，从而具有翻译和表达的功能。需要注意的是，这种翻译和表达不能作为诊断或评估的对象，甚至治疗的效果也不依赖于治疗师的解释，即使有的心理学者认为治疗师对于治疗情景和游戏所表达内容的理解本身会促进治疗关系的建立、利于治疗效果的达成。②

游戏是一个动态的过程，它是可变的和可操作的，在表达和理解的基础上可以作为沟通和交流的重要手段。对于大部分儿童来说，游戏是其与外界进行沟通的重要媒介，跟语言一样，游戏在儿童的世界里扮演着举足轻重的作用。但对于少部分“不会做游戏”的孩子（主要是自闭症儿童）来说，做游戏的主体不能在内部现实和外部现实之间就位，心理治疗的首要目标就是帮助他们开始做这件事。③

游戏整合了情绪宣泄、情感支持和教导引领等心理治疗的模型，因此它具有治疗的功能。游戏治疗所提供的安全空间保证了孩子在治疗框架内可以安心做自己想做的事。对自我心理学派的部分学者而言，在心理治疗中引入游戏与治疗的目的紧密相连：心理治疗的目标在于通过与

---

① M.Klein 对“投射性认同”这一概念的引入不仅有利于深入理解婴儿的精神生活，更为重要的是，以母－婴关系为原型，它为重新思考精神分析治疗关系的动力学提供了新的理论角度。克莱因学派认为，分析家需要具备一种自我限定的能力，即面对病人投射给自己的未成形的、他们意识不到的某些东西，并且当这些东西作用于分析家自身时，能够对这些东西进行重新制作再返回给病人，并充当承载这些东西的容器，在“什么都不给”的自我限定中坚持内与外的治疗关系三维性（与想象性认同的二维性相区分）。

② 芭芭拉·特纳：《沙盘游戏疗法手册》，陈莹、姚晓东译，中国轻工业出版社，2016年，第35–37页。

③ F. Tustin, *The protective shell in children and adults*, Karnac Books, 1990, pp.97-121.

儿童建立一种助益性的关系，帮助他/她逐渐发展出对自身问题和负性情绪的应对机制，由此调整和改变不良的认知和行为方式；帮助其更自主地做出选择和承担责任，最终其自我的适应性功能得以巩固和强化，由此促进其整体人格的发展与完善。这也是当前大部分心理治疗流派所普遍认可的理念和方法。

但精神分析家不是理想主义者，弗洛伊德的实践让我们明白死亡冲动始终存在于一切精神活动中。我们知道在弗洛伊德那里，情绪或情感作为主观的特殊体验，其背后是一种代表着个体冲动的精神能量，① 它以何种方式得到疏通和表达意味着这一能量将发挥的是创造性（Éros）还是破坏性的（Thanatos）作用。由上文中所提及的心理问题或障碍产生的原因可以看出，我们的负性情感不会凭空消亡，它们有很多出口，为其找到适宜的出口，尤其通过艺术表达等“升华”的形式去替代那些通过躯体、重复性行为等症状形式的情绪表达方式是心理治疗的重要任务之一。

在心理治疗中引入游戏也是由我们生理－心理发展的阶段与特点，以及语言的表达能力与水平决定的。儿童期处于特殊的人生发展阶段，是自我意识开始形成和初步发展的时期，但是以语言为核心的思维发展仍然处于不成熟的水平。因而，相比于语言表达，在儿童的心理治疗中引入游戏活动更有利于促进治疗中非语言层面的交流，为治疗师与治疗者之间的沟通创造更多的条件和可能性。此外，如同梅兰妮·克莱因所说的那样：儿童做游戏的进程与成人在精神分析中所产生的自由联想具有相同的运作方式。② 以此为理论根据，她认为儿童的精神分析也是可能的。

在心理治疗中引入游戏能够为治疗师与治疗者之间治疗关系的建立创造条件。在儿童的游戏治疗中，他/她会在与治疗师的关系中体验到

① J. Laplanche et J.-B. Pontalis, *Vocabulaire de la psychanalyse*, P.U.F., 1967, p.12–13.

② M. Klein, «Les principes psychologiques de l'analyse des jeunes enfants», in *Essais de psychanalyse*, Payot, 2005, p.172–174.

一种崭新的经历，其中他自身的想法、感受和选择会得到最大程度的尊重，这十分有利于他发展内在的价值体系。而将这一“好的”治疗关系内在化，意味着在主体的精神机构中，他 / 她与治疗师所代表的“好的”客体建立起了关联（lien）。从这点上讲，比昂在经典精神分析疗法的基础上从以主体的精神机构为核心推进到以围绕治疗双方精神机构所建立起来的关联为核心，并进一步指出“对关联的攻击”① 不仅发生在病人（早期他与精神分裂症病人工作）的精神运作系统中，存在于其内部客体之间，也可能通过投射性认同机制发生在治疗师那里。甚至最具破坏性的情况是，攻击目标指向治疗关系本身，即治疗师和病人之间所有言语和非言语的交流通道，而这是治疗得以继续的最重要的“关联”；在治疗中，治疗师面对病人的焦虑不是通过既往的方式去排空（病理性投射性认同），而是通过必要的精神制作在其内部客体之间建立起关联，由此基本的思维活动才有可能。②

最后，我认为有必要在此重提游戏“安全框架”的问题，这也是在医疗系统语境下我所面对的挑战之一。我在医院的工作室同时是一间门诊接待室，按照医院的相关规定，和其它诊断室一样，我不能在玻璃门后面悬挂遮盖物，也就是说门外的任何人只要经过走廊都能清楚地看到里面的小朋友和他 / 她的游戏活动。而且因为房间隔音效果不佳，曾有个小女孩把她的担心告诉我：“我们在这里说话，妈妈在外面会听到吗？”面对这个提问，我感到有些焦虑，因为我自己也不止一次出现过同样的担心。而且我很清楚地知道，这种焦虑不完全和房间是否透明或隔音有关，它只是被“边界”这一问题所唤起：本篇文章的草稿本是去年医院举办的“儿童心理行为保健及适宜技术培训班”的课件，为了“适宜”听众——参加培训的人员大多是来自全国各地的儿科和儿童保健医务人员，他们没有相应的心理学背景——在课件内容上我做了相当大的调整，让我要讲的东西尽量浅显易懂，并且最重要的是，被他们所接受。尽管

① W. R. Bion, «Attaques contre la liaison», in *Réflexion faite*, P.U.F., 1983, p.122.
② W. R. Bion, «Une théorie de l’activité de pensée», in *Réflexion faite*, P.U.F., 1983, p.128.

如此，我自己很明白我内心是很拒绝做出这种调整的，因为不管在哪里，不管是和医生或其它流派的心理工作者和治疗师共事，我认为精神分析的重要任务都是将不同取向和目标联系起来。与被连续性所标记的融合不同，只有在相异性和差别性上进行工作才有可能在它们之间建立起真正的关联，即"符号的关联"（lien symbolique），因为在它本身中就包含了作为区分的差异性。[①] 因此，"安全的框架"不仅仅涉及到外部的空间设置，它更多地取决于在精神分析框架下工作的治疗师如何思考"边界"（与病人、医生之间的）的问题。而这一点，对于被"分裂"机制所主导的自闭症和精神病儿童而言尤其重要，帮助他们理解来自生活中的方方面面（包括所接受的各种治疗模式和方法），并让这些不同的东西在他们那里连贯起来，是帮助他们暂离威胁感，对抗"解体"（démentèlement）的有力武器。

四

从强调游戏表达性的角度来说，我们可以将游戏的内容主要分为以下三个方面：首先是事件或经历。在临床工作中，我们经常会遇到孩子在经历了一定的创伤性事件之后，无法用语言来陈述事情的经过，而在游戏中这些经历才得以重现。比如遭遇过家庭暴力的孩子在游戏中会使用不同的玩偶来代表家庭成员和家里发生的事，但往往更为常见的情况是，比起实际情境的还原，他 / 她会选用与现实几乎无关的元素去呈现家庭内部的强烈冲突和张力：战争、捕食场面、怪兽或故事中反派角色的登场等，这些威胁者被当作现实中孩子所面对的施暴者，同样作为他们自身所抱有的恐惧感、无力感以及攻击性的承载者，在游戏中被他 / 她命名、赋予角色、并被一手操纵：在游戏的空间中，这些威胁者以及威胁的情境完全处于游戏者的掌控之下。从这点上来讲，孩子通过游戏

① P. Delion, *Séminaire sur l'autisme et la psychose infantile*, Érès, 2013, p.179.

所修复和建构的主动性（与面对现实情境所处的被动位置相对应）与弗洛伊德谈到的“Fort-Da”游戏具有相同的功能。

其次是行为反应、情绪和感受。与事件和经历相对应，孩子也会更易于使用拟人化的方式，也就是说用外部对象来“安放”本来属于他们自己的情绪和感受，这些情绪和感受大多是负性的：挫败、伤心、愤怒甚至攻击性等，比如（俄狄浦斯期）男孩对父亲的愤怒被投射到一只老虎玩具中，而他将这只老虎玩具偷偷放到父亲的房间来释放自己对父亲的攻击性。[①]

最后是需求、愿望。当然，这些需求和愿望又可以分为表层的和深层的，表层的愿望可能跟孩子在游戏中使用的具体玩具有关，也相对比较容易分辨，但对深层次的愿望的分辨，可能更多依赖于治疗师对游戏过程本身，对处于游戏中的个体独特性，以及对其个人史和家庭状况的了解。我想到了我的一个小病人，女孩可可（化名），5 岁，就诊前一个月开始出现斑秃，母亲认为孩子可能身体里缺某种微量元素，于是去医院做全面身体检查，结果显示各项指标均无异常。后来母亲告诉我她“隐隐地觉得孩子虽然小，但或多或少地知道自己父母长期不和”。到现在为止近六个月的工作中，每次总是由这位情绪焦灼的母亲带着孩子单独前来，父亲从未出现过；据这位妈妈说，孩子生病的事由她自己来料理让她“更安心”。在与孩子的前三次工作中，她总是在玩同样的家族游戏：她首先会选出一栋很大的城堡作为“他 / 她（？）们的家”，将国王放置在城堡的大门前方，他手执权杖或城堡的钥匙，城堡里住着一个大家族：这个家族里有母亲、母亲的姐姐们和自己的姐姐们，在离家稍远处摆上父亲，他提着行李箱准备出行，后院隐蔽而安全的地方藏有很多食物和宝石。在这个游戏中呈现出来的表层的愿望是希望父亲离开，或者父母分开，这一点虽受到实际生活中家庭矛盾的驱使，但归根结底来自更为深层的东西：在代表“好的”部分客体（国王、权力、钥匙、财

① M. Klein, «Les tendances criminelles chez les enfants normaux», in *Essais de psychanalyse*, Payot, 2005, p.212-213.

宝、年长的姐姐等）并入自身、逐渐整合的过程中，通过让原本属于身体的某部分掉落（脱发）而把母亲从父亲身边拉拢过来，在自己和母亲共同促成的这一新的“联盟”中，将围绕肛欲而组织起来的客体关系作为原初模型，并赋予后者以现实的意义。因为只有在这样的关系框架下，一切通过症状的享乐才更有可能，或——我们可以借用精神病学关于继发性获益的思路——才更“正当化”。

五

当提到心理治疗中的游戏这一概念时，我们总是不能绕过他的名字：英国著名儿科医生和精神分析学家唐纳德·温尼科特，正是他将“游戏”这一概念深入到儿童精神分析理论的核心。

现将其游戏理论归纳如下：（1）做游戏是一种极具创造性的活动和对自身的一种深度探索；（2）儿童做游戏的关键点在于集中注意力，不允许任何来自外部的僭越；（3）做游戏的“场域”并非属于内部精神现实，它也同样不属于外部现实，而是存在于主体内外之间“过渡性的”现象和空间；[①]（4）与幻想不同，儿童在游戏中只是使用了存在于外部世界中的元素或现象来外在化其自身潜在的梦境；（5）在这种对外部世界元素的操作和掌控中，儿童实现了自身的发展与成长。[②]

在其主要著作之一《游戏与现实》中，他强调指出“做游戏”本身比游戏中所包含的内容和要素更加重要。对他而言，做游戏已经在其过程中包含了一切疗愈的有效因子，而存在于游戏过程之外的治疗师的解释只会阻碍这一进程。从这个意义上来讲，我们也许可以认为，在游戏中，心理治疗师的工作并非是去做解释，而只是通过提供游戏的框架（cadre），去让不会做游戏的病人变得有能力做这件事；由此让那些作为实在的、不能被言说的症状在这被给出的框架之内转变为具有创造性的

① D. W. *Winnicott., Jeu et réalité*, Gallimard, 1975, p.27-34.
② ibid., p.104-107.

经验。因为对于他来说，当孩子有能力去做游戏时，正是他们实现自我构建，开始能去“想象”生活和外部世界，并进入创造性思维的开端。

六

《道德经》曾多次提到“无”和“有”的问题。在第十一章中，老子举了三个例子，分别是“三十辐共一毂”、“埏埴以为器”和“凿户牖以为室”，这里所涉及的三种东西：车、器、室虽然具有固定的形态，但真正发挥作用的却是它们“中空”的部分。老子得出的结论是“故有之以为利，无之以为用”，[①] 即是说“有”给人提供便利，但只有“无”才能让“有”发挥出应有的效用。毋庸置疑，对道家来讲相比于“有形”或“有”，“无”更为基础和根本；但这里的“无”被“包含”在一定的框架之内，是被结构化了的无，它与原初的、混沌的无之间存在本质性的区别，而只有在有界限的“空”的地方才有可能去容纳和生发其它东西，这里是构建多样化和丰富性的起点。

对于拉康来说，被结构化的这个“空”需要纳入到主体与大彼者的动力系统中来考虑，也就是说在母子关系中，只有当代表大彼者的母亲自身接受了符号性的阉割，这个边缘（bord）被划定的“空”才能存在于与主体的关系当中，否则两者始终在排他性的、未分化的状态下互为对方的客体。母亲的欲望指向别处，在“足够好－足够坏”的对子中，孩子才可能通过符号（Fort-da）重新组织不总是在场的母亲。在围绕“我”的欲望而展开的游戏空间中，后者作为主体欲望空间的占位（tenant-lieu），让“不在”的东西以某种方式继续存在，而“我”作为游戏的操作者也被完全排除在游戏场景之外。这就意味着在游戏中，“我”不再占据与在现实中同样的中心位置，而这一“驱逐”是主体性在大彼

① 王弼：《老子道德经注》，中华书局，2011 年，第十一章。

者中得以确立的基础。[①]

七

以上所列只是游戏治疗的大致框架，它的蕴涵远不止于此，我希望只是打开了问题。

游戏治疗并非是去消除孩子不良的情绪体验，而是通过特定的方法帮助他们找到表达和疏通这些情绪的其它的方式和途径。游戏疗法与现实中的“玩”不同，它能为探索语言和行为的发展做准备；而治疗师不应成为另一个指导和教育孩子的人，治疗的设置和治疗的关系都不应是孩子所处的现实关系的重复或翻版。因此，游戏治疗并非一种说教或矫正的技术，而只是帮助孩子认识自身、并更好地理解价值和规则，在此过程中，孩子需要从各方面得到尊重，包括自身的独特性和不可复制性。

游戏治疗是个长期的过程，跟孩子在游戏中建立起来的治疗关系，比治疗的内容或技术更加重要。在通过游戏建立起来的这种有助益性的关系中，孩子积极的、消极的情绪得到表达和接受，在家庭和现实中不被接受的东西才能最终被孩子自己所接受。这是他们勇于表达真实需求，并通过自己独特的方式应对自身感受的开始，由此，可以在很大程度上改变在现实中他们所惯常“选择”的应对方式，而后者往往是其被冠以“适应不良”问题的原因。

有的心理学家认为，我们在自身的人格中需要具有消化情绪体验的功能，就好像每个人需要消化系统来消化食物一样；而那些没有被消化的东西就会停留在那里，在我们的体内产生不适、甚至障碍；更可怕的是，还将产生一种并非适合用来消化这些不良情绪的机制。在儿童的心理治疗中引入游戏，使以上各方面都得到了很好的兼顾。

① 参见拉康关于幻想的基本结构和语法组织的相关讨论。Jacques Lacan, *L'acte psychanalytique*，séminaire XV, inédit., leçon 28 février, 1968.

母亲的代际创伤与阉割对女孩症状表达之意义浅析
——以因噎废食的女孩个案为例

李娜[①]/ 著

【内容摘要】母亲的创伤与阉割对主体性建构及其症状的表达具有深刻之影响，这种影响在男孩、女孩身上的作用与发展途径具有差异性。俄狄浦斯情结是精神分析中必然相遇的话题，在分析的过程中母亲的创伤与阉割亦是无法忽略的问题。同时，中国文化背景下母亲的创伤与阉割更具有不同于西方之特点，因此在精神分析的工作中，尤其是对女性的精神分析临床过程中，也应思考这一主题。本文主要是从中国文化背景与家庭结构特征出发，通过对一例因噎废食的女孩之分析，探讨女孩是如何通过症状来继承母亲的创伤，以及母亲的阉割是如何在母亲与女儿的分离中发挥作用的。

【关键词】母亲的代际创伤　母亲的阉割　转移　公共机构

我读精神分析专业的硕士时，曾在精神科实习，那时我接了这个个案。在时隔近 10 年之后，再看这个个案时会发现诸多当时作为治疗师的我的局限性。为了保证资料不受当下思维与认知所修饰，我将原始记录资料呈现如下，然后再按照当时之认知进行个案分析与讨论。

---

① 李娜：成都师范学院心理健康中心教师，精神分析与心理治疗硕士，精神病学博士。

一、个案分析：因噎废食的女孩[①]

方方是一个14岁的女生，来医院住院的原因是担心吃饭的时候会被卡死，因而吃固体食物时非常紧张、恐惧。直至现在，她只喜欢吃流体的或软质的食物，比如牛奶或者稀饭等。吃饭的时候，她嘴边都是食物的残渣，如果喝粥，则碗边和桌子上洒的都是稀饭米粒，并会撒在裤子上。她的生活自理能力很差，不会照顾自己的生活，比如早晨起床该做什么事情，都要家人一一告诉她，为她准备好。她学习状态良好，入院时读初二。

病历中记载，方方在2岁左右的时候，家人在家里打麻将，她一个人在旁边边吃糖边玩耍时，突然被卡到，并出现窒息的现象。家人急忙用车子将她送往医院，在送医院的途中，由于车子颠簸，食物被咽下，她脱离了危险。7岁的时候，有一次吃牛肉，她再次被卡到。而后大概在10岁左右，有一次在学校吃午饭的时候，一个同学知道她担心吃东西会被噎死便过来吓她，说自己吃到了鱼刺要卡死了。方方被对方的话语吓到，不敢吃东西了。在随后的7天里只能喝牛奶，同时中午在学校便不再进食，并且拒绝吃任何固体的食物。在这次惊吓之后，方方一遇到紧张的情况便会出现清嗓的声音。来到医院后，主治医师安排她做心理治疗，她去了两次便停了下来，但是一直参加团体心理辅导。

第一次分析片段

我开始接待方方进行治疗的时候，她已经接受过两次认知行为导向的心理治疗了。所以，第一次我决定和她的家庭会谈，目的是观察母亲和孩子的一些基本情况，以便更好地收集关于方方和整个家庭的信息。这样做的另外一个原因是基于现实考虑的，因为住院的病人在医院住院

① 李娜：《浑沌与创伤——浑沌心理与精神分析的相遇》，四川大学出版社，2017年，第117–135页。

的时间都相对短暂，加之方方不是来自医院所在的这个城市，在出院后继续心理治疗的可能性很小，所以我对方方的初步方案是想运用短程的以动力学为导向的心理治疗方式。

在初次访谈中，方方和母亲一起来到了治疗室，但是迟到了 5 分钟。她显得有些兴奋，手里还拿了一瓶纯净水。母亲衣着时尚且很年轻、漂亮，方方的衣着非常中性化。方方主动坐到了我的身边，看着我和她母亲说话，她母亲坐在我的对面。母亲微笑着说到方方的一些问题，比如进食和独立性等问题。同时说到女儿的问题是心理问题，吃饭的问题由来已久，仅仅用奖惩的方法是不会起到作用的（在此之前医生用认知行为疗法对其进行治疗），家人还是希望找到她进食问题的根源。因为她的问题一家人的生活都被打乱了，特别是一直照顾她的奶奶想去打麻将都去不了；而且每次吃饭的时候，因为她不吃东西，一家人从来没有好好吃过一顿饭，况且她还要把咀嚼过的食物直接吐在桌子上……她说女儿每次出现清嗓的声音的时候或许是担心被卡死，所以母亲认为孩子是用这个声音来证明自己能够喘气。最初的时候，女儿跟她讲好像有头发在嗓子里面，所以要咳。现在，如果饭硬一点她便不敢吃，担心被卡到，而且每天进食也很少。

母亲在讲述她的情况时，方方在我的旁边很紧张地看着母亲。母亲又谈到了方方在出生后，便没有吃母乳，原因是方方的脐带发炎，母亲认为不能吃母乳，并从那时开始决定不用母乳喂养。所以方方一直都是喝的奶瓶。产假后母亲回单位工作，方方便一直由奶奶照顾，到了 3 岁半左右的时候还天天吃奶瓶，白天大多时候都含着奶嘴。在方方 9 岁的时候，妹妹出生。当方方一听到在说奶奶后，就突然放声大哭，但是母亲不让她哭，并在一边笑着看她哭泣。我问方方是不是很想奶奶，她说她想奶奶，但是妈妈不让奶奶来了，奶奶回去快一个星期了。她要挟我说，如果我能让她母亲同意让奶奶回来陪她，她就接受心理治疗，否则她就不来。一见面便想控制我，并且知道我似乎是可以控制妈妈的。但是问题的关键是话语中的奶奶。母亲马上说，奶奶年纪大了，来不了了，如果你变好了我就让奶奶来。方方听到后大声地哭泣，并且喊道“我要奶奶”，母亲仍旧笑着，面对面地看着她，不再说话（奶奶这个词在中国既指代祖母，也指代乳房和乳汁，比如吃奶可以说成吃奶奶）。我对方方说道：“今天是我们第一次的谈话，我想更多地听你说自己和奶奶的故事，可是我需要你遵守我的规则。”

最后，我和她们说好每周 5 次，每次 45 分钟，但是时间安排是弹性的，她同意了并且不再哭了。

第二次分析片段

她按时来到分析室，依旧是拿着一瓶矿泉水。她进门后，还不等我说话，便问我她可以坐哪里，我指了指斜对面的一张椅子，说道：“可以坐这里，你喜欢坐哪里呢？”她说她想坐我旁边的那张椅子，我同意了。我旁边放着用来画画和做胶泥游戏的一张桌子和一把椅子。她坐好后，马上问道：“我想奶奶了，如果我变好了，你会给我妈说让我奶奶来看我吗？”我说：“你变好了，那你现在是什么样呢？”她给自己的定义都是否定的，如不乖、任性、不孝顺等，这些话语仿佛是完全复制了他者的话语，而且似乎是认同了这些评价。我说：“你能把你现在的样子画出来吗？”她说：“我不会画画。”我告诉她，这里是她可以随意表达自己意见和涂鸦的空间。听到这里她便选了一支绿色的笔，画了一个小女孩。我说：“你还想画些什么吗？”她说她最爱奶奶，并在小女孩的身后的画了一个奶奶。她说她最爱奶奶，奶奶对她最好，等等，但是奶奶和妈妈每次吃饭的时候都要打她。我说：“为什么在吃饭的时候都要打你？”她记得在 2 岁的时候，小叔到家里来玩，他们在打牌，她自己一个人在旁边玩，吃糖的时候被卡到了，后来在车子上才缓过气来，从那以后吃东西的时候就恐惧了。她还坚持说这是自己记住的，不是别人告诉她的。我们一起在看她的画，画面上的那个小女孩没有耳朵，而那个奶奶既没有耳朵也没有嘴，这里面的缺失表达了怎样的意义？也许如她说的她很任性不听话；而她的画表达了她没有耳朵，如果没有语言的阉割，存在的位置又在哪里呢？看到这里的时候，我边看边说道：“咦，奶奶没有嘴巴和耳朵？”她听到后说，忘记画了。这次治疗就停在这个缺失的世界里。

第三次分析片段

我看到这个女孩有很明显的退行行为，完全不像一个已经进入青春期的女孩（她已经正常行经了）。所以在第三次谈话的时候，我决定尝试采用玩游戏的形式。我准备了一些玩具在地上，她进来后看到有很多玩具很好奇，我说你喜欢什么就玩什么。这次她依旧是准时到达治疗室，同时还是拿着一瓶纯净水。她听我说可以玩玩具后，仔细看了所有的玩具，并沉默了一会，然后拿起一个很漂亮的像芭比娃娃一样的金发女郎，并用手把那个女郎的头发打开，不停地弄她的头发，然后又用梳子给她梳头。她现在留着短发。我说：“小的时候谁给你梳头？”她回答是奶奶。然后她把这个女郎放下，又看了看那个体型最小的玩具女娃娃说：“有点想妹妹了。”在安放这个女娃娃的位置的同时，她说到妹妹今年5岁了，很爱吃零食，吃饭很好，但是也很瘦（我听到她说起妹妹的话语都是她不曾拥有的）。说着说着，就把那个小妹妹放到了较远一边。然后她告诉我说，昨天她奶奶来医院看她，是奶奶自己要来的，今天已经回去了，可是自己依旧想念她。边说边拿起一个较大也较胖的女孩玩偶在手里玩，我问她：“上次看你的画像，奶奶好像有些胖？”她点了点头，然后看着那个玩偶开始哭泣了。我说到好像每次提到奶奶你都很伤心，我问她是不是最爱奶奶，她说：“奶奶最爱我了，小的时候身体不好都是奶奶在照顾我，我要什么她给我什么，自己不吃都要给我。”在后面的游戏中，她说那个最漂亮的金发女郎是妈妈，家里妈妈最漂亮。（就是她第一次拿到的那个女郎，话语至此，暴露出我对她的游戏进行了野蛮的干预——我问她“小的时候谁给你梳头”的问题。游戏的空间中的设计师是她而不是我。）然后她把一个女孩放到摇篮里，并把胖胖的那个女人玩偶和一个成年男性玩偶放在摇篮的旁边，想了一会之后又把那个最漂亮的女郎和那个被她放到一边的小女孩放到了摇篮的一边。我问她，这群人中谁最小，她说是妹妹，我说是这个睡在摇篮里的婴儿吗？她说不是，那个小女孩是妹妹，摇篮中的是她，然后她给每个玩偶赋予了身份——漂亮女郎是妈妈，胖胖的是奶奶，那个男人是爸爸。然后她沉默了一会，便把那个在摇篮里的小女孩拿了出来放在沙发上，然后把爸爸、奶奶也放在沙发上，奶奶在中间，爸爸和她分别在奶奶的一边。一会，她把那个玩偶妹妹放在奶奶的怀里，我说："妹妹在奶奶怀里了。"她说奶奶也爱妹妹，说完便又从奶奶那里把妹妹拿走，放到了学步车里。接下来，她把那个金发女郎放到了地上，又找了一个代表爷爷的玩偶放到了妈妈的对面。过了一会，她把"奶奶"拿到手中，开始给"奶奶"梳头，边梳头边说想奶奶了。我问她什么事情让她和奶奶分离，她回答道："病。"但是又说不清楚。她主要是担心吃饭被卡死，其它没有什么害怕的。过了一会，她把那个妹妹的手脚不停地捏来捏去，并放到婴儿车里，给推到了一边，过了一会又推回来，并且在自己面前推来推去。我问道："妹妹小的时候你推过吗？"她说："没有。""是你自己不想推还是……"我问道。她说她很想推妹妹玩，但是妈妈不让她推妹妹的推车。我询问原因，她说她妈妈觉得她推妹妹不安全，然后很烦躁地问时间到了吗，我问她："想离开了吗？"她回答说很无聊，但刚刚说完，马上又问她可不可以玩胶泥，并用胶泥做了一支笔和一块橡皮送给我，说让我用笔记录快乐，用橡皮擦去痛苦。我在她做胶泥的时候，也做了一个奶瓶放到了摇篮里。她笑了。我说今天停到这里。她走到门口的时候问我明天的时间，并且和我说"再见"，但是我只看到她的嘴在动却没有发出声音来。

第四次分析片段

我一直在考虑，让她的母亲也参与到治疗中来，因为她们在医院的时间是有限的。所以，我决定先和她的母亲单独谈一次。在征求方方的同意后，我在和方方的治疗前的一个时间里约见了她的母亲。和她母亲的单独谈话中，我了解到她第二次怀孕的时候，方方曾问她妈妈为什么还要生孩子，母亲是这样和女儿解释的：因为你的身体不好，所以要了个弟弟或者是妹妹好照顾你。她的母亲言语中，大女儿有很多很多的问题，比如打妹妹，教妹妹说母亲的坏话，同时每天吃饭的时候都要打来打去，不好好吃饭。特别是每天晚上在大家要休息的时候，她总是要看电视，而且声音放得很大，后来他们把电视天线取下来了，但她还要让电视开着，声音依旧很大。母亲说，每当孩子的奶奶打孩子的时候，她也很心痛，但是她什么都不说，就站在一边，看奶奶打方方；自己从来不和奶奶冲突，她认为奶奶帮自己带孩子已经很辛苦了。在谈起对女儿喂养的经历时，她没有什么印象和概念，总是说都是奶奶带的。在快结束的时候，她说要把小女儿送去全托，担心小女儿也变成大女儿的样子。从谈话中，我感到了母亲对方方的失望，她对两个女儿的欲望是不同的，大女儿并没有占据她欲望中期望的孩子的位置，孩子一出生便被母亲在欲望的世界里抛弃了，那里被“无”所占据着。

在母亲离去后，方方很高兴地进来问我，跟她母亲说什么了，我问她希望我和她的母亲说什么，她沉默了一会说：“你说什么了？”（她不问母亲对我说了些什么，而是问我对母亲说了什么。）我笑着说：“如果说我训了你的母亲，你会怎样？”我发现她的眼睛在放光，很是喜悦。一会，她跑到了躺椅上，兴奋地躺下，缩成一团，并把一个猪猪的靠垫抱在怀里。她说：“好乖，好舒服！”我问她有没有类似的玩具，她说：“妹妹很多。”她说每次问妈妈要毛绒玩具的时候，妈妈都说她已是大孩子了，不应该要这个，只给妹妹买。她说话的样子仿佛就是个躺在摇篮里的小婴儿。在这次治疗中，她说妈妈在她的心中没有位置。她问我可不可以把这个靠垫拿回病房，并解释是想抱着它睡。我问她妈妈睡哪里，她说是睡地上。我没有答应她的请求，并说我了解你的愿望，但是小猪猪的家在这里。我给予她一个缺失，以等待下一次的回应。同时，她把我放到了一个拒绝她请求的一个位置，这个位置曾经属于她的母亲。

第五次分析片段

出院时间即将来临，我建议在我和方方工作的期间，可以间或地安排一次家庭治疗。从母亲的言说中，我有一种想知道她和她的母亲的关系，以及她的历史的好奇。也许是这种好奇促使我想要进行一次家庭治疗。在获得她们的同意后，孩子和母亲一起参与到了治疗中，这对我来说是有难度的。我的治疗方案还是基于精神分析取向的，但是中间因为母亲的加入，治疗关系变得更加复杂，尤其是移情与抵抗有可能被激化。

我在旁边观察着母女的互动。母亲进来后就蹲在地毯的旁边，离孩子较远。母亲看到方方躺在躺椅上，马上让方方从躺椅上起来，说这样的行为不礼貌，并让方方和她一起做游戏，但是方方拒绝了她母亲的请求（精神分析在这里遭遇到了文化的差异性。在中国，如果有长辈在场或者较为正式的场合中，要坐姿端正，因而是不能躺在躺椅上的。可以说精神分析就是发生在躺椅上的治疗，但是在中国躺与坐的问题是同样需要分析的）。看到她不听话，她母亲很焦虑，因为我的在场。方方又问可不可以拿走那个靠垫，她要抱着它睡觉。妈妈说："不能拿，那是医生的。"我问母亲方方在家里有没有类似的玩具抱着睡觉，我之所以这样问，是因为方方两次都提及睡觉时要抱着。既然说到睡觉时抱着，我似乎就无法抛弃温尼科特的过渡客体的诱惑了，在言说中再次主动进行引导。母亲说她总是把妹妹的玩具撕烂，还要把眼睛挖出来。方方听完说道，爸爸妈妈只给妹妹买，从来不给她，并说自己很苦。我说："方方似乎有很多很多的委屈。"方方说，她只有在看电视和玩电脑的时候才能找到自己。我问她那其它的时候你是个什么样子，她说每天吃饭的时候，大家都骂她，还要打她，吃完饭他们各自回自己的房间，妹妹和父母在一个房间，并把门关上；奶奶则出去打麻将，但是大家都说是她的胡闹使奶奶不得不以打麻将来躲避她。所以，她一个人在客厅就把电视的声音弄得很大很大，既然大家都认为她是个不好的孩子，那她就要成为那个样子。说完她大声地哭泣。母亲仍在一边，不让她哭。方方继续说，奶奶每次打她的时候，妈妈都是站在一边不管，难道妈妈不会心痛，难道她不是妈妈身上掉下来的肉（她用了中国人常用的一句描述母子关系的话语——孩子是母亲身上掉下来的肉）。母亲解释说，她也心痛，但是她不能和奶奶争论的。并说方方不理解她，说妹妹虽然很小但是什么事都能自己做，可是方方却不行；吃饭的时候大家都在说方方，并且爷爷下班也很累了，方方还不懂事，还是不听话。方方说她恨爷爷，因为爷爷总是怂恿大家打她，还说她这个样子还不如吃饭的时候卡死算了。母亲说爷爷训斥方方的时候她也很生气，但是作为儿媳她只能保持沉默，不能反抗，因为这是道德标准。我对方方说妈妈和你的处境都是很糟糕的，妈妈听到后落泪。方方哭着说还是恨妈妈，因为妈妈把她所有不好的事都和我说了，她哭着说她想死（此刻的话语让我意识到我的位置已经被理论化的好奇所控制，我在无意识中把方方再次放到了他者想要的位置上，而忽视了她的需求和移情）。母亲仍在原地不动，我过去安慰方方，并看了看她的母亲。她母亲在我的目光中来到女儿身边，我说："方方，我知道妈妈说的那个方方不是真实的你，你说过那个是他们认为的你；还有你在被伤害的时候，你不知道妈妈在哪里，你想要妈妈理解你。"她听完，大声哭着诉说从小到大没有人理解她，不知道她需要什么，都是打她，妹妹什么都好。在这次谈话中，母亲流泪说道，妈妈不会表达自己的心意。在分析结束的时候，她想要借几天靠垫，因为是周末，她同时希望妈妈能给她买个蓝色的海豚。这个周末，她要面对我的离去，还原那个已经缺位的母亲，她在尝试着整合这个分离和缺位，我知道我的工作又往前走了一步。

第六、七次分析片段

这两次治疗是与方方的单独会谈。在第六次治疗时间没到的时候，她就跑到治疗室来敲门要来进行治疗了。过了这个周末后的这两次治疗中，她出现清嗓的次数比以前明显更多，但是吃饭却比以前好了许多，每天可以吃很多的东西，也不拒绝面包和火腿肠等食物。方方说一看到太平间，就很焦虑和紧张，担心自己也会死掉，而且很担心死在医院里。在这次分析的时候她带来了一瓶水，而在前两次的治疗中，她来到治疗室的时候并没有带水来。在分析的时候，她像一个满足了愿望的小女孩，一直笑眯眯的，并说希望我一直和她谈话，并且希望晚上我也不要下班，还问我有没有给其他孩子治疗，希望她是唯一一个见我的人。她躺在躺椅上，抱着那个小猪猪说她还有最后一个童年的梦想，就是把她的房间设计成童话般的王国，被子、窗帘和墙都是卡通的，床的周围都是毛茸茸的玩具。她希望妹妹和她一起睡。并且说她现在 14 岁了，想做完童年最后的一个梦，以后长大了就不能享受了。在治疗中，她显得很高兴，并说让我把整个下午的时间都留给她，而且让我晚上也不要回去等等。并且说，每天要谈两次。我对她回应道："你希望我的时间完全是属于你的，可是治疗是要付费的。"听完我说的话语，她继续她的话题，仍旧是美滋滋地蜷在躺椅上。我听到了她言说中的一个变化，童年"最后的一个梦"——她给她的童年一个限定，即在她完成这个最后的梦想之后，她便可以从退行的状态中走出来，和妹妹竞争。她便可以发明她的一个过渡客体来让自己和母亲或是行使母亲功能的奶奶分离。就在这个关键的时刻，她带来了一瓶水，这是帮助她克服恐惧的、给予她安全的一个客体。同时，希望她的妹妹在她的床上，这里有一个认同，这是积极的一面，说明她已经从手足情结中的嫉妒关系，走到了竞争的关系中，并且通过妹妹——母亲喜爱的那个孩子实现了自己的认同。

在第七次的治疗中，她说想出院去完成她的梦想，但又担心母亲和家人还是像原来那样看待她。她还觉得医院和死亡有着某种关系，她担心死亡。这个女孩一直生活在死亡孩子的位置上——无意识中认同了母亲心中的那个孩子的位置。生死的冲突时刻压抑着她，好乳房总是呼唤不来——内心总是在不停地对"奶奶"进行呼唤，只有奶水才能给予她活着的可能，但是母亲总是不提供"奶奶"给她（她所在的四川地区，把吃奶叫作吃奶奶）。关于吃的创伤，从一出生就已经存在了，或者说在没出生之前就存在了。直到真正的那个被卡到的创伤事件发生后，她无意识里那个死掉的孩子的位置，可以合理地登场了。对吃饭的恐惧是内心被压抑冲动的一个转换——生的冲动和破坏性的冲动在孩子出生的时候就有了。而妹妹的出生对她来说意味着，父母欲望中的孩子的位置已被另外一个彼者所掠夺，所以她退行到了一个比妹妹更小的年龄，她似乎只能吃流质食物，如婴儿般幻想着那个足够好的母亲的在场。

值得一提的是，在治疗中她讲了一个她做的梦：

她和父母在春熙路买东西，她看见了一双运动鞋，很喜欢。她对父母说想买这双黄色的新鞋子，但是母亲拒绝了，她很失望……

这个梦是个隐喻，在四川鞋子和“孩子”同音，这里是否是她想成为父母的一个新孩子的呼喊，是曾被拒绝的一个呼喊呢？

与母亲单独交流片段

在第六次与第七次对方方的治疗后，母亲提出要和我单独交流一下孩子的情况。在和母亲的交流中，母亲回忆起自己小时候就是爷爷和奶奶带大的。那个时候因为父母在“三线”单位工作，很小的时候就把自己交给了奶奶带。奶奶的脾气很好，但是爷爷的脾气很古怪，自己从小就不敢吵闹，也不会提任何要求，很安静听话。自己和母亲的关系似乎很远很远，总是像隔着什么似的。她说方方小时候和她那个时候的状况是一样的，都是和妈妈很少接触，中间都隔着一个奶奶。但是自己成长得很健康，她不理解女儿为什么会是这个样子。小女儿出生后，母亲有时间照顾孩子了，小女儿就由她和她自己的母亲一起来照顾。小女儿很可爱，也很健康。现在，小女儿已经 5 岁了，本来是可以和方方一起睡的，但是方方会打妹妹，于是就让小女儿和他们一起睡。在她的记忆里，大女儿总是给她带来很糟糕的状况。还有在自己第二次怀孕的时候，方方居然说要打掉这个孩子等，她觉得方方很不懂事。她谈及小女儿时，总是满意和赞扬，而谈到方方时基本上都是抱怨与委屈。在她眼里，方方这个孩子一无是处，而且会给自己带来诸多的麻烦。这个母亲已经对这个女儿失去了信心。

这次和母亲的谈话中，我对于方方的行为向母亲进行了解释和建议。

第八次分析片段

奶奶和妹妹来到了医院，母亲问是否可以同时参加心理治疗。在得到方方的允许后，我同意了母亲的要求，但是奶奶拒绝参加治疗。方方的妹妹名字叫育育，是个非常乖巧漂亮的女孩，也很活泼。来到治疗室后，便马上跑去玩玩具。在妹妹玩玩具的时候，方方显得很不安，她先是蹲在妹妹的旁边，但不知道如何和妹妹玩，看了一会，最后她缩到了躺椅上，不安地看着妹妹在那里玩，紧紧地抱着那个小猪猪玩偶。

在这个过程中我和母亲一边谈话一边注意着姊妹俩的状态。母亲又谈到了自己小时候和爷爷奶奶一起生活的状况，并再次强调了自己的小女儿是自己和母亲带大的，很健康。就在这个时候，方方说让妹妹也躺到躺椅上，妹妹拒绝。方方说听妈妈说，因为妈妈要在医院照顾她，妹妹因为很想妈妈见不到妈妈而很生气，她还说想让奶奶也加入。我问："奶奶过来做什么呢？或者你想让我对奶奶说什么呢？"她说："我想在你这里，让奶奶理解我。"她的话语中有种幻想，似乎在我的治疗室中，就会让母亲和奶奶看到一个不一样的方方。

过了一会，她又要喝水，她让妹妹把瓶子拿来给她。在母亲和我说到方方第一次卡到的事情的时候，方方用手打妹妹的脸，拽她的小辫子。并跑到我面前说很想钻到妹妹的心里，看看妹妹为什么是这个样子，让妈妈喜欢，也让其他人都喜欢，以及妹妹为什么没有像自己一样生病。说完又跑回去看妹妹，妹妹仍旧自顾自地玩游戏，不理睬她。

方方看了一会后，走到我旁边坐下，说想让妹妹和她睡，这样她便和妹妹一样了。我重复了一句"和妹妹一样"。她马上说让奶奶来，我对她说"如果你离开治疗室，那今天我们的治疗便结束了"。她说到她害怕看到灵堂、听哀乐，永远记得 2 岁时被卡到的事情。在这个治疗的过程中因为妹妹的到来她的吐字有些不清楚了。

第九次分析片段

她又带着一瓶水来，来了便直接躺在躺椅上。这次治疗中她提到了父亲，她希望爸爸出门的时候带着她，就像带着妹妹一样。可是每次爸爸都不同意带她出去。她清楚地记得父亲对她说过的令她伤心的话，比如说带她出去参加宴会很丢脸，以及爷爷说还不如让她吃饭卡死，但是妈妈像是看别人的热闹一样，从来不帮自己。说着说着就伤心地大哭，并说如果回去他们还是那个样子对她怎么办。方方哭着说妈妈要是像李妈妈（即治疗师）一样理解她就好了。这个治疗在朝前走，我在等待着。在孩子的退行当中等待着这个孩子的前行。但是，我内心却清楚她出院的时间临近了。按照一般的惯例，住院病人入院治疗大都在半个月左右，方方已经入院快一个月了。

第十次分析片段

今天的治疗中，方方又很早就来了，并和医生说想出院了，以后见不到我了。在早上我见过她母亲，母亲说准备今天出院了，但是没有询问方方日后的心理治疗问题。我和她说了我的建议，希望方方有机会继续心理治疗，母亲说在外地很难持续或定期接受辅导。

这次就是出院前最后一次治疗，在这次的治疗中方方讲了她昨天做的一个梦："她好像站在一个跳台上，一个人用力推了她一把，她掉到了游泳池中，她拼命地游，很紧张，她呼救，但是岸上却空无一人，游泳池周围很黑很黑，水很冰冷，最后她终于游到了岸边……"

二、母亲的代际创伤

从弗洛伊德开始，对创伤的谈论愈趋结构性，不同派别之精神分析大都尝试提出关于创伤普遍存在的情结之原型。但是，拉康却从无意识、欲望、语言等维度，探讨了创伤与欲望、症状的关系，尤其是从能指与所指、隐喻与换喻角度分析了欲望与症状的关系。但需要说明，拉康的作品本身就充满了隐喻与换喻，所以对他的作品完全正确地解读与理解，是一件不可能之事。拉康说在实在界，主体遇到了不可能发生的意外，必然无可逃避地形成创伤。① 关于母亲的代际创伤概念我在《精神分析研究》第二辑中的论文“母亲的代际创伤与厌食症女儿”一文中进行了详细地讨论与说明，在此不再说明。②

在方方的个案中，在母亲的言说中清晰地呈现了母亲的代际创伤。这个创伤在方方出生之时就存在了，而方方作为女孩身份来到了这个世界中，就更不可逃避地继承并认同了这个代际创伤。所以这个创伤起源于拉康所说的三界之前，正是因为它的存在，在方方和母亲的镜像关系中，母亲被那个不是母亲欲望的孩子的想象所缠绕，而无法逃脱。在母亲的原初浑沌化的状态中就已经蕴含着这一惊涛骇浪，以及对这个女孩的吞噬——但是这些都存在于方方母亲的无意识中，而她却不自知。

三、母亲的阉割

创伤必然和阉割相关，母亲的阉割则是母子分离过程中必然遭遇的挫折。母亲的阉割这一概念是建立在母亲的缺失之上的，不仅仅和“阳具”相关也和“石祖”相关，母亲的阉割发生在她成为母亲的时刻。③ 母亲的阉割在孩子发现母亲是有缺失的时刻发挥出巨大作用且无法回避，男孩与女孩都将面对这一难题，但对女孩而言将面临更大的问题——存在意义与女性性取向的发展。

母亲的阉割不仅体现在生物学上，同时也体现在文化层面。中国的文化中重男轻女思想根深蒂固，计划生育年代给很多生育女孩的女性造成不同程度之创伤，因此在中国面对女性来访者或分析者时，母亲的代

① 李娜:《浑沌与创伤——浑沌心理与精神分析的相遇》，四川大学出版社，2017 年，第 107–117 页。

② 李娜:《精神分析研究》，第二辑，商务印书馆，2016 年，第 227 页。

③ Dominque Wintrebert, Recongtres avec la castration maternelle, L’Harmttan, 2017, p.14-17.

际历史是需要追溯的。虽然对于方方外婆的基本情况，以及外婆成长的情况在个案中是没有提及的，但是方方的母亲继承了自己母亲的创伤与位置，并且通过母亲的阉割作用把它传递给了方方——一个被母亲拒绝的存在的位置。

方方的母亲由于从小和爷爷、奶奶一起生活，没有发明一个神话来说明自己是母亲想要的那个孩子，所以她自己也不在母亲期望的孩子的位置上——那个位置对她来说是不可能的位置。所以当她成为母亲的时候，她认同自己的母亲，借孩子脐带发炎这个原因，逃离了去哺乳孩子的焦虑，这个时候她重复了她自己母亲的历史，继承了这个创伤，并且直接把它引渡给了方方——把这个孩子送给爷爷、奶奶。同样地，这个爷爷和母亲的爷爷都不爱孩子，正如爷爷说的话语以及没有嘴巴与耳朵的奶奶的画像。所以，方方从一出生便成为母亲认同的一个坏的客体，这是一个继承——方方的母亲对于外婆来说也是不想要的；而小女儿，却是母亲的一个爱的镜像与客体，通过把小女儿交给自己的母亲代养，母亲可以和自己重新建立联系，只有自己成为一个女儿的情况下自己才可能成为母亲——这个孩子也是她送给母亲的孩子，是母亲爱的一个孩子，是她小的时候想成为的那个可以获得母爱的孩子，所以这个小女儿从一出生便承担了拯救母亲的任务。

对方方来说，在她艰难地在死亡和破坏的冲突中整合自我之时，妹妹的出生把她所幻想的可以成为母亲想要的那个孩子的希望全部掠夺了，她没有了走向大彼者欲望的彼岸的出路，所以只有退回到更早的时候——退行到比妹妹还要小的阶段，自己才有可能成为那个镜像，就此她成为一个“因噎废食”的女孩。

一例实习时青涩的个案，在此完整呈现出来之目的是想讨论如何在公共机构开展动力学的心理治疗。在公共机构开展动力学导向的心理治疗工作是有诸多困难的。比如，因为医院对住院周期等的限制，加上有些病人又是异地求医，这些都增加了进行长程精神分析的难度。那么如何在有限的时间内，进行动力学导向的心理治疗或者精神分析工作是值得讨论和分析的一个话题。源于我曾在医院工作，并在大学心理机构工作，霍大同老师便和我讨论过这个问题，他希望精神分析也能够在分析条件受限的公共机构开展，并探讨出符合中国公共机构实践情况的发展之路，因此仅以此一例个案作为开启吧。

弗洛伊德思想中俄狄浦斯情结研究综述

吴张彰 / 著

【内容提要】本文通过对弗洛伊德文本的梳理，对弗洛伊德的精神分析思想中最为核心的概念之一——俄狄浦斯情结进行了阐述。本文并非完全按照一种历时性的方式来考证俄狄浦斯情结这一概念，而是选择性地对这一概念及其相关联概念的逻辑线索进行梳理，并且从三个维度归纳了俄狄浦斯情结对于个体心理发展的影响，最终通过对比弗洛伊德的两种隐喻，勾勒出一幅完整的俄狄浦斯的图景。

【关键词】俄狄浦斯情结　阉割焦虑　超我

1　俄狄浦斯情结的最初发现

1897 年，弗洛伊德还是一位年轻的医生，此时的他因为对癔症的研究已经崭露头角，并且发明了精神分析的疗法。弗洛伊德经过在癔症患者身上进行的实践，以及对梦和日常生活现象的观察，已经初步确立了精神分析的基本方法——自由联想。当然，他也毫不例外地将这种方法运用到自己身上。弗洛伊德的自我分析此时已经持续了数年，而分析的内容和进展，他一直通过书信交流的方式，说给自己的密友威廉·弗里斯。弗洛伊德自我分析的方式主要是分析自己的梦境。在 1897 年 10 月 4 日写给弗里斯的一封信里，他提到了这样一个梦：

> 她是我在性问题上的老师，她抱怨着，因为我很笨拙，什么都做不了。同时，我看到了一个小型动物的颅骨，在梦里，我觉得那是“猪”……她在浅红色的水里给我洗澡，她自己之前也在同样的水里洗澡。之后，她让我去偷几个硬币给她……

弗洛伊德一开始就提到，这个梦充满着奇怪的伪装，但他依然在这封信里简略地提到了有关的联想。关于动物的头骨，弗洛伊德联想到他的密友弗里斯曾经鼓励他说，“总有一天，就像歌德一样，你也会在海滨找到一个颅骨，从而得到启发。”然而弗洛伊德当时认为他并未找到这个“颅骨”，因此他像羊头一样有点愚蠢。这个联想也正回应着梦开端的“笨拙，什么也做不了……”事实上，弗洛伊德认为整个梦都透露出一种无力感，这种无力感也体现在他的现实中：他当时在治疗一位癔症患者时遇到了一些困难，甚至他自己都隐隐约约怀疑癔症是不可治疗的。

然而十几天后，弗洛伊德对这个梦有了另外一些理解。1897 年 10 月 15 日，弗洛伊德在写给弗里斯的信中再次提到了自己对这个梦的自我分析。弗洛伊德通过询问自己的母亲，得知自己的童年中确实有那么一位护士，这位护士经常带着年幼的弗洛伊德去教堂祷告，并跟弗洛伊德说一些有关上帝的事情。然而，这位护士却是个小偷，她经常从弗洛伊德家里偷点零钱或是玩具，后来被弗洛伊德的兄弟菲利普抓住，并送进了警察局。从弗洛伊德的这位童年看护者偷钱的历史中，弗洛伊德理解了梦中偷钱的部分。

弗洛伊德认为，梦中偷钱的这一部分是在以扭曲的方式重现童年那位护士因为偷钱进监狱的经历。而这一段经历给弗洛伊德带来的印象是，那个女人突然从他的生命中消失了。这一点让弗洛伊德有了另外一部分联想，弗洛伊德想起童年时找不到母亲，然后开始绝望地哭泣起来。弗洛伊德的兄弟菲利普给他打开衣柜，但是弗洛伊德仍然哭泣不止。弗洛伊德认为菲利普打开衣柜的行为和他抓住那位护士将之送进警察局有关。弗洛伊德童年时可能听到过护士被“关起来”了，于是认为母亲的失踪也是被“关起来”了。弗洛伊德害怕母亲的消失，害怕她像那位护士一样突然消失。也正是从这一点出发，弗洛伊德得到了一个结论，即他童年时对母亲有着一种爱，而对父亲有着嫉妒。而且这种现象是童年早期的一种普遍事件。弗洛伊德在这封信中认为通过这种现象，人们才能理解古希腊悲剧《俄狄浦斯王》中“命运的力量”。

这是弗洛伊德第一次意识到俄狄浦斯情结，也是他提出“俄狄浦斯”这一术语的时刻。从弗洛伊德的梦及其自我分析中，其实不难发现两方面的内容。其一，这个梦的出现与弗洛伊德当时治疗一位癔症患者受挫有关，这种挫折让弗洛伊德产生了自我怀疑，甚至认为接受病人给予的治疗费是有愧的。其二，这个梦联系到更深层的童年记忆，这一部分记忆让弗洛伊德意识到自身俄狄浦斯情结的存在。然而这两方面的内容实则有某种关联，这种关联涉及到俄狄浦斯情结和“愧疚感”之间的联系。这也正是弗洛伊德在之后的理论建构中所论述到的部分。

2 俄狄浦斯情结的理论

弗洛伊德对俄狄浦斯情结的论述分布在他一生所著文献的各个部分。但只有在1924年所著的一篇文章“俄狄浦斯情结的消解”（*The Dissolution of the Oedipus Complex*）中，弗洛伊德概述了男性和女性的俄狄浦斯情结从出现到消解的整个过程。首先，在弗洛伊德看来，尽管男性和女性的俄狄浦斯情结都有一种爱恋异性父母，嫉妒同性父母的性质，但男性和女性的俄狄浦斯情结的发生发展过程并非是一种平行对称的关系。男性和女性之间俄狄浦斯情结的根本差异之处，是两性性器官解剖学的差异所带来的。在弗洛伊德看来，男性的阴茎是一种特殊的性器官，它在儿童心理性欲发展的过程中是一种主导性的性欲区域（leading erotogenic zone），而且阴茎还是一种主要的自淫性欲客体（chief auto-erotic sexual object）。因此，在男性的童年期，阴茎这一器官势必会成为儿童的性快感所集中的区域。而这也是男性俄狄浦斯情结的开端。

2.1　男性的俄狄浦斯情结

弗洛伊德认为，儿童的心理性欲发展到一定时期，阴茎就会成为主导角色。这时的男孩会反复玩弄生殖器而获得快感，换言之即一种手淫行为，而成年的抚育者目睹男孩的这种行为时，往往会给予制止。这些制止的话语往往呈现为阉割的威胁。甚至成年抚育者为了强化这种话语的权威性，往往会以父亲或医生的名义来宣布这种威胁。那么阴茎在男孩的心理结构中扮演怎样的位置，阴茎又是如何与儿童对于父母的情感联系起来的，弗洛伊德在 1908 年的文章“论儿童性理论”（On the Sexual Theories of Children）中有所论述。

在这篇文章中，弗洛伊德通过观察、临床总结、推理概述了儿童对于性生活这一主题的探索。当然，弗洛伊德在文中也说到，他所有的观察都主要适用于男性。在弗洛伊德看来，儿童在一种自我探索本能的驱使下，会想要了解“人是如何来到这个世界上的”这一问题。尤其是当母亲再次怀孕，生下弟弟妹妹的时候，这种好奇心会变得尤为强烈。这往往是因为父母关注新出生的婴儿，从而让儿童感到父母给自己的爱被分割出了一部分，于是对新生儿感到嫉妒。而当儿童开始追问“婴儿是从哪里来的”这一问题时，父母往往会给儿童一个神话性的解释，比如在弗洛伊德所在的文化语境下，这个解释就是“鹳把婴儿叼来的”。在弗洛伊德的观察中，他发现其实大多数儿童并不会完全相信父母所给出的这种解释，反而他们自己会对这个问题有某种理解。因此这种最初的不信任在儿童的内心世界中带来了一种精神冲突（psychical conflict），一方面，儿童并不完全相信父母所给出的解释，但父母为成人，因此他们的解释又具有一种权威性。另一方面，儿童有着自己的一套理解，但这套理解又得不到权威的支持。这种精神冲突很快会变成一种“精神分离”（psychical dissociation），即父母所做的解释具有权威性，因此是一种“好的”思想；而自己的解释不具有权威性，因此会被压抑，成为一种无意识观念。

在儿童对于“婴儿从哪里而来”这一问题的探索中，他会逐渐形成一些自己独有的理解，这些理解即是儿童的性理论。在弗洛伊德看来，儿童的性理论并不一定出现在固定的成长阶段中，但几乎所有的儿童都会在童年的某个时刻产生一些类似的性理论。弗洛伊德将这些理论分成了三种，其中第一种性理论说，儿童认为男女都拥有阴茎。这种性理论揭示出，阴茎这一身体器官在儿童精神发展过程中的重要地位。弗洛伊德认为，儿童一开始认为男性和女性都拥有阴茎，即便此时他偶然看到女性的阴部（比如姐妹），他依然会觉得女性的阴茎只是比较小，还没有完成长大。正是这样一种观念才使得男性的阉割焦虑成为可能，使得女性的阴茎嫉妒成为可能。男孩由于一开始相信每个人都有阴茎，之后认识到女性确实没有阴茎，从而开始相信阉割是可能的，这时养育者所发出的阉割威胁才真正得以成为一种威胁，男孩从而产生阉割焦虑。而在女孩这边，由于她之后认识到女性确实没有阴茎，她才能接受或否认自己没有阴茎。接受自身阴茎的缺失，使得女性进入俄狄浦斯阶段；而否认自身阴茎的缺失，则使她无法进入俄狄浦斯期，无法占据其性别位置，从而有可能发展成同性恋。

在这之后，儿童还会发展出另一套性理论。当他发现母亲的怀孕伴随着鼓起的腹部，而婴儿正是之后出现。这时儿童会自然地将这两种现象联系在一起，得出“婴儿生长在母亲的肚子里”这一结论。之后，当儿童偶然目睹父母性交场景时，会看到父亲的阴茎在性交中扮演着某种重要角色。在身体层面上，阴茎是男性儿童的快感区，而在观念层面上，也是新生命出现的重要部位。因此在弗洛伊德看来，阴茎也成为了儿童与父母之间情感关系的一种代表，男孩先前对阴茎的关注，或者说手淫行为，只是他的（对于父母双亲的）情感的一种生殖器卸载的附属产物。具体而言，男孩希望像父亲一样用阴茎满足母亲的欲望，得到母亲唯一的爱恋，同时对拥有阴茎的父亲怀有一种怨恨和嫉妒。这也正是弗洛伊德所谓的阉割情结。而弗洛伊德认为男性的俄狄浦斯情结的关键点就在于阉割焦虑。男孩受到出自养育者之口的阉割的威胁，并由此放弃对阴茎的玩弄和关注，即力比多从阴茎这一性快感区域撤出投资。同时，男孩撤回一部分对于母亲的力比多灌注，放弃想成为母亲唯一的欲望客体的欲望，并转而对父亲产生认同。弗洛伊德认为正是这样一个过程，代表着俄狄浦斯情结的消解，俄狄浦斯期的度过。

2.2　女性的俄狄浦斯情结

相较于男性，弗洛伊德对于女性俄狄浦斯情结的讨论较少。弗洛伊德主要在 1931 年的文章“女性性欲”（Female Sexuality）谈到女性俄狄浦斯情结的过程。在弗洛伊德看来，女性儿童的第一个性欲客体和男性一样，也是母亲。这是因为母亲是婴儿最初的照顾者，母亲的哺乳和照顾形成了最早的母婴连接。但女孩的俄狄浦斯情结有两个任务需要完成，第一个任务就是女孩的性欲区域要从阴蒂转向阴道，第二个任务是女孩的性欲客体要从母亲转向父亲。在弗洛伊德看来，女性的生殖器官阴蒂和男性的阴茎具有共同的解剖学原型，因此两者在机能和性质上有类似的地方。但女性与男性不同之处在于，女性还有另一个性欲区域——阴道。然而阴道在女性童年时期并不占主导地位，甚至经常被女孩所忽视。因此，女孩最早的主导性欲区域在于阴蒂。

而阴蒂所带来的性快感和阴道所带来的性快感有所区别，弗洛伊德认为这种区别就体现为主动性和被动性的区别。由于阴蒂类似于阴茎，它是一个凸起的生殖器官，因此它的性快感具有一种主动性或男性气质；反之由于阴道是一个凹陷的生殖器官，因此它的快感具有一种被动性或女性气质。弗洛伊德认为，倘若女孩无法从阴蒂性欲过渡到阴道性欲，那么就变成女性同性恋。由于阴蒂类似于男性的阴茎，因此女性在童年时期经常会认为阴蒂就是一种缩小版的阴茎。

而女性对于这种“缩小版”的阴蒂的态度则与男性不同。在儿童时期，女孩与男孩一样，也有一种观念，即男女都是具有阴茎的，只是女性的阴茎比较小，也就是阴蒂。而当女孩真正认识到女性没有阴茎时，她对于这种丧失的态度就决定了其俄狄浦斯情结的发展。在弗洛伊德的

“女性性欲”一文中，他认为女孩对此有三种可能的态度：

第一种态度是拒绝承认自身是没有阴茎的，也就是拒绝自身的阉割。因此，女性此时的力比多仍然集中在阴蒂区域。同时，这样的女性希望自己有阴茎，而阴蒂正是阴茎的替代物。这种渴望观念在无意识中会经过一系列运作，也就是按照上文中所谓的儿童性欲理论演变。从而，阴茎在无意识中会发生移置，成为孩子或者其它的类似物。这样的女性的性力比多由于依然集中在阴蒂区域，因此她的性客体选择也会如同男性那样选择女性，因而可能发展成女同性恋。第二种态度是排斥整个性活动，完全压抑与性欲有关的观念，这种女性的主动（阳性/阴茎）性欲和被动（阴道/阴性）性欲都将被压抑。第三种态度是接受自身缺失阴茎这一事实，而力比多的投资从阴蒂转向阴道，即性欲从阴蒂性欲转向阴道性欲，在性欲方面采取一种女性的态度。这样的女性将放弃一部分对母亲的爱恋，从而将性客体选择放在父亲身上，走上正常的俄狄浦斯阶段。在弗洛伊德看来，只有第三种态度是女性性欲发展的正常道路。换言之，只有女性接纳自身的阉割，她的俄狄浦斯阶段才能开始。

与男孩同样，性器官的选择和性力比多的投资区域的转变也是女孩与父母情感关系的体现。在弗洛伊德看来，女性最初的阴蒂性欲和男孩的阴茎性欲，在无意识层面是等价的。也就是说，在这一阶段，男女儿童的性发展是类似的，都是爱恋母亲，嫉妒父亲。只是在阉割情结这个方面，男女走上了不同的道路。男性受到的是阉割的威胁，即阉割对于男性而言是一种可能性。男性害怕阉割，而产生阉割焦虑，从而撤回一部分力比多，也放弃一部分对母亲的爱恋，转而认同父亲。女性的阉割则是一种事实，女性只有选择接受或拒绝这个事实；女性通过接受阉割这一事实，放弃对母亲的爱恋，转向另一种阴道性欲，即爱恋父亲。对于男性而言，阉割情结是俄狄浦斯情结的结束；而对于女性而言，阉割情结是俄狄浦斯情结的前提。

然而，女性俄狄浦斯情结如何消解，她的俄狄浦斯期如何结束，对此弗洛伊德并没有给出明确的结论。甚至对他而言，这个问题的答案依然是“一片黑暗大陆”。他只是认为女性俄狄浦斯情结的消解可能是由于家庭、社会环境的教育和批判，中间并不存在太多无意识的运作。而这样的结论显然并不符合弗洛伊德严谨的风格，只能说他在这一问题上没有更深的洞见。

3　俄狄浦斯情结的影响与结果

值得注意的一点在于，弗洛伊德所论述的男性和女性俄狄浦斯情结的整个发展过程，都是一种无意识运作的过程。也就是说，男性与女性对于阴茎或阴蒂的态度往往都是一种无意识观念，而非一种意识层面的理解。正如前文所言，儿童的性理论并不是儿童意识层面所坚持的一种观念，而是往往在出现不久后，就被压抑到无意识中的一种受压抑的观念。这种受压抑的观念决定着男女各自心理发展的道路。而俄狄浦斯情结的发展与消解在弗洛伊德看来是心理发展过程中至关重要的一环。俄狄浦斯情结会给主体带来多方面的影响，这种影响可以总结为三个方面：

第一，在第二拓比学上，弗洛伊德认为超我（super-ego）的建立正是俄狄浦斯情结消解的遗产。第二，在力比多经济学上，弗洛伊德认为在俄狄浦斯情结期间，力比多的投资会从阴茎撤回一部分，并转向自身。第三，在性化这个维度上，弗洛伊德认为主体正是经历了俄狄浦斯阶段，才确定了各自的性别位置。

3.1　超我的建立

弗洛伊德在1923年的《自我和它我》中严格地阐述了其第二拓比学——自我、它我、超我的理论。弗洛伊德认为其最初的第一拓比学——意识、前意识、无意识无法解释内部知觉与自我之间的关系。故而他从论述自恋入手，提出了一套新的主体结构理论。在这一套理论中，它我可以说是主体的最原初成分，正是在它我与外界不断地交互过程中，自我作为它我和外界之间的调节中介出现了。可以说，自我和它我形成的时期都非常早，在弗洛伊德看来，这个时期是在俄狄浦斯情结出现之前。而超我的建立则与俄狄浦斯情结有直接的关系。超我这一结构在弗洛伊德的语境下也可以被称为“自我理想”（ego ideal）。弗洛伊德 1914 年的文章“论自恋：导论”（On Narcissism: an Introduction）就区分了两种力比多，即自我力比多（ego-libido）和客体力比多（object-libido），前者投向自我，后者投向客体。而力比多本身具有一种性的色彩，因此力比多的投注有理想化的倾向。在弗洛伊德看来儿童最早要经历一个自发性性欲的阶段（auto-erotism），在此阶段主体和外界没有区分，力比多也没有分化。之后，力比多投注到自我之上，这也就是弗洛伊德所谓的原发自恋阶段，而投注到自我之上的力比多就是自我力比多。在之后，一部分力比多开始投注在客体之上，这一部分力比多就是客体力比多。当客体力比多投注受挫时（比如客体的丧失），这一部分力比多又会撤回到自我之上，这一阶段就是弗洛伊德所谓的次级自恋阶段。

弗洛伊德通过对妄想症的观察发现，妄想症经常有一种“被监视”、“被注视”的症状。弗洛伊德认为这种“被监视”的症状是一种内在冲突的投射。也就是说，“监视”病人的并非是一个客观存在的客体，而是主体无意识中的一个代表良知的自我理想。这种“监视”也就是主体的一种“自我检测”。弗洛伊德认为这个自我理想正是主体的超我。

正如前文所述，超我的建立与一种理想化的力比多投注有关。弗洛伊德在“自我与它我”一文中详述了这种力比多投注的过程。在他看来，从客体力比多转化到自我力比多这一过程常常是在客体丧失之后出现的。而且，这一过程常常伴随着一种认同过程。换言之，当力比多从丧失的客体上撤回，退回到自我之上时，自我也在某种程度上被改变了，即客体的一部分特质转移到了自我身上。这也就是弗洛伊德所谓的“失去的客体在自我之内复活”。而自我理想的形成也就是这种“失去的客体的复活”。倘若追溯这种自我理想的起源，弗洛伊德认为，儿童（主要指男童）在俄狄浦斯期间，对父母均有力比多的投注，对母亲是以一种爱恋的情感态度，对父亲则是一种敌对并渴望取代的态度。当俄狄浦斯情结消解时，对父母投注的力比多撤回，儿童要么认同母亲、要么认同父亲。但认同父亲这种情况能够让儿童保留一部分对母亲的力比多灌注。因此，这种情况更为正常。而对父亲的认同也就意味着父亲的特质给自我带来了某种改变。这种改变也就是自我当中分化出了一部分，这一部分代表着权威、法则、良知，而这一部分则是儿童的自我理想，也就是其超我。

3.2　力比多投注的改变

若论力比多经济的问题，我们有必要回到弗洛伊德 1905 年的一部重要著作《性学三论》。弗洛伊德在这篇文章中提到“力比多”这一概念，他认为力比多是“性本能”的一种度量单位，尽管其具体数值无法测量。而力比多具有两个元素：即性客体（sexual object）和性目的（sexual aim）。前者指性活动所指向的客体，后者指与这一客体所进行的性行为，比如性交、手淫等等。在这里，力比多并非是通常意义上男女之间的性欲。在弗洛伊德看来，这种性欲只是力比多组织经过发展之后形成的一种生殖型性欲，而在此之前，力比多的组织形式有着各种不同的形式和阶段。弗洛伊德认为，儿童在最早期，其“性本能”并非是某种单一的本能，而是各种具有不同性目的和性客体的“组元本能”（component instincts）的结合体。而这些“组元本能”会在之后的发展中被组织并整合起来，从而出现生殖型的性欲。力比多可以投注在某个客体上，这种投注也就意味着一种情感的连接。而俄狄浦斯情结的结束正涉及到力比多投注的变化。

在弗洛伊德看来，在俄狄浦斯期，男孩的力比多投注在母亲这一客体之上，而其性目的则是代表着阴茎快感的手淫行为。通过阉割焦虑所带来的俄狄浦斯的结束，就意味着，力比多投注从母亲（以男孩为例）身上撤回。这种撤回意味着这一部分力比多放弃作为性客体的母亲，同时部分地放弃手淫的性目的。从而这一部分力比多的性欲色彩减弱，也就是一种升华。这种升华的力比多联系着自我理想（超我）。在弗洛伊德看来，自我理想是人类主体中良知、律法、道德的代表，也就是人类文明的代表。这种升华的力比多也就代表着主体的欲望从性的层面上跨越到文明的层面上。

3.3 性别位置的确定

在弗洛伊德看来俄狄浦斯情结的消解还有另外一个重要的意义，也就是性别位置的确立。这种性别位置的确立和主体的爱恋客体（object-love）的选择有关。在弗洛伊德看来，儿童早期都具有一种雌雄同体的性质，换言之，儿童对父母双方都具有一种爱恋的情感。在俄狄浦斯期度过之后，这部分爱恋会由于力比多的撤回而形成一种认同作用，这种认同也就使得自我发生某种改变，自我增加了一些失去的客体的特质，这种特质也就是男性气质和女性气质。

弗洛伊德在《自我与它我》对俄狄浦斯三角关系的理论进行了补充，在他看来，男孩在结束俄狄浦斯期时，将有两种认同的方式。一种是认同父亲，一种是认同母亲。前者在他看来是一种比较正常的过程，这一过程能够保留儿童对母亲的积极的关系，因此男孩可以获得父亲身上的男性气质。认同母亲则是一种倒置的情结，这种认同使得男孩获得母亲身上的女性气质，并且保留的是与父亲的消极（嫉妒和恨）关系，在弗洛伊德看来，这种情况下的男孩有可能发展成男同性恋，也就是说其性别化位置占据的是一个女性的位置。

而在女性这一边，如前文所述，女孩面对阴茎的缺失时具有三种不同的态度，只有承认阴茎丧失，并从阴蒂性欲转向阴道性欲，在弗洛伊德看来才是正常的发展道路。此时的女性转向对父亲的爱恋，并在俄狄浦斯情结结束之后，认同母亲，获得母亲身上的女性气质，从而在性别位置上占据女人的位置。而拒绝阴茎的丧失，使得女孩停留在阴蒂性欲之上，在弗洛伊德看来这时的女性占据的是男人的位置，并且在性客体的选择上选择女性，因此发展成女同性恋。

此外，弗洛伊德在 1910 年的一篇小文章“男人对象选择的一个特殊类型”（A Special Type of Choice of Object Made by Men）中谈到过男性俄狄浦斯情结固着所遗留下来的问题，这个问题牵涉到这类男性之后的爱恋对象的选择。弗洛伊德观察到，这类男人所选择爱恋的女性往往具有两个特征，第一，这类女性已经有丈夫或者伴侣；第二，这类女性在性生活方面比较开放，在道德上常受到社会评判的非议。弗洛伊德称对这种女性的爱恋为“妓女之恋”。他认为，这种“妓女之恋”正是男性的俄狄浦斯情结固着的一种体现。这类男性在追求这类已经“被占有”的女性时，实际上将自己放入了一个自我－爱恋的女人－潜在的竞争者这样一个三角关系中，而这个三角关系正是俄狄浦斯期儿子－母亲－父亲这一三角关系的翻版。这类男性通过这种恋爱行为不断地回到童年时的俄狄浦斯场景，这也是俄狄浦斯情结未解决时出现的一种情况。

4　俄狄浦斯神话与原父神话

弗洛伊德早在 1897 年就发现了俄狄浦斯情结，他用以命名这个情结的名称“俄狄浦斯”正是出自古希腊悲剧作家索福克勒斯的同名悲剧《俄狄浦斯王》。弗洛伊德借用这个名称隐喻了个体心理发展中的一个重要阶段。然而，在弗洛伊德中期的著作《图腾与禁忌》中，他借人类学、社会学、历史学的知识，重新探讨了人类文明中，尤其是原始文明中的图腾与禁忌问题，并且将之联系到俄狄浦斯情结之上，并认为正是通过俄狄浦斯情结，人类才能获得文明和教化。在这两种神话隐喻之间存在着结构上的异同之处，而且这些异同之处恰好可以互相补充，更完整地表达俄狄浦斯情结的内涵。

4.1　俄狄浦斯的悲剧

在索福克勒斯的戏剧中，俄狄浦斯的悲剧可以说是一种命运的造化，是一种个人意志无法违背的宿命。俄狄浦斯是希腊神话中忒拜国国王拉伊俄斯和王后约卡斯塔的儿子。国王和王后接收到了阿波罗的神谕，神谕称他们的儿子将杀掉自己的父亲，并娶自己的母亲为妻。于是害怕神谕成真的国王和王后将刚出生的俄狄浦斯抛弃了。但俄狄浦斯并没有就这样死去，他被一位牧羊人收养，并被献给了邻国科任托斯的国王波里玻斯和王后墨洛柏。国王和王后将俄狄浦斯抚养长大，并将之指定为王位继承人。然而，俄狄浦斯成年后，也听到了德尔斐的神谕，神谕的内容如前。恐惧的俄狄浦斯于是离开科任托斯。在他旅行到一个三岔路口时，他偶然间遇到了自己的生父拉伊俄斯，并在一场冲突中杀死了自己的生父。此时的俄狄浦斯对自己的历史和过去还一无所知。接着，他来到自己的故土忒拜国，并解答了忒拜国中作恶的斯芬克斯的谜题，从而当上了国王，并娶自己的生母为妻。在这一切之后，俄狄浦斯最终才听说了自己过往的真相。他由于触犯神的法则而自我流放，并刺瞎了自己的双眼。

俄狄浦斯的整个神话中包含着一种宿命论的色彩。不论是俄狄浦斯的亲生父母，还是俄狄浦斯本人，他们都是因为试图反抗命运，而最终成就了既定的命运。弗洛伊德使用这个神话作为俄狄浦斯情结的隐喻，其意味就是俄狄浦斯情结是人类个体心理发展中无法规避的一个环节，不论个体对“弑父娶母”认同或反对，都依然会掉落到这个命运当中。而戏剧中俄狄浦斯所与生俱来的缺陷（Fatal Flaws）正好就是弗洛伊德所谓的无意识，它不随主体的意识而改变。

4.2　原父神话

在《图腾与禁忌》中，弗洛伊德通过人类学、社会学等的研究发现，原始人类中经常存在着图腾崇拜这一现象。而图腾本身就是一个部落、一个种族的身份的象征。甚至可以说，图腾崇拜是原始人类社会结构的基础。图腾就是部落族民所公认的祖先。而在这种图腾崇拜之下，则是部落内部的种种禁忌，在这些禁忌中最重要的一种就是乱伦禁忌。乱伦禁忌通常指同一图腾之下的族民不可以和本族人随意通婚或发生性行为。

弗洛伊德认为，这种图腾崇拜可以联系到儿童对于某些特殊客体的复杂情感。在弗洛伊德的观察以及他当时的同事所研究的个案中，儿童时常会对某些客体产生恐惧。弗洛伊德由此将儿童心理和原始民族心理联系在一起。在他的著名个案“小汉斯”中，案主小汉斯就对马以及马车感到恐惧。弗洛伊德在这里借用了他在这个个案中所获得的研究结论，即儿童所恐惧的客体就是父亲的替代物。同理，原始民族所崇拜并敬畏的图腾也就是这一民族之“父”的替代物。在儿童那里，父亲给予禁止，如上文所言，父亲代表着一种阉割。儿童由于恐惧这种阉割，放弃一部分对母亲的依恋。而在原始民族这里，弗洛伊德则假设了一种神话，即原父神话。

弗洛伊德认为，原始部落中最初存在着一位暴力而嫉妒的父亲，他占有着整个部落的女人，并享有交配权。当其儿子长大成人后，这位原父就会将他们驱逐出去。儿子们感到愤懑不满，于是杀害并吞食掉了这位“原父”。在这里，吞食原父在弗洛伊德看来也意味着，儿子们得到了一部分父亲的能力，即部分地认同了父亲。在杀死父亲之后，儿子们感到了一种罪恶感，这种罪恶感源自先前其对原父的恨与羡慕的矛盾情感。在这种罪恶感的驱使下，儿子们制定了乱伦禁忌的法则，规定父亲的女人不能再由儿子们所占有，并且将原父视为一个崇拜和敬畏的图腾。在弗洛伊德看来，这种乱伦禁忌和图腾就是宗教的雏形，而宗教就是一种文化、一种文明的核心和基础。换言之，正是乱伦禁忌孕育了人类文明。俄狄浦斯情结正是人类文明的源头。

4.3　两种神话隐喻的对比

从俄狄浦斯的戏剧与原父神话的对比中不难发现，两者具有一些共同的特点：(1）两者都涉及到弑父这一动作。(2）在弑父之后，两者中的儿子身上都出现了罪恶感。弗洛伊德认为，这种罪恶感正是超我出现的信号，而超我的出现也就是紧跟在弑父这一行为之后的。因此，在俄狄浦斯情结中，超我的建立是通过一个象征性的弑父而完成的。然而在原父神话中，还牵涉到吞食父亲这样一个动作，这一动作隐喻着吸收父亲的部分能力，即弗洛伊德所谓的认同作用。两个神话之间的另外两点不同之处更为明显：(1) 在俄狄浦斯的戏剧中，俄狄浦斯完成了娶母这一动作，而原父神话中，儿子们并没有占有父亲的女人。(2) 俄狄浦斯在完成弑父娶母的过程中完全处于无知的状态，而原父神话中，儿子们杀死父亲则是出于一种有意识的愤怒。在笔者看来，这两点不同之处可以相互补充，从而建构出一个完整的俄狄浦斯情结的图景。俄狄浦斯的无知隐喻着俄狄浦斯情结的背后动力源自于无意识，即弗洛伊德所谓的力比多的动力。因此，主体在这一过程中没有选择的余地，不论是承认还是拒绝，主体均会掉入这一情结之中。而原父之子们的愤怒则是展现了在这一无意识动力的推动下，主体所呈现出来的情感态度，这种情感并非仅仅是一种愤怒，同样也包含着恐惧和嫉妒。正是这种复杂情感中嫉妒的这一面，带来了之后所产生的罪恶感，即认同作用形成的超我。娶母则是一种俄狄浦斯情结幻想性的满足，可以说，这正是受到阉割威胁的原因。娶母隐喻着男孩成为母亲欲望的全部，这是一个不可能，也是被禁止的愿望。也正是这个愿望在之后的阉割威胁中被压抑进入无意识，并以各种姿态在主体之后的人生道路中不断地再现。但也正是因此，主体真正实现了从需要（besoin）到欲望（désir）的转变。

参考文献：

1. Laplanche J, Pontalis J B., *The language of psycho-analysis* (Trans.Donald Nicholson-Smith). [J], 1973.
2. Smith R., *The complete letters of Sigmund Freud to Wilhelm Fliess*, 1887-1904.[J]. Isis, 1986, 30(80): 3244-3245.
3. S.Freud, *The Dissolution of the Oedipus Complex (1924), The Standard Edition of the Complete Psychological Works of Sigmund Freud, 24 vols*[M]. The Hogarth Press, 1953-74.
4. S.Freud, *On the Sexual Theories of Children (1908), The Standard Edition of the Complete Psychological Works of Sigmund Freud, 24 vols* [M]. The

Hogarth Press, 1953-74.

5. S.Freud, *Three essays on the theory of sexuality (1905), The Standard Edition of the Complete Psychological Works of Sigmund Freud, 24 vols* [M]. The Hogarth Press, 1953-74.
6. S.Freud, *Female Sexuality (1931), The Standard Edition of the Complete Psychological Works of Sigmund Freud, 24 vols* [M]. The Hogarth Press, 1953-74.
7. S.Freud, *Some psychical consequences of the anatomical disinction between the sexes(1925), The Standard Edition of the Complete Psychological Works of Sigmund Freud, 24 vols*[M]. The Hogarth Press, 1953-74.
8. S.Freud, *The ego and the Id (1923), The Standard Edition of the Complete Psychological Works of Sigmund Freud, 24 vols* [M]. The Hogarth Press, 1953-74.
9. 弗洛伊德:《自我与本我》，九州出版社，2014。
10. S.Freud, *On Narcissism: an Introduction (1914), The Standard Edition of the Complete Psychological Works of Sigmund Freud, 24 vols* [M]. The Hogarth Press, 1953-74.
11. S.Freud, *A Special Type of Choice of Object Made By Men(1910), The Standard Edition of the Complete Psychological Works of Sigmund Freud, 24 vols*[M]. The Hogarth Press, 1953-74.
12. S. Freud, *Totem and Taboo (1913), The Standard Edition of the Complete Psychological Works of Sigmund Freud, 24 vols* [M]. The Hogarth Press, 1953-74.
13. Fear R., *The Oedipus Complex: "Solutions" or Resolutions?* [J]. Karnac Books, 2015.

《精神分析研究》约稿

《精神分析研究》是由四川大学公共管理学院应用心理学硕士点（精神分析与心理治疗方向）、社会学与心理学系主办，四川省哲学学会成都精神分析中心、四川省心理学会精神分析专业委员会协办的综合性学术读物。

本书海内外公开发行，凡是有关本领域的研究成果，均欢迎赐稿。本书所刊用文章均为作者之研究成果，文责自负，不代表编委会的观点。

来稿请提供电子 Word 文本。同时，请另附作者的联系地址、邮编、电话以及电子信箱等信息，以方便编委会与您联系。

本书编委会的主要联系人：谷建岭

联系地址：四川省成都市望江路 29 号四川大学公共管理学院社会学与心理学系

邮政编号：610064

联系电话：13730852099（谷建岭）

E-mail：plainy@163.com

来稿规范说明

1. 来稿应包括论文题目、内容提要（200 字左右）、关键词（3—5 个）、作者简介、正文等内容，字数一般控制在 5000—10000 字。

2. 正文中引用参考文献，一律用脚注。对正文的注释性文字说明，也一律用脚注。为了查考的需要，外文文献不译成中文。

3. 参考文献的书写格式分完全格式和简略格式两种。

4. 参考文献第一次出现时，应用完全格式。完全格式的构成：

著作：作者、著作名、出版者、出版年、页码

朱光潜：《变态心理学》，商务印书馆，2015 年，第 35 页。

J.Lacan，*Écrits*，Éditions du Seuil, 1966, p.53.

译作：作者、著作名、译者、出版者、出版年、页码

拉康：《拉康选集》，褚孝泉译，上海三联书店，2001 年，第 47 页。

S. Freud, *Two Case Histories*（*"Littles Hans" and The"Rat Man"*）, Trans. by Anna Freud, Assisted Alix Strachey and Alan Tyson, The Hogarth Press, 1955, p.100.

载于期刊的论文（译文参照译作格式在译文题目后加译者）：

霍大同："无意识思维的两种形式——梦与汉字的比较研究"，《汉字文化》，2001 年，第 1 期。

载于书籍的论文（译文参照译作格式在译文题目后加译者）：

霍大同："无意识像汉字那样构成的——无意识的剖理"，载《精神分析研究》，霍大同主编，商务印书馆，2015 年。

M. Guibal, "Un barbare en Chine, Brèves remarques sur la voix au pays de la Voie", in *L'indifférence à la psychanalyse, Sagesse du lettré chiniois, désir du psychanalyste, Rencotres avec François Jullien*, Textes recueillis, présentés et publiés sous la direction de Laurent Cornaz et Thierry Marchaisse, 2004.

5. 参考文献在文中第二次及其后出现时，可用简略格式。简略格式可采用如下二种：

第 1 种　只写作者、书（文）名、页码（文章无此项），这几项的写法同完全格式，如：

J. Lacan，*Écrits*，p.53.

M. Guibal, "Un barbare en Chine, Brèves remarques sur la voix au pays de la Voie".

第 2 种　紧接同一条文献，中文只写"同上。"字样，西文只写"ibid."字样。